LES SS AU POING-DE-FER

Jean MABIRE a publié
aux Editions Jacques GRANCHER

LES GÉNÉRAUX DU DIABLE (épuisé)

SS EN FRANCE, MAI-JUIN 1940

SKORZENY, L'HOMME LE PLUS DANGEREUX D'EUROPE

PANZERS MARSCH ! (SEPP DIETRICH, LE DERNIER LANSQUENET)

LA PANZERDIVISION « HERMANN GOERING »

LES PARAS DE L'AFRIKAKORPS

LA DIVISION « TETE DE MORT »

MOURIR A BERLIN

BRIGADE D'ASSAUT WALLONIE

LA LÉGION PERDUE, avec Eric Lefèvre

LA BRIGADE « FRANKREICH »

I.S.B.N. 2-7339-0526-0

Jean Mabire

LES SS AU POING-DE-FER

face aux paras américains

JACQUES GRANCHER
98, RUE DE VAUGIRARD
75006 - PARIS

CHAPITRE I

Automne 1943.

La guerre, qui fait rage depuis plus de quatre ans, entre dans sa phase décisive. Emportés dans un conflit mondial, le IIIe Reich et ses alliés sont en train de connaître le revers de leurs conquêtes. Ce n'est même plus « la fin du commencement », comme disait Churchill l'année précédente, c'est maintenant « le commencement de la fin ». Américains et Soviétiques pèsent d'un poids décisif sur les événements qui ensanglantent tous les champs de bataille. Mac Arthur enlève l'îlot de Tarawa et Joukov reprend la ville de Kiev. En Italie, les Alliés sont à Naples et Mussolini, libéré de sa prison du Gran Sasso par le Sturmbannführer SS Otto Skorzeny, ne rassemble plus que le dernier carré des fascistes indéfectibles. En Allemagne même, la guerre aérienne fait rage. Bombardé pendant l'été, Hambourg a disparu dans une tempête de feu. Berlin sera bientôt attaqué à son tour. Sur le front de l'Est, chaque semaine voit apparaître au communiqué militaire le nom d'une nouvelle ville reprise par les armées soviétiques : Orel, Belgorod, Kharkov, Poltava, Smolensk, Zaporoje, Melitopol, Dniepropetrovsk. Et maintenant Kiev, la capitale de l'Ukraine...

Au grand quartier général du Führer, il règne pourtant un optimisme de façade. L'armée allemande aligne encore trois millions d'hommes sur le front de l'Est. Et le commandement se sent toujours capable de faire face à un débarquement à l'Ouest devant le mur de l'Atlantique. Le mot d'ordre, plus que jamais, reste de croire en la victoire. Pourtant, il n'arrive que de mauvaises nouvelles de tous les secteurs où combattent les forces du Reich. Peu importe à Adolf Hitler qui affirme à ses proches, lors d'un de ses intarissables monologues quotidiens :

– C'est extraordinaire qu'il y ait si peu d'hommes capables de regarder la réalité en face et qui, sous la menace d'un danger, réagissent en faisant des projets d'avenir.

Pour les responsables de la conduite de la guerre, l'avenir, c'est le présent, avec ces unités exsangues, ces usines bombardées, ces villes détruites, cette gigantesque hémorragie de sang et d'acier que rien ne semble pouvoir arrêter. Il n'est plus question d'attaques fulgurantes mais de retraites contrôlées. Un même mot revient toujours : faire front.

La seule recette-miracle que semble trouver l'état-major – avant l'emploi des armes secrètes, auxquelles travaillent les ingénieurs sous l'impulsion du jeune ministre de l'Armement Speer – c'est de mobiliser des hommes en les prenant de plus en plus jeunes et de plus en plus vieux. Lever de nouvelles divisions devient un impératif absolu.

L'Allemagne nationale-socialiste croit encore que des soldats fanatisés, prêts au sacrifice suprême, « sans hésitation ni murmure » comme l'exige le règlement de toutes les armées du monde, pourront encore emporter la décision ultime.

Contre la puissance du matériel des Alliés anglo-américains et contre les masses d'hommes de la Russie soviétique, peut-on encore dresser le barrage des poitrines et de la volonté ?

Tandis que toutes les unités d'élite de la Wehrmacht et de la Waffen SS sont saignées à blanc dans des combats défensifs terriblement meurtriers, de nouvelles unités naissent sans cesse sur le papier. Les survivants des dures batailles menées sur tous les fronts y encadrent des conscrits levés dans toutes les provinces d'Allemagne et des volontaires venus de toutes les nations d'Europe. Qu'importe désormais leur âge, leur taille, la couleur de leurs yeux ou leur dentition. Tous sont « bons pour le service ». Même les malades et les mutilés. Jamais pays n'a autant demandé au « matériel humain ». Les murs se couvrent d'affiches qui évoquent désormais non plus le temps des conquêtes mais la menace qui plane sur « la patrie en danger ». C'est le style de l'An II de la Révolution française que l'on retrouve dans la propagande de l'An Dix du Reich national-socialiste.

C'est dans cette atmosphère dramatique d'un continent désormais assiégé par les deux plus grandes puissances mondiales, que naissent, l'une après l'autre, les grandes unités militaires d'une Allemagne aux abois et qui n'aura bientôt plus d'autre espoir qu'un hypothétique renversement des alliances. Pour l'instant, il n'en n'est pas question. Bien au contraire. Pour soulager les Soviétiques, les Anglo-Américains vont ouvrir ce fameux Second Front dont parlent les journaux. Dans quelques semaines, le général Eisenhower deviendra commandant en chef de ce qu'on nomme « les forces d'invasion ». On a même fixé à Washington la date du débarquement : à la fin du printemps 1944.

Pour y faire face, un homme dont le nom est devenu un symbole : Rommel. Sous ses ordres sont rassemblées d'urgence de nouvelles unités, chargées d'intervenir sur le futur front de l'Ouest. Ainsi, le 3 octobre 1943, le Führer signe lui-même, à son grand quartier général, l'ordre de constituer immédiatement une nouvelle division de la Waffen SS. Ce sera une division d'infanterie « classique », ce que le tableau des effectifs nomme une *Panzer-Grenadier-Division*. Elle recevra le N° 17.

En ces semaines dramatiques pour le IIIe Reich, la Waffen SS possède déjà six divisions blindées comportant chacune un régiment entier de Panzers : *Leibstandarte SS Adolf Hitler*, *Das Reich*, *Totenkopf*, *Hohenstaufen*, *Frundsberg* et *Hitlerjugend*; six divisions d'infanterie : *Polizei*, *Wiking* (volontaires germaniques), *Galizien* (volontaires ukrainiens), *Nordland* (volontaires scandinaves), *Latvija* (volontaires lettons) et *Reichsführer SS* ; trois divisions de montagne : *Nord*, *Prinz Eugen* et *Handschar* (volontaires bosniaques musulmans) et une division de cavalerie : *Florian Geyer*.

Avec les différentes légions nationales danoise, norvégienne, hollandaise et flamande, cela représente plus de trois cent mille hommes, qui tiennent à marquer leurs distances avec la Wehrmacht et se considèrent comme des combattants d'élite, même si les critères de recrutement sont beaucoup moins exigeants qu'au début de la guerre. La SS en armes s'ouvre de plus en plus à des volontaires non allemands et même non germaniques. Mais elle continue à bénéficier d'un corps d'officiers hors de pair, formé à l'école de Bad Tölz, dans les Alpes bavaroises.

***

Le patronage choisi pour la nouvelle division est celui d'un guerrier du début du XVIe siècle, à la fois truculent et téméraire. Messire Götz von Berlichingen, que les chroniques du temps assurent « hardi et preux chevalier d'empire », servit Maximilien Ier et Charles Quint sans oublier de se servir lui-même. Il y perdit sa main, mais y gagna son surnom « Poing-de-Fer »...

Sa vie ressemble à un véritable roman d'aventures.

Il naquit à Jagsthausen, en Souabe, en 1480. Le rêve de sa vie a toujours été de se faire justice lui-même, par la seule vertu de son épée... ce qui lui vaudra bien des déboires et aussi quelques satisfactions. Ses ennemis le nommèrent « chevalier-brigand ». En réalité, Götz fut un « reître » dans tous les sens du terme. C'est-à-dire un homme de cheval, de violence et de rapine.

Dès son jeune âge, il déserte l'école pour se faire écuyer – on disait « varlet » – de son oncle Conrad, avec qui il se rend à la diète de Worms, en l'an 1495, alors qu'il n'a qu'une quinzaine d'années mais ne rêve déjà que d'en découdre.

La mort de son protecteur le laisse libre d'aller et venir, au hasard des campagnes. Il part en Haute-Alsace et en Franche-Comté. Sous le soleil et dans l'orage, chevaliers et lansquenets s'avancent en pays ennemi – mais tout pays devient ennemi pour ces guerriers de fortune. Les voici en Lorraine et en Brabant. Götz a l'habitude de se prendre de querelle avec les écuyers d'autres seigneurs – surtout s'ils sont Polonais. Sa promesse favorite, au moment où il dégaine son épée apparaît sans détour :

– Je vais te bailler à la tête une si fameuse estocade que tu en crèveras et que le diable t'aura !

Partant pour la guerre contre les Suisses, Götz suit le margrave Frédéric et porte sa pique avec un fanion blanc et noir aux couleurs de Brandebourg. L'empereur Maximilien attaque Constance. Le jeune Berlichingen n'est âgé que de dix-sept ans. Il va avoir son premier cheval tué sous lui. N'importe, il combattra à pied, en fixant son épée au bout d'une javeline pour s'en faire une hallebarde. Les Confédérés se sont réfugiés dans une église. Les Allemands y mettent le feu et tout brûle. Cela n'empêche pas le jeune chevalier de retour au pays de faire un pèlerinage à Notre-Dame de Heilbronn pour la mi-carême. Götz se choisit un nouveau maître et va guerroyer contre le duc de Wurtemberg, avec une demi-douzaine de garçons de son acabit. Puis il se trouve un autre employeur. Il ne peut voir vingt ou trente gens d'armes partir en campagne sans se joindre à eux. Cette fois, il a en face de lui ceux de Nuremberg. Et ils ont du canon. Et aussi des chariots qu'ils manœuvrent pour en faire des barricades. Götz se voit mal parti. Il fait une chaleur épouvantable. Ses compagnons vont mourir davantage des coups de soleil que des coups d'épée.

– Ce sera la journée la plus brûlante de notre vie, lance un de ses compagnons.

« Ce fut un dimanche, le lendemain de la Saint-Guy, qu'eut lieu cette bataille, en l'an de grâce 1502 », écrira-t-il dans ses *Mémoires*.

Quand il revient à la maison, avec son frère Philippe, il n'a plus qu'un seul cheval vivant sur les quatre avec lesquels il était parti en campagne.

– Et encore, soupira-t-il, c'est le plus mauvais...

Il sert fidèlement Neidhardt de Thüngen et se bat tant avec d'autres varlets qu'avec des paysans rameutés contre ces chevaliers errants qui galopent à travers le pays, saccageant moissons et vignobles. Parfois, les ennemis sont trop nombreux et il faut se réfugier dans les bois, comme des sauvages, se nourrissant de fromage et de pain. L'arbalète d'une main, l'épée de l'autre, les reîtres sont comme des loups errants. Embuscades et échauffourées annoncent une grande guerre. Elle aura lieu en Bavière. Götz se bat dans le camp du margrave, mais deux de ses frères servent dans le camp palatin.

Un coup de couleuvrine brise en deux le pommeau de son épée et le projectile lui déchiquette le bras malgré son armure. Les os du poignet sont rompus. Götz aperçoit sa main pendante, qui n'est plus tenue que par un lambeau de chair. Sa pique est tombée à terre entre les pieds de son cheval.

Mais, dira-t-il plus tard: «Je ne fais semblant de rien, tourne arrière tranquillement, fausse compagnie à mes ennemis et rejoins mes gens.»

Étrange guerre. Le blessé obtient du duc Ruprecht un sauf-conduit pour se faire soigner à Landshut, en territoire ennemi. À son chevet, se succèdent les reîtres des deux camps qui viennent le visiter et lui racontent la bataille.

– Sais-tu, Götz, que le même coup de couleuvrine a tué un chevalier du camp adverse, Fabian von Wallsdorf?

– Dommage, dit-il. C'était un très fin, brave et beau gentilhomme, comme on n'en rencontre pas un sur mille.

Götz n'a pas vingt ans et il n'a plus qu'une main. Sa carrière militaire est terminée. Alors, sur son lit de douleur, il fait la prière suivante:

– Seigneur Dieu, si je suis en votre sainte garde, daignez me prendre par-devers vous, puisque je suis fini en tant qu'homme de guerre.

Dieu ne l'écoutera pas et Götz le manchot ne mourra pas. Alors, il songe qu'il a connu naguère un écuyer du nom de Köchle qui n'avait lui aussi, qu'une seule main. Le forgeron d'Œnhausen lui fabrique une prothèse de bois recouverte de métal. Voici Götz von Berlichingen qui entre dans la légende. Désormais, il est «le chevalier Poing-de-Fer»...

Il rejoint rapidement les seigneurs souabes qui ont constitué la Ligue de Saint-Georges. Entre deux combats, les adversaires se retrouvent à l'auberge pour vider force cruchons de vin. Tantôt, Götz se bat pour les Bavarois et contre les Bohémiens. Tantôt, c'est le contraire. Peu importe à un chevalier de fortune qui reste loyal à son maître du moment. Escarmouches et ripailles se succèdent. Götz loue son unique bras à celui dont la cause le touche et dont le salaire l'intéresse. Il se bat contre des marchands de Cologne, contre l'évêque de Bamberg, contre le seigneur de Limburg. Ce ne sont qu'enlèvements, rançons, chevauchées. Dans ces affaires compliquées, le point d'honneur n'en est que plus aigu et le plus terrible des châtiments guette toujours les parjures. Götz enlève leurs chevaux, brûle leurs moulins, assiège leurs châteaux. Il ne croit qu'en son courage et en sa chance. Et son droit c'est d'abord son épée.

À la tête d'une troupe d'une trentaine de reîtres, le chevalier Poing-de-Fer écume tout le pays entre Rhin et Danube, jouant tantôt les justiciers et tantôt les détrousseurs. Ses ennemis sont presque toujours bourgeois et gens d'Eglise. Il ne s'attaque qu'aux riches... Il finira, avec son frère, par se voir mis au ban de l'Empire et excommunié de surcroît. Quatre cents poursuivants sont à ses trousses. Cela n'empêche pas Götz de déclarer une véritable guerre à ceux de Nuremberg.

L'Empereur décide de s'interposer dans cette querelle privée qui prend des proportions désastreuses. Voici Götz convoqué à la Diète à Wurtzbourg. Prudent, il n'a jamais rien entrepris contre l'Empereur Maximilien et s'est contenté de s'en prendre à des marchands.

Au hasard de ses chevauchées, Götz von Berlichingen croise d'autres grands reîtres de son temps comme Georg von Frundsberg ou Florian Geyer qui – comme lui – seront choisis en guise de « patrons » par de futures divisions de la Waffen SS, quatre siècles plus tard.

La fortune sera capricieuse. Götz est parfois si pauvre qu'il doit fondre des pots d'étain pour en faire des balles. Il connaîtra la captivités dans les cachots de la Ligue, tandis que tous ses varlets sont étranglés ou égorgés. Ses ennemis, de haute et basse lignée, semblent parfois triompher. Mais il s'en sort toujours.

« Le Tout-Puissant m'a multiplié les faveurs de sa divine grâce, écrira-t-il, de son aide, de sa miséricorde, et il a davantage veillé sur moi que moi-même... »

Car le chevalier Poing-de-Fer va de querelle en querelle. Le voici en guerre avec la ville de Worms puis avec l'évêché de Mayence. Ce sera son plus dur affrontement.

Un de ses fermiers avait eu son champ de blé envahi par le bétail des gens de Buchen. Comme la manière dont on veut lui faire justice ne lui plaît guère, Götz décide de se venger lui-même. Après un an de vaine procédure, il envoie un cartel à l'évêque de Mayence et entre en campagne contre lui avec cent cinquante cavaliers.

Il ne se trouvera cependant qu'avec un seul compagnon le

jour où il parvient à s'emparer d'un conseiller de la Ligue sur la route de la ville d'Ulm. Il le confie à un gentilhomme de ses amis, lequel le laissera s'échapper. Furieux, Götz s'en va bouter le feu dans deux ou trois domaines. Il projette d'enlever une demi-douzaine de chanoines et d'en tirer rançon, ce qui ne l'empêche pas de fréquenter les offices en bon chrétien. Il sera un des tout premiers dans le sud de l'Allemagne à embrasser la cause de la religion réformée et aime à se dire « chrétien noble ».

Parfois, il se bat si durement qu'il en arrive à casser sa main de fer et qu'il lui faut quérir un forgeron de village pour la raccommoder.

Après bien des querelles et bien des combats, Götz von Berlichingen se trouve à Heidelberg quand éclate la plus terrible des guerres de Paysans.

En 1524, laboureurs et bourgeois se soulèvent contre certains seigneurs. Très vite, l'Allemagne brûle comme une meule de paille. L'incendie illumine des scènes de violence sans pareille. Pillages, viols, meurtres. Les deux camps se livrent aux pires exactions.

Götz commence par traiter avec les mutins qui projetaient de s'en prendre à son frère Hans. Il est alors convoqué par le grand maître de l'Ordre Teutonique, dans le val de Weinsberg.

Il rejoint ensuite son frère dans un bois et les deux reîtres se demandent quel prince ils vont suivre dans cette guerre qui commence.

– Je ne connais pas d'autre prince dans le voisinage que mon auguste seigneur le prince palatin, dit Götz, mais je ne me rallierai pas à lui sans qu'il ne m'en prie par une lettre.

Cette lettre, il ne la recevra jamais, car sa femme la lui cachera. Le chevalier Poing-de-Fer ne va pas se battre dans le camp des nobles, mais dans celui des paysans. Plusieurs hommes de sa lignée ont déjà mis leur épée au service des révoltés, à commencer par son frère Wolff.

Götz von Berlichingen, lui, n'a encore engagé sa parole dans aucun camp. Il se sent totalement libre de ses actes. Le capitaine des paysans lui fait adresser alors un message, demandant de le rejoindre à Gundelsheim. Götz s'y rend avec son bailli qui a servi d'intermédiaire. Il arrive dans le village, met pied à terre et entre dans l'auberge.

– Que se passe-t-il ? Que me veut-on ? demande-t-il d'emblée.

– Les paysans veulent que tu sois leur capitaine, lui annonce un de ses amis qui se trouve aussi sur les lieux.

– Non, de par Dieu ! Que le diable s'en mêle, s'il veut.

– Accepte, pour le bien de notre auguste seigneur, et pour celui des autres princes et le nôtre, à nous tous, gens de petite noblesse.

Avec moult palabres, Götz von Berlichingen se voit entouré par des paysans armés de faux, de bâtons et de fourches.

– Soyez notre capitaine, lui disent-ils. Sinon...

Le reître commence par refuser :

– Je ne peux accepter sans manquer à l'honneur et au devoir. Car vos façons d'être et les miennes sont aussi différentes les unes des autres que le ciel est éloigné de la terre. Je ne peux honnêtement me comporter de la sorte vis-à-vis de Dieu, de Sa Majesté Impériale, des princes électeurs, des comtes et seigneurs, des bas chevaliers et de la Ligue, ainsi que de toutes les classes de l'Empire, amis et ennemis. Veuillez m'exempter de devenir votre chef.

– Il n'en saurait être question, se mettent-ils à hurler. Tu seras notre capitaine ! Toi et nul autre.

– J'aimerais mieux être abattu comme un chien enragé.

La discussion s'éternise. Le chevalier Poing-de-Fer s'énerve. Ses interlocuteurs le prennent par toutes les ruses d'une dialectique enflammée. Finalement, il cède. Enfin à moitié :

– Soit. Je vais faire un essai de huit jours. Mais vous devrez tous vous comporter en hommes loyaux et fidèles envers vos seigneurs et envers l'Empereur.

– Oui. Mais ce ne sera pas pour huit jours. Tu seras notre chef pour une saison entière.

– Disons un mois. Pas plus.

Ainsi se conclut l'accord. Les paysans promettent de ne piller ni de brûler aucun château. Un traité est même signé.

Mais la foule refuse de l'entériner. La situation se tend.

Götz ne montre aucun enthousiasme à commander cette troupe indisciplinée.

– Dans moins de huit jours vous serez fatigués de moi aussi vite que je serai fatigué de vous.

Il ne restera finalement qu'une semaine à la tête des paysans révoltés. La petite armée se porte devant Wurtzbourg et s'installe auprès de la cathédrale Saint-Burckhard. Götz doit suivre ensuite les paysans jusque dans les localités de Hohenlohe, où ils établissent leur camp et se décident à le laisser repartir. Le reître errant n'est pas fâché d'abandonner cette troupe où il a rencontré à la fois des hommes valeureux et des gueux malfaisants.

« Il n'est pas de guerre, de toute mon existence, où j'aie davantage imploré Dieu pour une paix honorable et juste, que parmi ces paysans sans honneur. »

Et il conclut cette équipée par cet aveu :

– Je n'en ai pas tiré un pfennig de profit.

Il gagne alors Stuttgart où il rencontre Georg Truchsess, capitaine-général et gouverneur de tout le Wurtemberg.

– Si vous vous mettiez au service de Sa Majesté le roi Ferdinand ? propose-t-il à ce soldat de fortune.

Poing-de-Fer accepte aussitôt.

– Je suis prêt à servir notre auguste seigneur, Sa Majesté l'Empereur.

D'autant que la solde promet d'être confortable et que Götz a femme et enfants. Mais il est fait prisonnier par la Ligue. Il sera enfermé deux ans à Augsbourg et plus de trois ans à Heilbronn. Il ne sera tiré de sa geôle que par une lettre de l'Empereur qui désire par la suite utiliser en Hongrie les services de ce manchot à la si solide réputation guerrière.

Götz n'en commencera pas moins par passer seize ans chez lui, avec interdiction de quitter son domaine. Et puis, un jour, il reçoit l'ordre de recruter cent cavaliers et de rejoindre l'armée impériale. Mais il arrivera trop tard.

– La grande armée a été battue par les Turcs à Pest !

Les Musulmans, alliés du royaume de France, ont défait les forces de l'empire germanique. Pourtant, Götz ira jusque sous les murs de Vienne. Ce sera pour y rencontrer le pire des ennemis : la peste. Les Compagnies fondent comme neige au soleil. Et c'est le retour.

Les reîtres traversent la Bohême. Puis ils se dispersent. Chacun s'en va de son côté rejoindre son nid d'aigle solitaire.

En l'année 1544, après une diète à Spire, l'empereur Charles Quint lance une expédition en France. Les Allemands marchent sur Saint-Dizier. Parmi eux, le chevalier errant Götz von Berlichingen. Il est âgé de soixante-quatre ans.

Pressée par la famine et le manque de poudre, la garnison se rend. Elle bénéficiera des honneurs de la guerre. « Ensuite, écrira à la fin de sa vie Poing-de-Fer, nous nous enfonçâmes en France et nous commençâmes à brûler ce qui se trouvait sur notre chemin. »

À l'approche de l'hiver, les envahisseurs retournent vers leur pays natal. À nouveau, sur le conseil de Götz, ils brûlent tout. Leur chef s'est juré de ne pas quitter son armure tant que la paix ne sera pas proclamée. Et ce vœu est d'autant plus pénible à tenir qu'il souffre affreusement de la dysenterie.

– Décidément, le vieux n'en reviendra pas, disent en le voyant les jeunes reîtres.

Le chevalier Poing-de-Fer en reviendra.

Ce sera, comme beaucoup de militaires vieillissants, pour écrire ses *Mémoires*. Dans le premier but – avoué – de se justifier de tout ce qui a pu être raconté de désagréable sur lui. « Que le Tout-Puissant me soit témoin, ici-bas en cette vallée de larmes et au jour du Jugement dernier, que, tout le temps de ma vie, soit en ma jeunesse, soit en mon âge mûr, jamais je n'ai dit rien qui ne fût la vérité, et n'ai manqué à la foi jurée envers qui que ce fût, ennemi ou ami, ou bien que, au long de mes jours, qu'il s'agît de détention ou de toute autre question, jamais je ne me suis écarté, en aucun point, des promesses faites sous mon sceau et ma signature ; enfin que, en toutes circonstances, que je fusse employé contre amis ou ennemis ; jamais je ne me suis comporté autrement qu'il ne convient à un preux et loyal gentilhomme. Cela, je le peux affirmer devant Dieu et sa vérité sainte. »

Au soir de sa vie, il estime qu'il est en règle avec la seule chose qui compte pour lui, son propre sentiment de l'honneur.

Comme il le dit en conclusion de ses *Mémoires* :

– « *Oui* doit être *oui*, et *non* doit être *non*. La foi jurée doit être équitablement respectée [1]. »

Götz von Berlichingen, le chevalier Poing-de-Fer, devait mourir le 23 juillet 1562, à plus de quatre-vingt-deux ans, en sa demeure seigneuriale de Hornberg.

Il sera le héros de deux drames théâtraux. L'un de Wolfgang Goethe. Et l'autre de Jean-Paul Sartre. Car *Le diable et le bon Dieu*, ce n'est pas autre chose que l'histoire, revue au soleil noir de l'existentialisme, de Götz von Berlichingen.

Et comme sonne fièrement une de ses répliques :

« Si Dieu existe, l'homme est néant... Heinrich, je vais te faire connaître une espièglerie considérable : Dieu n'existe pas. Il n'existe pas. Joie, pleurs de joie... Plus de Ciel, plus d'Enfer, rien que la Terre... Plus moyen d'échapper aux hommes. Adieu les monstres, adieu les saints. Adieu l'orgueil. Il n'y a que des hommes. »

1. Cette expression *Ja soll Ja sein und Nein soll Nein sein* est devenue proverbiale en Allemagne où les historiens aiment à écrire : « Les Français ont Bayard ; nous, nous avons Götz... »

CHAPITRE II

Une division, c'est d'abord un homme, son Commandeur. Celui qui va prendre la tête de la division *Götz von Berlichingen* est à l'époque Oberführer, grade particulier à la SS et intermédiaire entre celui de colonel et celui de général. Il a tout juste quarante ans et déjà un long passé militaire derrière lui.

Originaire de Prusse Orientale, où son père était conseiller d'administration, Werner Ostendorff est né à Koenigsberg en 1903. Officier de carrière dans la Reichswehr, il a servi au 1er régiment d'infanterie puis dans l'aviation, avant de rejoindre en 1935 les SS Verfügungstruppen, premières unités armées et encasernées de la SS, qui furent le creuset de la Waffen SS. Ses connaissances militaires lui valurent de devenir professeur de tactique, sous l'égide de l'inspecteur général, le Gruppenführer Paul Hausser, qui l'avait très tôt remarqué. Avant de rejoindre son état-major, Ostendorff servit comme commandant de compagnie dans le régiment d'infanterie *Der Führer*, formé à Vienne après l'Anschluss de l'Autriche. Puis il commanda le groupe de mitrailleuses anti-aériennes, ou Flak, de l'école d'officiers de Bad Tölz.

En 1939, avant même la campagne de Pologne, ce jeune capitaine SS est appelé auprès de Paul Hausser. Le commandeur de la division qui portera un jour le nom de *Das Reich* choisit Werner Ostendorff comme premier officier d'opérations, en fait chef d'état-major. L'unité, dont les effectifs atteignent vingt-deux mille hommes et qui comprend trois régiments d'infanterie, plus des formations de toutes les armes et de tous les services, se révèle singulièrement complexe à commander au feu. Ostendorff en devient véritablement le pivot. De la Hollande à la Grèce, en passant par la

France et la Serbie il apparaît comme l'ombre vivante de celui que ses soldats nomment familièrement « Papa Hausser ». Les deux hommes travaillent dans une camionnette réquisitionnée, transformée en poste de commandement mobile, où ils préparent, tout en roulant, les ordres d'opérations. Dans ce véhicule inconfortable, où les officiers et les secrétaires sont serrés les uns contre les autres, une profonde estime réciproque rapproche le jeune commandant et le vieux général.

Sur le front de l'Est, au cours du terrible hiver 1941-1942, quand Hausser, grièvement blessé à un œil sera évacué et que sa division sera réduite à un « Kampfgruppe » de quelques centaines d'hommes, Ostendorff en prendra le commandement, alors que les armées soviétiques ont réussi de profondes percées sur les flancs et même les arrières du front occupé par les unités démantelées de la division *Das Reich.* Dans le secteur situé le plus à l'est de toute l'armée allemande et pratiquement encerclé, l'Obersturmbannführer Ostendorff gagne la croix de chevalier de la Croix de fer et une réputation de meneur d'hommes sur le terrain autant que d'officier d'état-major.

Quand les survivants de la division quittent le front au printemps 1942 pour former le noyau d'une nouvelle unité, Ostendorff reste en Russie, à la tête d'un Kampfgruppe de fantassins et d'artilleurs, et les conduit au feu dans la région de Rshew.

Lorsque à la fin de l'année 1942 se trouve constitué le Ier corps blindé de la Waffen SS, avec les divisions *Leibstandarte Adolf Hitler*, *Das Reich* et *Totenkopf*, son commandant Paul Hausser prend à nouveau Werner Ostendorff comme chef d'état-major. Le jeune lieutenant-colonel SS se trouve à ses côtés au moment décisif où le général borgne, refusant par trois fois d'obéir à un ordre formel du Führer, réussit à éviter que soient prises dans un second Stalingrad les divisions qui forment le Ier corps blindé de la Waffen SS.

Werner Ostendorf a depuis longtemps acquis la réputation d'un solide bagarreur doublé d'un prudent tacticien. Après la bataille d'hiver de Kharkov, il restera, toujours comme chef d'état-major, le bras droit du Gruppenführer Hausser pendant la bataille d'été de Koursk, le plus grand choc de blindés du front de l'Est.

Quels que soient ses mérites – unanimement reconnus – d'organisateur et de tacticien, célèbre dans tout le corps d'armée pour trouver le ton juste, non sans parfois une pointe d'humour, avec ses supérieurs comme avec ses subordonnés, le Standartenführer Ostendorff a d'autres ambitions que de faire la guerre dans un état-major, penché sur des cartes et des plans d'opération. Même s'il lui arrive en cas de crise, de se précipiter vers les premières lignes et de diriger, sur le terrain, l'attaque ou la défense d'un Kampfgruppe constitué en toute hâte. Ce colonel, formé à l'école de Paul Hausser désire plus que tout avoir sous ses ordres directs un régiment et même – pourquoi pas – une division. Le commandement sait qu'il en est fort capable. Aussi personne ne sera surpris quand, le 26 novembre 1943, l'Oberführer Werner Ostendorff sera désigné comme le futur commandeur de la 17e division de la Waffen SS qui est en train de se constituer, sous le commandement provisoire de l'Obersturmbannführer Otto Binge, et porte le nom de *Götz von Berlichingen.*

***

L'unité que va commander l'Oberführer Ostendorff n'a pas la puissance de feu des divisions de choc de la Waffen SS où il a jusqu'ici servi. La plupart des hommes qu'il reçoit sous ses ordres sont souvent très jeunes – à peine dix-sept ans – ou parfois assez âgés – près de quarante ans. Pire encore – ce qui est une dérogation au principe qui avait jusqu'alors régi la SS, tous ne sont pas volontaires pour y servir. Ce sont donc des conscrits, parfois de seconde zone, que l'Oberführer Ostendorff doit transformer en combattants d'élite. Ce ne sera pas une tâche facile, d'autant que le matériel d'instruction fait cruellement défaut et que la plupart des moyens de combat ne figurent encore qu'à l'état de projet.

Stationnée dans le centre de la France, au sud de la Loire, la division *Götz von Berlichingen* aura son poste de commandement à Thouars, dans le département des Deux-Sèvres. Peu à peu, les unités se constituent et prennent leurs cantonnements.

Le groupe de reconnaissance, avec le Hauptsturmführer Holzapfel, s'installe à Montreuil. C'est l'unité la plus mobile et la plus rapide de la division, avec ses cinq compagnies motorisées, dont une compagnie d'engins de reconnaissance blindés.

La force principale de la nouvelle division reste constituée par les deux régiments d'infanterie, qui reçoivent les numéros 37 et 38 dans la numérotation de la Waffen SS. Le 37 est commandé par l'Obersturmbannführer Fick, qui partage ses trois bataillons entre Parthenay et Fontevrault, tandis que son camarade le Sturmbannführer Horstmann répartit ceux du 38 entre Fontevrault et Saumur. Leurs régiments comprennent douze compagnies de grenadiers dont trois lourdes de mortiers et de mitrailleuses, une compagnie de canons d'infanterie (la 13e), une compagnie Flak (la 14e), une compagnie du génie (la 15e) et une compagnie de reconnaissance (la 16e).

Le régiment d'artillerie à neuf batteries de l'Obersturmbannführer Binge s'installe à Saint-Varent et à Coulonges.

Les unités qui doivent constituer la division *Götz von Berlichingen* arrivent les unes après les autres à l'automne et au début de l'hiver 1943. Le bataillon Flak (anti-aérien) du Hauptsturmführer Braune prend ses quartiers à Noirterre le jour même de Noël, tandis que le bataillon Pak (antichars) du Hauptsturmführer Schuster s'installe à Airvault.

Il faudra attendre le 15 février pour voir arriver les premiers canons d'assaut du bataillon blindé que commande le Sturmbannführer Kniep dont les panzers font trembler les rues de la bourgade de Mirebeau et toutes les routes voisines.

Ce n'est qu'à la mi-mars que rejoindra le bataillon du Génie du Hauptsturmführer Fleischer, qui va stationner à Saumur.

D'autres unités sont également mises sur pied : un bataillon de transmissions avec le Hauptsturmführer Wiederhold à Pas-de-Jean, un bataillon sanitaire avec le Sturmbannführer Dr Pries à Châtellerault, ainsi que des unités de service, de réparation et de ravitaillement. Les renforts sont instruits à Loudun, sous les ordres du Sturmbannführer Sarnow.

Sur le papier, l'Oberführer Ostendorff commande une division « normale », où il ne manque ni une compagnie de gendarmerie ni une section de la poste de campagne.

Seulement, le matériel le plus précieux sera aussi le plus tardif. Les chasseurs de chars du bataillon Pak ne recevront tous leurs panzers de chasse qu'en... juillet 1944.

Le 9 février, l'Oberführer Ostendorff connaît son premier ordre d'opérations. En cas d'un débarquement allié dans l'Ouest de la France, il devrait mettre sa division à la disposition de la 1re armée allemande. Ainsi, d'emblée lui, général – ou presque – de la Waffen SS, se trouverait sous les ordres d'un état-major de la Wehrmacht. Une telle imbrication n'est d'ailleurs pas pour surprendre et le commandeur de la division *Götz von Berlichingen*, d'ailleurs, a de très bonnes relations avec le général Geyr von Schweppenburg qui est un des meilleurs spécialistes allemands des blindés.

***

L'instruction démarre aussitôt selon le vieux principe « la sueur épargne le sang ». Elle est menée à un train d'enfer malgré le manque de matériel. Dans les régiments d'infanterie le quart des grenadiers sont des garçons de dix-huit ans et moins. Ils viennent de toute l'Allemagne, mais aussi des régions annexées, comme le Luxembourg ou l'Alsace-Lorraine. Qu'ils soient ou non volontaires importe peu aux instructeurs qui leur enseignent énergiquement sur le terrain, de jour comme de nuit, dans le vent et sous la pluie, le premier et le seul devoir de tout soldat quelle que soit sa nationalité : tuer pour ne pas être tué.

Au mois de janvier 1944, la division *Götz von Berlichingen* est loin d'atteindre son plein effectif. En principe, Werner Ostendorff devrait commander 16 608 hommes. Il n'en a que 11 147. Dans le détail, les chiffres sont encore plus consternants. Il n'y a que 142 officiers sur les 358 prévus et, pire encore, 817 sous-officiers sur 3 412 ! Aussi, il n'est pas rare de voir des compagnies commandées par un Untersturmführer (sous-lieutenant SS) et des sections par un Unterscharführer (sergent SS). Ces gradés, bien souvent, sortent des écoles, et certains n'ont que peu d'expérience du front. Cette pénurie de cadres restera toujours la plaie de la division.

Quant aux auxiliaires, les « Hiwis », ils sont en général italiens et ne semblent pas tellement animés de sentiments fascistes et encore moins belliqueux.

Tous les jours, en arrivant à son poste de commandement de Thouars, l'Oberführer Ostendorff trouve les mêmes rapports pessimistes. L'armée allemande est devenue une armée pauvre. Il s'agit de pallier le manque de moyens par des astuces qui ressemblent à du bricolage.

La conférence d'état-major amène toujours les mêmes questions et les mêmes réponses.

– Nous manquons de pistolets mitrailleurs et de fusils d'assaut, Oberführer.

– Et nos mitrailleuses MG 42 ?

– Elles ne sont toujours pas au point.

– Qu'avons-nous comme armes antichars ?

– Des pièces de 50 Pak.

Alors, Ostendorff explose :

– Elles étaient déjà démodées en 1941 ! La guerre est devenue une guerre de blindés. Il faudra les affronter avec des armes légères comme le Panzerschreck ou le Panzerfaust...

– Nous n'en avons même pas assez pour faire l'instruction de nos hommes, Oberführer.

Pour le chef d'état-major, le Hauptsturmführer Dr Conrad, la situation est désespérante si ce n'est catastrophique. C'est bien l'avis du Hauptsturmführer Linn, responsable du matériel, ou du Hauptsturmführer Kotthaus, chargé du personnel. Seul le Sturmbannführer Augustin, officier d'intendance, semble satisfait. Pour le moment il arrive à nourrir les rationnaires en vivant sur le pays occupé...

La situation en pièces d'artillerie apparaît aussi déplorable.

– Où en sont nos 75 automoteurs ? demande Ostendorff.

– Toujours pas arrivés.

– Et les 75 tractés ?

– Pas davantage.

– Encore heureux que nous ayons les douze pièces de 88 du

bataillon Flak. On pourra s'en servir aussi bien contre les chars, en tir direct, que contre les avions.

Les canons arriveront en même temps que le débarquement allié.

***

Ce que les Allemands nomment « l'Invasion », en ce début de l'année 1944, devient la grande question qui préoccupe tout le monde. C'est celle que l'on pose invariablement, chaque jour nouveau, à l'officier de renseignements de la division, le grand et maigre Hauptsturmführer von Le Coq qui porte, avec une particule germanique, un vieux nom de huguenot français émigré outre-Rhin.

– Rien encore... Mais « ils » débarqueront. C'est sûr.

– Où ?

– *That is the question*, ironise Le Coq. Sans doute dans le Pas-de-Calais.

C'est du moins ce que croient tous les états-majors, à commencer par le grand quartier général du Führer, qui reste bien décidé à ne faire manœuvrer ses divisions blindées tenues en réserve que lorsqu'on sera bien certain que le débarquement auquel elles s'opposeront sera le bon.

Pour se rendre vers les plages de débarquement et faire face aux soldats alliés, il faudra des camions. Ceux que reçoit la division sont rapidement hors d'usage. Les véhicules allemands ont été sabotés dans les usines du Reich, sans doute par des travailleurs étrangers appartenant à la Résistance. Quant aux camions français de 3 tonnes qui vont enfin arriver par chemin de fer, ils n'ont pas de pneus.

– Il n'y a qu'une seule solution, décide le Hauptsturmführer Linn, c'est d'en acheter au marché noir !

Comme il n'y a toujours pas assez de véhicules pour motoriser la division, camions et surtout voitures légères seront réquisitionnés dans la région. Bon gré, mal gré, les propriétaires français sont obligés de remettre tout ce qui est encore capable de rouler après près de quatre ans d'occupation. Cette initiative du Hauptsturmführer Linn sera fort mal vue par la Wehrmacht.

– Nous seuls avons le droit de réquisition, déclare le haut-commandement en France. Ce n'est pas à une unité de la Waffen SS de se servir elle-même.

Pourtant, l'Oberführer Ostendorff va trouver des militaires pour plaider la cause de son unité.

– Si on veut que les SS de la division *Götz von Berlichingen* viennent donner un coup de main aux soldats de la Wehrmacht le jour venu, il faut bien qu'ils puissent rouler !

Cette évidence finit par calmer la tempête déchaînée par les réquisitions « illégales ». Si on trouvait encore des véhicules en France au printemps 1944, dans des garages ou des granges, on ne pouvait en revanche faire jaillir l'essence du sol. Pas moyen de se fournir en carburant.

– Il y a si peu d'essence, annonce un matin le Hauptsturmführer Linn au commandeur de la division, que l'on est juste capable de faire fonctionner l'auto-école. Et encore...

L'Oberführer Ostendorff n'aura qu'un mot, celui des chefs de toutes les armées du monde en pareil cas :

– Débrouillez-vous !

Les hommes de la division *Götz von Berlichingen* apprendront si bien à se débrouiller qu'ils en prendront l'habitude ; plus tard, en arrivant sur les arrières immédiats du front de Normandie, ils voleront purement et simplement des fûts d'essence dans un dépôt de la Wehrmacht.

« Nécessité oblige » devient un mot d'ordre général, au moment où commencent à rouler les premiers véhicules portant l'insigne de la 17e division SS : la main artificielle gantée de fer du chevalier d'empire Götz von Berlichingen.

***

Les hommes de la division vont recevoir le 10 avril 1944 une bande de bras avec le nom de leur « patron ». Elles seront remises au cours d'une cérémonie solennelle, que préside le Reichsführer SS Heinrich Himmler en personne. Près de lui, massif et trapu, dans son uniforme noir de tankiste, l'Obergruppenführer Sepp Dietrich, l'ancien sous-officier de chars de la dernière guerre devenu maintenant général de corps d'armée, après avoir commandé la garde du corps du Führer-Chancelier. La Wehrmacht a délégué à la cérémonie le lieutenant-colonel von Berlichingen, un authentique descendant de l'illustre lansquenet du XVIe siècle.

La journée commence par une brève allocution de Werner Ostendorff, nouvellement promu Brigadeführer. Le commandeur s'engage, au nom de ses cadres, de ses hommes et en son nom personnel à ce que la division *Götz von Berlichingen* accomplisse toujours son devoir, quel qu'en soit le prix.

Le Reichsführer Heinrich Himmler prononce alors devant les officiers un long discours où il commence par rappeler la naissance de la SS, constituée à l'origine de petits groupes d'une demi-douzaine ou d'une douzaine d'hommes, dispersés dans toutes les villes d'Allemagne au temps de la lutte pour la conquête du pouvoir menée par le parti national-socialiste.

– Depuis, nous avons poursuivi notre route, ajoute-t-il, aveuglément dévoués au Führer et au Reich, au mythe originel de ce Saint Empire allemand fondé sur l'idée de minorité et sur une sélection raciale et humaine impitoyable.

Selon une habitude qui revient dans beaucoup de ses allocutions, le Reichsführer SS retrace à grands traits les principales étapes de l'histoire allemande, remontant jusqu'à cet Hermann le Chérusque, que les Romains nommaient Arminius, et qui rallia en l'an 9 de notre ère les peuples germaniques pour les mener à la victoire dans la forêt de Teutoburg. Puis ce fut Charlemagne... Et Heinrich Himmler, à l'inverse de ceux qui exaltent le paganisme, rend un curieux hommage à la religion chrétienne, le « seul mythe unificateur » qui allait permettre, selon lui, la naissance du Saint Empire romain germanique. Défilent alors dans une rapide cavalcade les grands souverains de sang allemand : Henri Ier le Saxon, Frédéric II de Hohenstaufen ou l'empereur Barberousse. Cette unité du Reich devait pourtant être brisée pour aboutir aux déchirements fratricides d'une poussière d'états, au temps des évêques et des princes. L'Allemagne connut la guerre de Trente Ans et la rivalité de l'Autriche et de la Prusse. Enfin Bismarck vint. Et, bien entendu, Adolf Hitler, que le Reichsführer SS présente comme l'aboutissement suprême de ces deux millénaires d'histoire germanique, dont il vient de retracer la grande fresque tumultueuse.

Désormais, ce n'est plus seulement le Reich allemand qui va être unifié, mais le monde germanique tout entier. De la Norvège à la Flandre, en passant par le Danemark et la Hollande.

Dans cette gigantesque aventure, Himmler assigne aux SS le rôle de « porteurs de torche de l'idée d'Empire », successeurs en cela des « Reichsritter », ces chevaliers plus ou moins errants qui portaient en leur cœur la nostalgie de l'unité et de la grandeur.

Après une évocation de cette année 1929, où fut créée la SS comme une sorte de « garde » à l'intérieur des sections d'assaut et du parti national-socialiste, le Reichsführer aborde la période de guerre et le rôle que doivent y jouer les formations de la Waffen SS.

Celui qui se trouve désormais à la tête de plus de trois cent mille « soldats politiques » recrutés dans toute l'Europe choisit, pour évoquer la SS en armes, d'énumérer les noms des divisions qui la composent. Au passage, il rappelle pourquoi la tête de mort, ou *Totenkopf*, a été choisie pour emblème par la SS :

– C'est parce que nous avons la volonté de ne ménager ni notre vie ni celle des autres lorsque le salut du Reich l'exige.

À propos du nom des divisions, Himmler signale qu'on y trouve désormais célébrée la mémoire des « chevaliers d'empire » du XVIe siècle, comme Florian Geyer, Frundsberg ou Götz von Berlichingen.

À propos de ce dernier, dont il souligne la fidélité indéfectible à son prince le duc Ulrich, l'orateur évoque longuement le fameux « poing de fer ». Il fut non seulement une prothèse, destinée à remplacer la main perdue au combat, mais il fut aussi un symbole de la volonté inflexible de combattre de celui qui le portait :

– Sa vocation profonde était de devenir un combattant, un jouteur, un soldat. Car être soldat, c'est une vocation. Quiconque est habité par elle ne peut se dérober. Qu'importe s'il n'a qu'un bras, qu'un œil, qu'une jambe : il continue à combattre. Et s'il ne peut plus combattre l'arme à la main, il doit faire de son esprit une arme et se battre dans le combat de l'esprit. Tout comme chacun de vous est tenu de combattre avec son arme et avec son cœur.

S'adressant aux officiers de la division *Götz von Berlichingen*, le Reichsführer SS insiste sur la nécessité de ce qu'il nomme « le combat idéologique », évoquant d'une manière apocalyptique le conflit mondial tel qu'il se développe en ce début de l'année 1944 :

– Le temps va venir où, sur les trois adversaires en présence, l'un devra succomber. Cette année, c'est surtout une guerre des nerfs que nous menons, une guerre où, dans la patrie comme au front, on se bat et on ne discute plus. L'important désormais est que nous rendions chaque coup reçu, toujours et sans cesse, qu'il n'y ait pas de discussion et que l'idée même de renoncer soit jugée digne de la mort...

Après avoir évoqué tous les volontaires européens qui ont rejoint les rangs de la Waffen SS, des Danois aux Français, Heinrich Himmler termine son allocution sur un mode énergique et ironique tout ensemble :

– De cette division *Götz von Berlichingen*, j'attends une chose : que l'idée de céder, fut-ce sur le plan spirituel ou politique, ne germe jamais dans un seul de vos cerveaux... Employez toujours à bon escient le mot fameux de Götz von Berlichingen. Vous ne devrez l'utiliser que dans un seul cas : lorsque l'adversaire – ou le salaud qui sommeille en chacun de nous – vous demandera s'il ne vaut pas mieux se rendre, s'il ne vaut pas mieux reculer sans en avoir reçu l'ordre formel. Alors seulement, du commandeur de la division jusqu'au plus jeune d'entre vous, même si c'est une recrue de dix-sept ans, alors seulement vous pourrez lancer : *Ihr könnt uns am Arsch lecken*[1] !

Le maître de l'Ordre noir en arrive, après cette vigoureuse et grossière apostrophe, à sa conclusion :

1. Littéralement : *Vous pouvez nous lécher le cul !* Cette expression ordurière, très populaire en Allemagne, est justement attribuée à Götz von Berlichingen. Elle est l'équivalent dans la tradition militaire du célèbre mot de Cambronne à la bataille de Waterloo, quand les Anglais invitèrent le dernier carré de la Garde impériale à se rendre. Donner à une division le nom de *Götz*, c'est un peu comme si on nommait en France une unité de l'armée : *Cambronne*.

– C'est dans cet esprit que vous devez combattre, vivre et vaincre !

Puis c'est la cérémonie de distribution des bandes de bras avec l'inscription *Götz von Berlichingen.*

La ville de Stuttgart a décidé d'être la marraine de la nouvelle 17e division de la Waffen SS.

Cette journée du 10 avril à Thouars a été précédée d'une série impressionnante de promotions au grade supérieur. Tandis que le commandeur de la division arbore désormais les trois feuilles de chêne de Brigadeführer, la plupart des chefs de services ou d'unités sont nommés officiers supérieurs.

***

Les cérémonies du « baptême » de la division terminées, tous les cadres rejoignent leurs unités largement réparties dans une quinzaine de garnisons au sud de la Loire, entre Angers et Tours.

L'entraînement reprend. Il est si dur que, lors d'un exercice à tir réel, le commandeur du bataillon blindé, le Sturmbannführer Kniep, est tué avec quelques-uns de ses hommes. La mort, avant même le combat, de celui qui commandait les canons d'assaut de la division *Götz von Berlichingen* provoque une grande émotion parmi les jeunes recrues, dont la plupart n'ont jamais connu le feu. Pour le remplacer, il faut un chef prestigieux. Le commandement trouve une solution en désignant pour diriger le Panzer-Abteilung 17 un des combattants les plus célèbres de la Waffen SS, le Sturmbannführer Ludwig Kepplinger.

C'est un Autrichien de trente-deux ans qui a été le premier sous-officier de la Waffen SS à recevoir la croix de chevalier de la croix de Fer, pendant la campagne de Hollande de 1940, alors qu'il servait comme chef de section au régiment d'infanterie *Der Führer.*

***

Dans la seconde quinzaine du mois d'avril 1944, le Brigadeführer Ostendorff est convoqué à Paris avec la plupart des cadres de sa division *Götz von Berlichingen*. Le général von Schleppenburg qui les reçoit dans un hôtel particulier réquisitionné, ayant naguère appartenu à la famille Rothschild, leur annonce le thème de l'exercice :

– Messieurs, nous allons supposer que l'ennemi vient de commencer l'invasion par le parachutage et l'aérotransport de nombreuses et solides unités. Au travail !

Les officiers se penchent sur les cartes. Pendant des heures, ils vont étudier ce qui sera dans moins de deux mois la réalité.

L'activité aérienne alliée redouble sur la France occupée et tout donne à penser que le débarquement devient imminent. La division continue à se préparer. Le matériel arrive lentement. Le personnel un peu plus rapidement. Le Hauptsturmführer Kotthaus, responsable des effectifs à l'état-major, avait pu annoncer à son commandeur que la division comportait 13 350 hommes à la mi-mars. Le 15 avril, il apporte de nouvelles précisions :

– Nous avons un peu plus de dix-sept mille hommes sur les rangs, Brigadeführer.

– Quelle en est la répartition par rapport au nouvel effectif théorique ?

– 312 officiers sur 365, 1 736 sous-officiers sur 3 440 et 15 010 hommes de troupe sur 12 974.

Il y a donc un sur-effectif en troupiers, mais toujours une grande pénurie de cadres.

Comme dans toute grande unité en formation un autre problème se pose, c'est le départ de ceux qui doivent suivre des cours de spécialisation. Si la défense contre les gaz s'apprend au Mans ou à Bordeaux et si une auto-école fonctionne à Argentan, il faut envoyer les futurs tireurs d'élite à Posen-Treskau dans le corridor de Dantzig et les « casseurs de chars » à Beneschau, dans le protectorat de Bohême-Moravie. Certains, partis à Cracovie, en Pologne, pour apprendre à conduire des poids lourds seront réquisitionnés sur place pour former un commando improvisé que l'on parachutera en Yougoslavie contre les partisans de Tito. La division ne les reverra jamais. Une nouvelle fournée doit être organisée. Cette fois, les conducteurs partiront à Prague et les mécaniciens à Vienne.

Quant aux sapeurs du Génie déjà formés, ils sont sans cesse retirés de la division pour être employés à construire des ponts sur la Loire ou à renforcer les ouvrages du mur de l'Atlantique.

Le 26 avril, la 17e division SS *Götz von Berlichingen* devient unité de réserve générale de l'OKW – le commandement supérieur de l'Armée allemande – avec la 1re division SS *Leibstandarte Adolf Hitler* et la 12e division SS *Hitlerjugend*, deux grandes unités blindées.

***

Au mois de mai, un nouvel exercice théorique, que l'usage nomme « Kriegspiel » ou « jeu de guerre », a lieu au Mans. Cette fois c'est le général Bayerlein qui le dirige.

– Messieurs, nous allons étudier le déplacement de troupes dans une zone où l'ennemi possède la supériorité aérienne.

La conclusion s'impose vite. Aucun mouvement n'est possible sans équilibre entre les deux aviations adverses. En cas de supériorité ennemie, ce sera la paralysie totale.

– Et pourtant, conclut Bayerlein, tous les renseignements nous prouvent que lors de l'Invasion, les Alliés seront totalement maîtres du ciel.

– Dans ce cas... lance un des chefs de régiment.

– Dans ce cas, réplique Bayerlein, il faudra nous battre quand même.

Ainsi, avant même le début des opérations à l'Ouest, les jeux semblent faits.

Comme le confie le Brigadeführer Ostendorff à son officier d'opérations, le Sturmbannführer Conrad :

– Le problème n'est même plus de battre l'ennemi sur le terrain, mais d'arriver jusqu'au front !

Ce qui inquiète surtout le commandeur de la *Götz von Berlichingen*, c'est le peu de divisions blindées qui se trouvent stationnées en France. Pour la Waffen SS, seule la 12e *Hitlerjugend* est disponible, dans le sud-est de la Normandie. La division *Das Reich* se trouve dans le Limousin en pleine réorganisation et la *Leibstandarte* est en Belgique, très affaiblie à son retour du front de l'Est. Du côté de la Wehrmacht, ce n'est pas plus encourageant qu'à la Waffen SS. La 9ᵉ et la 16ᵉ Panzerdivisions sont encore en formation tandis que la Panzer-Lehr Division, l'unité d'instruction capable de combattre, se trouve toujours en Hongrie.

***

– Si seulement nous savions où ils vont débarquer, répète le Sturmbannführer von Le Coq qui ne sait trop comment interpréter les derniers renseignements.

Les raids aériens s'intensifient sur la Loire où le bataillon Flak est la première unité de la division engagée en missions de guerre.

L'approche inéluctable d'événements tragiques n'empêche pas la vie de suivre son cours. Le Brigadeführer Ostendorff tient à ce que tout se déroule selon les règles et que chaque activité ait sa place. Pour lui, la formation d'un vrai soldat forme un tout. Le chant y occupe autant de place que le tir. Un dimanche de mai, à Thouars, il organise même un concours de chorales. La récompense de cinq jours de permission en Allemagne promet de sérieux duels vocaux. Les artilleurs vont l'emporter sur les fantassins. Quant à la musique de la division, elle entreprend une grande tournée pour se produire dans tous les cantonnements où se trouvent dispersées les diverses unités.

Plus les nouvelles de tous les fronts sont mauvaises pour le IIIᵉ Reich et plus le commandement semble attacher d'importance au chant, comme s'il y voyait une manière de lier les hommes entre eux et de les préparer à la rude fraternité des combats. La division *Götz von Berlichingen* n'échappe pas à cette règle, d'autant que la plupart de ses soldats arrivent directement de la jeunesse hitlérienne. Tout le répertoire de leur adolescence y passe :

Ein Heller und ein Batzen, die waren beide mein, ja mein.
Der Heller ward zu Wasser, der Batzen ward zu Wein, ja Wein.
Heidi, heido, heida. Heidi, heido, heida,
Heidi, heido, heida, ha, ha, ha, ha, ha[1].

1. Ce chant, malgré son air martial, célèbre plus la « bonne vie » que la guerre :

Mais le chant qui a le plus de succès, en ce printemps 1944 qui précède la grande bataille à l'Ouest, est un air de marin qui évoque l'océan lointain et la fuite loin de ce monde de fer et de feu :

Wir lagen vor Madagaskar und hatten die Pest an Bord.
In den Kesseln, da faulte das Wasser, und täglich ging einer über Bord[1].

Et le refrain retentit comme un nostalgique adieu :

Ahoi ! Kameraden ! Ahoi, Ahoi !
Leb' wohl, kleines Mädel, leb'wohl, leb'wohl[2] *!*

***

La division *Götz von Berlichingen* vit au milieu de la population civile française dans des maisons et des communs réquisitionnés. La chasse constante qu'elle livre aux véhicules mécontente fort leurs propriétaires. L'état d'esprit des occupés qui avait été qualifié, sans doute un peu hâtivement, de « nettement amical » dans un premier rapport datant du début de l'année, se modifie. Les SS multiplient barrages routiers et patrouilles nocturnes. Le Brigadeführer Ostendorff demande au Sturmbannführer von Le Coq ce qu'il en est :

– Les Français deviennent sans doute plus nerveux, mais ils restent paisibles. Un tiers est pour de Gaulle, un tiers pour Pétain, un tiers indifférent.

– Et la Résistance ?

Un sou et un écu qui étaient miens tous deux, oui miens,
Le sou était pour l'eau et l'écu pour le vin, oui le vin.

La suite appartient au répertoire populaire des chansons à boire :

Les aubergistes et les servantes disent tous deux : « O malheur ! »
Les aubergistes quand j'arrive et les servantes quand je m'en vais.

Et voici le portrait du franc buveur :

Mes bas sont déchirés, mes bottes sont ouvertes,
Et dehors sur la lande, l'oiseau chante librement.

1. *Nous étions devant Madagascar avec la peste à bord.*
L'eau pourrissait dans les chaudières et chaque jour on en passait un par-dessus bord.

2. *Ahoi, camarades ! Ahoi, Ahoi !*
Adieu, petite fille, adieu, adieu !

– Le service de sécurité a réussi à capturer des radios et à les retourner. C'est donc à nous que les Alliés parachutent du matériel.

– C'est intéressant. Il va falloir leur commander des mitraillettes Sten.

Cette livraison se fera directement entre Britanniques et Allemands.

La densité de troupes du Reich dans la région est telle que les maquisards ne lancent pas d'opérations contre les unités de la division *Götz von Berlichingen*, même isolées. Après le départ vers le front, les éléments de la base arrière, pourtant peu nombreux, vivront des jours assez paisibles jusqu'à la fin.

Les armes légères arrivent, les armes lourdes suivent, les munitions ne manquent pas. La division est en train de se mettre sur pied de guerre. Seule l'essence pose un problème jusqu'ici insoluble. Pour transporter ses hommes vers un front éventuel, le commandeur de la division *Götz von Berlichingen*, qui n'a pas récupéré encore tous ses spécialistes, envisage les moyens les plus radicaux et les plus insolites.

– Nous allons rassembler tous les véhicules français qui se trouvent dans la zone de stationnement de la division, décide-t-il.

– C'est déjà fait, Brigadeführer.

– Les véhicules à essence, certes. Mais pas les véhicules à gazogène. Et on trouvera toujours du bois en route.

Il ne reste qu'un problème :

– Quels chauffeurs les conduiront ?

– Mais leurs chauffeurs français ! Il n'y a qu'à les réquisitionner eux aussi si nous ne trouvons pas assez de volontaires.

Formule expéditive qui correspond bien à l'atmosphère d'improvisation et de débrouillardise dans laquelle vit toute la division *Götz von Berlichingen* depuis sa formation.

Le Brigadeführer Ostendorff, quand il considère la préparation de son unité et qu'il analyse la situation générale, est persuadé que des événements dramatiques se préparent en cette fin de mai 1944.

Certains stratèges allemands attendent avec une sorte d'impatience fébrile l'assaut contre la « citadelle Europe » et pensent briser définitivement, dans le choc qui suivra, la force militaire des Anglo-Saxons. Pour Werner Ostendorff, expérimenté et lucide, la guerre sur le front de l'Ouest risque d'être aussi dure que celle sur ce front de l'Est qu'il connaît bien.

C'est un été tragique qui se prépare.

CHAPITRE III

– Réunion immédiate des cadres.

Il est près de quatre heures du matin, le 6 juin 1944. Le Brigadeführer Ostendorff rassemble son état-major dans le château qu'il occupe aux environs de Thouars. Le chef de la division *Götz von Berlichingen* annonce aussitôt.

– C'est peut-être l'Invasion !

Le commandeur donne ensuite quelques précisions :

– On signale des parachutages au sud de Cherbourg et on observe des concentrations de bâtiments au large de la côte est du Cotentin. La Flak me rend compte que l'activité aérienne ennemie n'a fait que s'intensifier depuis les dernières heures. Des avions alliés ont survolé la Loire et Saumur, se dirigeant du nord vers le sud.

Personne n'est vraiment surpris de ces nouvelles, que tous attendaient depuis des mois. Seul point nouveau, le lieu du débarquement. Ce serait donc la baie de Seine et non le Pas-de-Calais. Mais n'est-ce pas une ruse de guerre ?

– Voici mes ordres, annonce Werner Ostendorff : alerte générale de la division. Vous ferez doubler toutes les gardes et attacherez une importance particulière à l'observation du ciel.

L'officier d'opérations prend la parole :

– Vous savez tous quelles sont les mesures à prendre en cas de parachutage d'éléments ennemis. Je vous les rappelle brièvement.

Après le Sturmbannführer Conrad, son camarade von Le Coq précise :

– Attention, il peut aussi s'agir de parachutage d'agents ennemis isolés. Tous les avions sont suspects.

Ils sont tellement suspects que pris dans l'ambiance, une

escadrille de huit bombardiers allemands Ju 88, passant à basse altitude au-dessus des ponts de la Loire, se verra prise à partie par une compagnie de la Flak divisionnaire. Un appareil sera abattu et un second endommagé.

Dans la nuit, la division *Götz von Berlichingen* est transférée de la 1re armée allemande à la 7e. Elle sera donc engagée en Normandie. La première destination prévue est Saint-Lô, le chef-lieu du département de la Manche. Là, son commandeur recevra ses ordres pour rejoindre le front.

Le manque de véhicules va totalement entraver la montée vers les lignes et fractionner en multiples convois l'unité que commande le Brigadeführer Ostendorff.

– Évitez les grandes routes, a-t-il recommandé à tous les chefs des formations de combat.

Très vite, les véhicules à gazogène réquisitionnés et conduits par des civils français vont connaître un sort funeste. La moitié tombe en panne ou sont abandonnés par leurs chauffeurs à la première occasion. Le restant sera durement attaqué par les chasseurs-bombardiers alliés, totalement maîtres du ciel.

***

Les deux premiers bataillons de chacun des régiments d'infanterie ayant été tant bien que mal motorisés quittent leurs cantonnements dans la journée du 6 juin. Quant au troisième bataillon de chacun de ces deux régiments 37 et 38, il prendra lui aussi la route de Normandie. Puisqu'il n'y a plus de camions disponibles, les grenadiers SS rouleront vers le front en... bicyclette.

– Il n'y a guère plus de deux cent cinquante kilomètres, annoncent les commandeurs Fick et Horstmann à leurs chefs de bataillon.

Le 7 juin, le régiment d'artillerie avec ses canons de 105 et de 150 se met en route, ainsi que la batterie lourde Flak, avec ses douze pièces de 88. Les canons d'assaut du bataillon blindé seront chargés sur des plates-formes ferroviaires, avec les canons automoteurs de la 3e compagnie du bataillon

Pak, la seule des trois de cette unité lourde ayant perçu son matériel, et débarqués à Vire.

Faute de moyens de transport, le bataillon du génie reste sur place au sud de la Loire, avec les trois batteries de Flak légère et les deux autres compagnies de Pak. Les unités des services elles aussi suivront plus tard.

La division *Götz von Berlichingen* entre dans la bataille sans ses compagnies d'entretien et de ravitaillement et avec une partie seulement de ses formations de combat. Le manque de carburant va d'ailleurs immobiliser quelque temps les quatre bataillons d'infanterie au sud de Saint-Lô, tandis que les deux derniers bataillons sont encore loin derrière avec leurs bicyclettes...

Finalement le gros de la division ne participera pas à la bataille pendant la première semaine des combats, celle que beaucoup jugent décisive...

***

En tête de la division *Götz von Berlichingen* roulent les compagnies de reconnaissance. Ce sont des unités très solides et très rapides, embarquées à bord de petites voitures Volkswagen amphibies, que les Allemands nomment « Schwimmwagen » et qui peuvent transporter quatre hommes avec leurs équipements de guerre. On en compte une par régiment d'infanterie, où elles constituent la 16ᵉ compagnie. Celle du régiment 37, commandée théoriquement par le Hauptsturmführer Anders, se trouve, au moment du départ en campagne placée sous les ordres d'un simple sous-officier, le Hauptscharführer Gruner, un adjudant-chef ancien de tous les fronts. Au régiment 38, la 16ᵉ compagnie de reconnaissance est sous les ordres d'un lieutenant, l'Obersturmführer Eberle.

Ces deux compagnies ne sont pas les seuls éléments rapides de la division puisqu'existe l'Aufklärungs-Abteilung 17, le groupe de reconnaissance divisionnaire du Sturmbannführer Holzapfel. Là, ce sont trois compagnies entières qui utilisent des « Schwimmwagen » et se trouvent appuyées par une compagnie de véhicules de reconnaissance blindés, autocanons ou automitrailleuses, ainsi que par une compagnie lourde et une compagnie d'engins.

Toutes ces formations motorisées, précédant largement le reste de la division, roulent vers le nord après avoir franchi la Loire sans encombre.

***

Dès le 8 juin, après être entrée en Normandie par Saint-Hilaire-de-Harcouët, le groupe de reconnaissance de la division *Götz von Berlichingen*, l'Aufklärungsabteilung, ou AA 17, du Sturmbannführer Holzapfel, se reforme à Tessy-sur-Vire, puis avance sur la route de Saint-Lô à Bayeux.

Au cours d'une rapide réunion, dans le village de Vaubadon, Holzapfel, que ses hommes nomment familièrement « le Vieux », donne ses ordres :

– La 1re compagnie avec ses blindés avance vers Isigny. La 2e et la 3e vers Bayeux, de part et d'autre de la route. Je garde la 4e en réserve.

Les véhicules s'ébranlent aussitôt.

– Cette fois, ça y est ! lance l'Untersturmführer Walzinger qui commande la 2e compagnie en remplacement de son chef, l'Obersturmführer Schröder qui suit un stage et n'a pu rejoindre à temps son unité.

Pourtant, le premier militaire qu'aperçoit l'Untersturmführer Helmut Gunther, le chef de sa 1re section, n'est pas un parachutiste américain, mais un territorial de la Wehrmacht qui se tient au bord de la route, dans la partie nord de la forêt de Cerisy. Le sous-lieutenant SS découvre derrière lui, mal camouflées, des rangées de fûts.

– Qu'est-ce que vous faites là ? demande l'officier à la sentinelle.

Avant que l'homme ne puisse répondre, surgit un gradé du service de l'Intendance. C'est à lui de demander à l'Untersturmführer Günther :

– Et vous, qu'est-ce que vous faites là ?

Le fonctionnaire semble fort surpris de découvrir ces patrouilles de Waffen SS, en équipement de guerre, à bord de voitures amphibies couvertes de feuillages.

– Nous cherchons l'ennemi, répond Günther.

– L'ennemi ? Mais je n'ai entendu parler ni des Amis (Américains) ni des Tommys (Britanniques) dans le coin. Ici, tout est calme.

Quand l'officier du groupe de reconnaissance lui demande s'il peut avoir du carburant, son interlocuteur paraît sur le point de succomber à une attaque cardiaque.

– De l'essence ! s'exclame-t-il. Sans un bon de délivrance ? Mais vous êtes fous !

Günther n'est pas fou, mais il croit qu'il va le devenir. À moins d'un kilomètre derrière lui, il sait que des véhicules de sa compagnie sont stoppés, faute de carburant. Et il estime aussi qu'entre l'ennemi et lui, il n'y a plus guère de résistance allemande. Alors ce dépôt de carburant va tomber entre les mains des Alliés. Faute d'un papier et d'une signature ! En attendant, lui, personnellement il a assez d'essence pour poursuivre sa route.

Avec ses véhicules amphibies, le sous-lieutenant SS doit obliquer vers Trévières. Tout semble effectivement calme. On entend gronder le canon, plus loin, vers Bayeux. De temps à autre un trou d'obus sur le bord de la route indique que les combats ont commencé. Peu après, la colonne s'arrête, car son chef veut s'orienter.

– Mais où sont donc les Ricains ? demande l'Unterscharführer Weyel, un de ses chefs de groupe.

Au même moment on entend des bruits d'explosions en chaîne et on aperçoit les gerbes d'une salve d'arrivée toute proche.

– Gros calibre, constate Günther. Pièces de marine, sans doute. Voilà la réponse à votre question, Weyel.

Une nouvelle salve retentit. Partout volent des mottes de terre et des éclats d'acier. Une lourde fumée se dégage qui prend à la gorge.

– C'est pour nous, lance l'officier. Vite, on déménage !

Les éclaireurs sautent à bord de leurs voitures qui démarrent en trombe en faisant crisser les pneus sur la route. La petite colonne se réfugie à l'abri d'une haie, derrière un virage.

– Rien de cassé ? demande le chef de la 1re section.

– Rien, Untersturmführer. Il y a juste Kigler qui a reçu un éclat. Mais seul son uniforme en a pris, la peau n'est pas touchée.

Weyel inspecte l'horizon et montre à l'officier la direction de la mer :

– Regardez. Il y a huit ballons captifs en l'air. Ce n'était pas difficile de nous repérer et de prévenir l'artillerie des bateaux.

Devant la colonne, se trouve un village. Günther décide d'y pousser une reconnaissance. Il découvre un caporal-chef de la Wehrmacht qui semble stupéfait de l'arrivée des éclaireurs de la division *Götz von Berlichingen*. Il conduit le sous-lieutenant SS dans une cave où se tient un général. C'est le chef de la 352e division.

– Je n'ai plus aucune liaison avec mes régiments, déclare-t-il. Ma division doit être complètement détruite. Je n'ai plus qu'à déménager mon poste de commandement.

– Attendez au moins l'arrivée du commandeur de notre groupe de reconnaissance, Herr General.

La réponse sera brève. Mais ce sera une vraie réponse de Normand, ce qui convient au pays.

– Il verra bien si je suis encore là.

L'Untersturmführer Günther n'a qu'à saluer, le bras tendu, le général qui porte la main à la visière de sa casquette, puis à partir pour rendre compte à son chef.

L'Untersturmführer Walzinger apprend avec intérêt l'existence d'un dépôt de carburant en forêt de Cerisy.

– Dis donc, Jupp, on pourrait « organiser » (faucher en argot militaire allemand) quelques fûts, lui propose le chef de la 1re section.

– Dangereux, estime Walzinger.

– Mais non, les territoriaux n'y verront que du feu.

– Alors, mon gars, tu te débrouilles, mais moi je ne suis pas au courant...

À la nuit tombante, avec cinq voitures amphibies, le sous-lieutenant Günther vient rôder près du dépôt de la Wehrmacht. Le Sturmmann Sander, le chef du groupe de commandement de sa section, commence à bavarder avec la sentinelle pour endormir sa méfiance, tandis qu'un peu plus loin cinq tonneaux de deux cents litres chacun sont discrètement chargés à bord des véhicules. Il en coûtera juste un pouce écrasé pour l'Unterscharführer Weyel.

La seule réaction du commandant par intérim de la 2e compagnie, en apprenant le larcin, sera de dire à Günther :

– Bravo, Helmut. Mais j'espère pour toi que c'est de l'essence et pas du gasoil.

Telle a été la première mission de guerre de la section Günther.

***

Jamais les Allemands n'auraient imaginé que la montée vers le front puisse être un tel enfer. Certes, sur le papier, les officiers réunis en « Kriegspiel » avaient tenté d'imaginer une telle situation de maîtrise absolue du ciel par l'aviation ennemie. Mais la réalité se révèle dix fois, cent fois plus horrible que les pires prévisions.

La première rencontre avec les chasseurs-bombardiers alliés, que les Allemands désignent du terme raccourci de « Jabos », est littéralement terrifique. Les appareils surgissent brusquement à basse altitude. Mitrailleuses et canons de bord prennent à partie tout ce qui bouge sur la route. Les avions survolent la colonne dans un bruit infernal de moteurs lancés à plein régime. Et puis, aussitôt, tombent les premières bombes. Les explosions s'enchaînent comme les grains d'un chapelet de folie et de mort. Bientôt, il ne reste rien de ce qui était naguère un convoi allemand monté vers le front de Normandie.

Ce ne sont plus des véhicules et des hommes qui disparaissent « théoriquement ». Ce sont des carcasses incendiées vite réduites à l'état de ferrailles rougeoyantes. Ce sont des hommes qui hurlent de terreur et de douleur, les bras arrachés, les yeux crevés, ruisselants de sang, criblés d'éclats. Certains vont brûler vifs, coincés dans leur camion en flammes. On n'en retrouvera que des morceaux recroquevillés et carbonisés noirs comme la nuit.

La seule riposte est d'espacer les véhicules, de les camoufler avec des branchages pour essayer de les fondre avec le paysage du bas-côté de la route. Et surtout de sauter dans le fossé dès que les guetteurs poussent le cri fatidique :

– *Achtung ! « Jabos » !*

Ces attaques aériennes et la pénurie de carburant vont faire de la montée au front un chemin de croix. Ces quelques centaines de kilomètres donnent un avant-goût de l'enfer qui attend les combattants. Tout le long de la route, des épaves disloquées et des cadavres épars témoignent de la supériorité absolue des chasseurs-bombardiers alliés sur une Luftwaffe disparue.

***

Le 9 juin, trois jours après le débarquement allié, le Brigadeführer Ostendorff se présente à l'état-major du LXXXIVe corps d'armée dont il dépend désormais et que commande le général Marcks, installé à Saint-Lô. Le commandeur de la division *Götz von Berlichingen*, dont la plupart des unités sont encore très loin derrière, va se voir brosser un premier tableau de la situation. On ne peut guère dire qu'il soit très optimiste.

– Ce n'est pas une diversion, c'est le débarquement. Le vrai. Les Alliés ont mis en ligne des moyens considérables. Et pourtant le haut-commandement n'y croit pas encore et hésite à engager toutes les divisions blindées disponibles. Alors, il faut faire avec ce que nous avons sous la main. Et ce n'est pas grand-chose.

– Mais encore ? demande Ostendorff.

– Pour tenir la presqu'île du Cotentin et la baie des Veys, nous n'avions qu'une division d'infanterie à Valognes, une autre à Périers, une division parachutiste à Lessay, un bataillon de volontaires de l'Est à Carentan et enfin une division d'infanterie à Littry.

– Des réserves ?

– Presque rien. Une brigade rapide, un régiment d'infanterie à Cérences et un bataillon d'assaut. Il y a encore une division d'infanterie à Avranches, dans le sud du département. Mais aucun de ces éléments n'est motorisé. Les transmissions sont mauvaises et les déplacements impossibles en plein jour. La plupart de nos unités sont totalement disloquées et n'offrent plus que quelques îlots de résistance.

– Et l'ennemi ?

– Il se renforce sans cesse. Au nord, ce sont les Américains. À l'est, les Britanniques. Deux divisions ont été aéroportées dans la région de Sainte-Mère-Eglise et une division a débarqué près de Sainte-Marie-du-Mont. Elles ont réussi à effectuer leur liaison. Des combats furieux se déroulent au nord de Carentan, où la tête de pont ennemie ne cesse de s'élargir. À l'est, Isigny vient de tomber.

Le Brigadeführer Ostendorff découvre une situation encore plus dramatique qu'il ne l'avait prévu. À part les paras, la plupart des unités qui tenaient la région n'étaient que des troupes d'occupation sans grand mordant, dépourvues d'armement lourd, de moyens de transport, de blindés. Des troupes de seconde zone en quelque sorte. Beaucoup de soldats qui tenaient le front de mer n'étaient même pas allemands, mais appartenaient à ces bataillons de l'Est, levés naguère parmi les minorités soviétiques. Leur fidélité devenait incertaine maintenant qu'on les avait transportés sur le front de l'Ouest, où ils trouvaient avec les Anglo-Américains des adversaires contre lesquels ils n'avaient guère de griefs.

L'état-major du LXXXIVe corps d'armée s'efforce de déployer une activité fébrile, mais le commandeur de la division *Götz von Berlichingen* se rend bien compte que la machine tourne un peu dans le vide. Les renseignements arrivent mal et les ordres repartent encore plus mal. Pourtant le général Marcks, avec son visage maigre et raviné, creusé de rides profondes et son grand nez que chevauchent des lunettes à monture de fer, lui paraît un homme énergique.

– Où en sont vos unités ? demande-t-il sèchement à Ostendorff.

– Elles arrivent péniblement, Herr General. Nous manquons de moyens de transport autonomes et surtout de carburant. Alors une partie se déplace par la route et l'autre par voie ferrée. Toute ma division est dispersée, encore hors d'état de combattre...

– Je vous demande où sont vos unités.

– Seul le groupe de reconnaissance est arrivé dans la région et se trouve à Balleroy. Les régiments d'infanterie sont loin derrière. Le 37 à l'est d'Avranches et le 38 à l'est de Laval. Et encore chacun n'a que deux bataillons sur trois.

– Ils seront engagés au fur et à mesure de leur arrivée au front, décide le général Marcks. Vous allez établir votre poste de commandement à Périers et vous prendrez liaison avec le 6e régiment de chasseurs parachutistes du major von der Heydte, qui doit combattre à l'ouest de Carentan.

– À vos ordres, Herr General.

– Exécution immédiate. Bien entendu, tous les transports d'unités se feront de nuit. Evitez les grandes routes. Ne vous attardez pas dans les villages. Les avions alliés ont la maîtrise absolue du ciel. Avec leurs chasseurs-bombardiers, c'est l'enfer.

Le général soupire :

– Espérons que le beau temps ne va pas durer. Si vous saviez comme j'attends les nuages et la pluie ! C'est notre seule chance.

Le chef du LXXXIVe corps d'armée se tait un instant, fixe Ostendorff droit dans les yeux et soupire :

– Enfin, nous ferons tous de notre mieux.

La première prise de contact est terminée.

– Il n'est pas très optimiste, le général, fait remarquer le Sturmbannführer Conrad à son chef.

– Si vous croyez qu'il y a de quoi l'être...

***

Précédant largement le gros de la division *Götz von Berlichingen*, les deux compagnies de reconnaissance régimentaires sont arrivées au nord-est de Saint-Lô, dès le 8 juin au soir. Les petites voitures amphibies sont camouflées sous les couverts de la forêt de Balleroy. Leurs chefs se tiennent prêts à partir dès l'aube du lendemain reconnaître les positions atteintes par l'ennemi, tant dans la région d'Isigny où se trouvent les Américains que vers Bayeux où combattent les Britanniques. Les premières prises de contact se dérouleront, comme souvent en pareil cas, dans une grande confusion...

Le 9 juin, l'Untersturmführer Hoffmann, qui commande le

détachement précurseur du régiment SS d'infanterie 38, où il sert comme officier d'ordonnance de l'Obersturmbannführer Horstmann, roule à la tête de quelques véhicules amphibies de la 16e compagnie de reconnaissance régimentaire, en direction d'Isigny. De temps à autre, le petit convoi s'arrête pour placer des repères de signalisation. Le jeune sous-lieutenant SS s'impatiente et fonce parfois seul avec son chauffeur, très loin en avant, de la compagnie.

L'officier aperçoit soudain une autre petite voiture amphibie allemande qui arrive en face de lui sur la route venant de la baie des Veys. Arrivé à sa hauteur, le véhicule s'arrête. Un major de la Wehrmacht s'y trouve avec les cadavres de deux soldats.

– Faites demi-tour, lui dit cet officier. Tout est foutu ! Les Ricains sont derrière moi !

Et il disparaît aussitôt vers le sud dans un nuage de poussière. Hoffmann ordonne à son chauffeur d'avancer encore d'une vingtaine de mètres pour trouver un bon observatoire. Dès qu'il y arrive, il découvre effectivement les Américains. Des centaines d'hommes avec des véhicules. Des chars s'avancent sur la route. Presque aussitôt sa petite voiture amphibie est repérée et l'ennemi ouvre le feu. L'officier et son chauffeur embarquent en voltige sous une grêle de balles. Ils sont à peine sortis de la zone dangereuse qu'ils sont pris à partie par un chasseur-bombardier. L'appareil les attaque mais les manque et s'éloigne. Les deux Allemands ont eu chaud. Ils continuent à rouler vers le sud. Ils rencontrent alors les véhicules de la 16e compagnie du régiment 38 qu'ils avaient quittés peu auparavant.

L'Untersturmführer Hoffmann se présente à l'Obersturmführer Eberle qui commande l'unité. Le lieutenant SS semble fort surpris du brusque retour du jeune officier et lui demande d'un ton sévère :

– Pourquoi revenez-vous déjà ?

– Parce que la position où nous devions nous regrouper est déjà occupée.

– Par les nôtres ?

– Non, Obersturmführer. Par l'ennemi.

La compagnie de reconnaissance doit reculer. Et aussi celle

qui la suit, la 15e compagnie, celle des sapeurs du régiment 38.

Quand arriveront plus tard les grenadiers des bataillons d'infanterie, deux compagnies seront mises en protection vers le nord, tandis que l'état-major du régiment s'installe à bord d'un vieil autobus récupéré par un sous-officier au sud de la Loire. L'Obersturmbannführer Horstmann se met aussitôt au travail. La contre-offensive qu'il devrait mener avec son régiment commence par une installation en défensive contre un ennemi qui ne l'a pas attendu pour occuper ses positions de départ! Et déjà tombent les premiers obus sur le château où il s'est installé près du Mesnil.

Si toutes les unités de la division connaissent de tels déboires en arrivant au front, l'affaire est bien mal engagée.

CHAPITRE IV

En cette journée du 9 juin 1944, le Sturmbannführer Holzapfel, commandeur du groupe de reconnaissance de la division *Götz von Berlichingen*, va perdre deux de ses véhicules blindés. Mais il n'arrive pas à bien situer l'adversaire. Il sait seulement que la 352e division de la Wehrmacht s'est volatilisée et qu'il n'y a plus rien de solide entre l'ennemi et lui. Il convoque ses chefs de compagnie et donne ses ordres pour la journée du 10 juin. Il fait beau. Il y a même du soleil. En juin, c'est normal. Un vrai temps pour l'aviation. Aussi les Allemands ont-ils profité de la nuit pour camoufler toutes leurs positions.

L'Untersturmführer Günther fait le tour des sections de la 2e compagnie. La sienne, la 1re, est bien installée. Un peu plus loin, se trouve la 2e de l'Unterscharführer Pfeffer. Puis vient la 3e de l'Oberscharführer Heckenschuh. Le sergent et l'adjudant SS ont bien planqué leurs hommes. Un peu en retrait, pour les couvrir, ont pris position les servants de mortiers et les mitrailleurs de la section lourde, la 4e de l'Unterscharführer Jasjartschek. Tout semble en ordre.

Dans le calme de cette matinée d'unc belle fin de printemps, on entend brusquement des rafales d'armes automatiques. Aucun doute, ce sont des MG 42 allemandes. Cela vient de la portion de terrain que tient la 3e section.

– Heckenschuh accroche ! lance l'Untersturmführer Günther à son chef de groupe de commandement, le Sturmmann Sander.

– Il accroche même dur, Untersturmführer !

Les rafales s'enchaînent sur un rythme frénétique. Dans les brefs intervalles, on entend des coups de canon, très proches.

Ce sont des chars. Il n'y a pas un panzer allemand dans le secteur.

– C'est parti ! lance le caporal SS Sander.

À ce moment surgissent quelques éclaireurs de la section Heckenschuh qui se replient. Quand ils aperçoivent l'officier, ils lui crient :

– Ils ont des chars !

Ce n'est même pas la peine de le dire. Tous aperçoivent la lourde silhouette d'acier qui les poursuit, écrasant tout sur son passage et balayant l'horizon de la gueule de son canon.

– À gauche ! hurle Günther. À l'abri de la haie !

Le jeune sous-lieutenant SS, accroupi derrière la levée de terre, aperçoit, juste à côté de lui, le char ennemi qui s'est arrêté. On entend tourner son moteur et on pourrait toucher son blindage rien qu'en étendant le bras.

« Si seulement j'avais un Panzerfaust », murmure Günther.

Une charge creuse, presque à bout portant. Et plus de char ! Mais il n'a qu'un pistolet mitrailleur. Alors ? Foutre le camp. Il n'y a rien d'autre à faire. L'officier aperçoit les bâtiments d'un moulin à moins de cent mètres derrière le petit groupe d'éclaireurs. En face, à travers le feuillage, Günther découvre les fantassins ennemis qui progressent. Ils semblent innombrables. Et, au milieu d'eux, roulent des blindés.

– On décroche, ordonne-t-il à voix basse. À mon signal !

Le petit groupe quitte l'abri de la haie et court à toute allure vers le moulin. Des rafales. Ce sont les mitrailleuses lourdes de l'Unterscharführer Jasjartschek qui couvrent leur repli et prennent à partie les assaillants. Britanniques ou Américains ? En tout cas, ils reculent eux aussi et abandonnent le terrain marécageux où ils s'étaient engagés, laissant en couverture deux chars qui contrôlent la situation avec leur canon et les deux mitrailleuses de bord.

***

Après cette brutale prise de contact, les éclaireurs de la 2e compagnie du groupe de reconnaissance de la division *Götz von Berlichingen* reprennent leur souffle. L'Untersturmführer Günther trace un rapide croquis de la situation sur son carnet de messages et confie le papier au Sturmmann Haas, un de ses agents de liaison.

– Essaye de trouver l'Untersturmführer Walzinger au poste de commandement de la compagnie, sinon tu vas le chercher au bataillon.

Les Alliés, après un moment de flottement sous le feu des mitrailleuses allemandes se sont ressaisis, eux aussi, et lancent une nouvelle attaque dans la vallée marécageuse. Mais cette fois, le chef de la section lourde, l'Unterscharführer Jasjartschek, fait entrer en action ses mortiers. À nouveau, les fantassins ennemis et leurs chars refluent. Mais il reste toujours les deux blindés, solidement installés. Leurs pièces de bord ont pris pour cible le moulin. La toiture et les pierres des murs voltigent dans tous les sens sous les coups au but.

Helmut Günther se trouve à côté du chef de la 2e section, l'Unterscharführer Pfeffer.

– Pour le moment, on tient, dit le sous-lieutenant SS.

– Pour le moment, Untersturmführer. Seulement nous n'avons pas de liaison avec la 3e compagnie. C'était Heckenschuh qui devait l'assurer avec sa section.

L'officier se rend bien compte qu'il y a sur leur flanc une brèche béante. Mais qu'y faire ? Il remarque seulement :

– Espérons que la 3e compagnie tiendra le coup.

Chez les voisins aussi la situation, après quelques minutes de combat, devient dramatique. La section de l'Untersturmführer Kascha a disparu avec quatre des autos amphibies. On ne saura que bien plus tard que le sous-lieutenant et ses hommes ont été faits prisonniers dès le début de l'action.

En plein combat, l'Untersturmführer Walzinger rejoint les éléments de sa 2e compagnie établis aux abords du moulin. Il fait un dernier bond, trébuche contre le timon d'une charrette et s'écroule contre l'Untersturmführer Günther, installé dans l'étable.

– J'ai bien reçu ton message, Helmut, lui dit-il. J'ai envoyé le Sturmmann Haas prévenir le « Vieux ».

– J'espère qu'il va nous envoyer un canon Pak.

– Moi aussi, murmure Günther.

– Et comment ça va ici ?

– Comme tu vois, Jupp.

À ce moment un coup de canon ennemi démolit le toit et le grenier de l'étable. Les deux officiers sont submergés par des tas de paille dont ils se dégagent difficilement.

– Merci de ton accueil, Helmut. Tu t'es mis en frais, constate le commandant par intérim de la 2e compagnie.

L'Untersturmführer Günther prend le parti d'en rire et expose rapidement la situation. Il n'a même pas terminé son compte rendu que les Britanniques lancent une troisième attaque.

– Les voilà ! crie un des éclaireurs.

– Retourne à ta section ! lance Walzinger à Günther. J'installe ici mon P.C. et je vais essayer de tenir.

Le sous-lieutenant SS disparaît, suivi de son inséparable Sturmmann Sander. Les arrivées incessantes de projectiles les obligent à courir, ramper, bondir. C'est un vrai « parcours du combattant », mais, cette fois, sous le feu de l'ennemi. Enfin, les voici à l'orée du bois de l'autre côté de la vallée. Le chef de section y retrouve un de ses sous-officiers, l'Unterscharführer Gross, un immense gaillard placide.

– Comment ça va dans les groupes Weyel et Graf ?

– On n'a pas trop de liaison, Untersturmführer.

– Alors je vais y envoyer Sander.

À ce moment, Gross annonce à l'officier :

– Il y a au moins une bonne nouvelle. Voici une pièce de Pak.

Un tracteur de la 5e compagnie du groupe de reconnaissance divisionnaire arrive en traînant un canon. En atteignant l'issue du chemin creux, son chef l'Oberscharführer Hieke, ordonne au chauffeur de stopper et aux servants de sauter à terre.

Un coup part presque aussitôt. Le char ennemi qui se trouve près du moulin est touché. Il sursaute comme une bête blessée, se couche sur le flanc dans le fossé et commence à brûler.

– Bravo, la Pak ! lance Günther.

Il aperçoit alors des hommes qui surgissent d'un bois en face de lui et arrivent en courant vers les positions tenues par ses éclaireurs.

– Ils sont de chez nous. Couvrez-les avec vos MG !

Les mitrailleuses se mettent à cracher, tandis que les SS, hors d'haleine se laissent tomber près de leurs camarades.

– On revient de loin, disent-ils, haletants et ruisselants de sueur.

Le Sturmmann Hahnel, chef de pièce MG reprend son souffle et raconte leur aventure au sous-lieutenant :

– Nous avons été dispersés par les chars. On s'est sauvé à travers bois.

Le plus grave est qu'ils appartiennent à la section lourde Jasjartschek et auraient dû se trouver en soutien et non en avant...

– Avez-vous rencontré d'autres isolés de la compagnie ?

– Certainement, Untersturmführer. Il y a plusieurs éclaireurs de la section Heckenschuh qui errent dans les bois eux aussi.

– Espérons qu'ils parviendront à rejoindre nos lignes. Et leur chef ?

– Disparu. Sans doute tué.

– Pour le moment, vous restez avec nous, décide l'Untersturmführer Günther.

Et le sous-lieutenant SS ordonne au caporal Hahnel :

– Tu t'installes ici avec ta mitrailleuse. Bloque tout ce qui sort du bois.

Maintenant les Britanniques attaquent devant la 2e section, celle de l'Unterscharführer Pfeffer. Puis ils reviennent en force sur la 1re. Installé derrière un arbre, Günther est pris à partie par un tireur invisible. Il entend les balles siffler. Il essaye de repérer le tireur ennemi, enlève son casque, le place sur une branche et le brandit. Une balle claque contre l'acier qui sonne comme une cloche.

– Untersturmführer, lance Hahnel, j'ai repéré leurs tireurs d'élite.

– Alors, tu vas leur balancer une rafale de MG. Mais tu attends mon ordre.

– Bien compris.

L'officier laisse passer un instant. Il voudrait bien quitter son abri pour rejoindre le groupe Graf qui a l'air d'accrocher dur. Alors, il ordonne :

– *Achtung*, Hähnel ! *Feuer !*

Le sous-lieutenant se prépare à bondir. Il attend seulement la rafale d'arme automatique qui doit le couvrir. Que fait donc le caporal mitrailleur ?

– Tonnerre ! Tire donc !

Rien. Le Sturmmann Hähnel ne réagit pas. L'officier se retourne et s'aperçoit qu'il ne bouge plus, la crosse de son arme sous son bras droit.

– Qu'est-ce qui se passe ? Ta MG est enrayée ?

Le Sturmmann ne répond pas ; il vient de recevoir une balle juste entre les deux yeux.

Alors, le chef de section appelle l'Unterscharführer Gross :

– À toi d'en finir avec les tireurs d'élite.

Les rafales claquent, très sèches. Puis on entend le canon de Pak et les coups de départ des mortiers. L'Untersturmführer Günther profite de ce déluge de feu allemand pour bondir hors de l'abri de son arbre. Il passe près du corps immobile du Sturmmann Hähnel. Celui-là ne rejoindra jamais sa section lourde. L'officier retrouve les éclaireurs du groupe Graf. Maintenant, la nuit va bientôt tomber. Les Britanniques cessent leur attaque.

Un calme étrange règne soudain.

Les SS enterrent leurs morts dans le crépuscule. Ils reposeront au pied d'un vieux chêne, au bord de la route. Le chef par intérim de la 2e compagnie, l'Untersturmführer Walzinger surgit pour saluer les corps et dire quelques mots d'adieu. La nuit est tombée.

***

– Lève-toi, Helmut, le commandant de compagnie te demande.

C'est l'Unterscharführer Graf, le « Spiess » de la compagnie qui vient réveiller le chef de la 1re section. Comme ils ont fait leurs classes ensemble ils s'appellent par leur prénom, se tutoient et laissent tomber les formalités.

Rapidement, le jeune sous-lieutenant SS rejoint l'Untersturmführer Walzinger qui a le même grade que lui mais commande l'ensemble de la 2e compagnie, en l'absence de leur chef, l'Obersturmführer Schröder.

Tout en lui tendant un bidon rempli de calva, Walzinger annonce à Günther :

– Le commandeur du bataillon a ordonné de former une troupe de choc pour faire des prisonniers. Tu demandes des volontaires et tu en prends la tête.

– Et où les trouver, ces prisonniers ?

– Ça ne manque pas de « boys » dans le coin. L'Unterscharführer Pfeffer pense qu'il doit y avoir un cantonnement ennemi dans le moulin, devant sa 2e section. Enfin, tu te débrouilles, Helmut.

Walzinger offre une nouvelle fois le bidon de calva à son camarade et lui conseille de partir au plus vite, avant le lever du jour.

Finalement, Günther emmène seulement avec lui l'Unterscharführer Wihr, un sergent SS qui s'est révélé depuis la veille un redoutable coureur des bois, le Sturmmann Sander et les deux grenadiers Hein et Schirmer.

Les cinq éclaireurs se glissent en rampant vers le moulin. Rapidement, ils arrivent à une vingtaine de mètres de la vieille bâtisse. Ils ne sont armés que d'un pistolet mitrailleur chacun et comptent surtout sur le silence et la rapidité pour mener à bien leur mission. L'officier arrive jusqu'au mur, s'approche de la fenêtre ouverte et entend des... ronflements. Il indique d'un geste au caporal et aux deux éclaireurs de le couvrir, puis, suivi de Wihr, saute dans la pièce, l'arme au poing. Le sous-officier attrape au hasard un des dormeurs par les cheveux et l'entraîne vers le dehors. Pour l'aider, Günther saisit l'homme par les jambes. Curieusement, le Britannique semble encore dormir. En réalité, Wihr l'a étourdi d'un coup de crosse. Soudain, une voix crie dans la pénombre :

– *What is't ?*

– *There is nothing*, rétorque le sergent SS.

Dehors retentit une fusillade. Le petit groupe de couverture accroche les sentinelles qui s'étaient endormies et viennent de se réveiller à leur tour. Le plus dur reste de faire passer le prisonnier par la fenêtre. Un soldat anglais surgit, l'arme haute. Il n'a pas vu le Sturmmann Sander qui étend la jambe et le fait trébucher. Ce sera le second prisonnier de ce coup de main.

– Vite, on décroche ! lance l'Untersturmführer Günther.

L'éclaireur Schirmer, à l'angle de l'étable, couvre la retraite et tire de courtes rafales de pistolet mitrailleur contre la porte et la fenêtre du moulin.

Le petit groupe arrive rapidement près de la mitrailleuse qui protège leur repli. Derrière eux claquent quelques coups de feu, mais les Britanniques hésitent à tirer, de peur de toucher leurs camarades prisonniers. Voici les patrouilleurs de retour au milieu des positions de la 2e section de l'Unterscharführer Pfeffer. Le commandant provisoire de la compagnie est là lui aussi.

– Bien joué, Helmut, dit-il à son camarade. Je vais faire conduire tes deux clients vers l'arrière. Et puis tu regagneras ta 1re section avec tes gars. En attendant, vous boirez bien un coup.

Le bidon de calva passe de bouche en bouche. Les cinq SS sont assez fatigués par leur coup de main. Ils ont beaucoup rampé et beaucoup couru. Cette fin de nuit a été fertile en émotions. Mais tout se termine bien pour eux.

Quant aux deux captifs britanniques, ils appartiennent à la fameuse 7e division blindée, celle des « Rats du Désert ». La bataille de Normandie, à peine commencée, est déjà finie pour eux.

***

Dès le 10 juin, par un temps nuageux accompagné d'averses, les premiers éléments des régiments d'infanterie de la division *Götz von Berlichingen* entrent dans la bataille. Ce ne sont que des unités d'avant-garde, à commencer par la 16e compagnie du régiment 37 que commande l'Obersturmbannführer Fick. Cette compagnie de reconnaissance, montée sur voitures amphibies, est commandée par un sous-officier, le Hauptscharführer Grüner, qui depuis l'annonce du débarquement ne cesse de rouler en tête de toute la division, au point qu'il finit par perdre tout contact avec le gros de la troupe et surgit dans le secteur de Carentan que tiennent des chasseurs parachutistes de la Luftwaffe. Trois groupes, de quatre voitures chacun, sont formés et partent en reconnaissance vers la petite ville, à une minute d'intervalle, pour voir ce qui se passe à un croisement de la route de Saint-Hilaire à Douville. Le chef de compagnie a rapidement donné ses ordres :

– Arrivés au carrefour, les quatre voitures de l'Unterscharführer Fanjo partiront vers la gauche et celle de l'Unterscharführer Hinzer vers la droite. Moi-même, je poursuivrai avec mes quatre voitures vers Carentan.

En approchant de leur premier objectif, les SS sont accueillis par un feu nourri. Ils sautent à terre et essayent de riposter. Le groupe Fanjo se trouve le plus mal placé et son chef est aussitôt blessé.

– Avancez pour dégager vos camarades, ordonne Grüner.

Mais quand ils arrivent au contact, c'est pour découvrir que Fanjo vient d'être atteint à nouveau et tué. Il ne reste qu'à essayer de récupérer son corps et à se replier.

Les combats ne font que commencer. Après les éclaireurs, les grenadiers de la division *Götz von Berlichingen* vont, compagnie après compagnie, arriver sur le front.

CHAPITRE V

Le 11 juin 1944, il est exactement cinq heures de l'après-midi et il pleut, quand le Brigadeführer Ostendorff, commandeur de la division *Götz von Berlichingen*, rencontre sur la hauteur de Donville, à l'ouest de Carentan, le major-baron von der Heydte, commandant le 6e régiment de chasseurs parachutistes de la Luftwaffe.

Friedrich August von der Heydte, qui a sauté sur la Crète à la tête d'un bataillon de paras [1], est un aristocrate de tradition qui a derrière lui une longue carrière universitaire et militaire. Comme beaucoup d'officiers issus des milieux nobiliaires, il ne cache guère son aversion pour le régime national-socialiste, ce qui ne l'empêche pas de faire bravement son devoir de soldat allemand, ce qui est normal, et va même le conduire à collaborer étroitement et amicalement avec la Waffen SS, ce qui est plus surprenant. Mais il n'a guère le choix. L'arrivée de la division *Götz von Berlichingen* sur le front va peut-être permettre de rétablir la situation, au moins de bloquer l'adversaire, en attendant d'hypothétiques renforts.

Et puis, d'emblée, il s'entend très bien avec le Brigadeführer Ostendorff, en qui il reconnaît, du premier coup d'œil, l'officier de carrière, moins politiquement fanatique qu'on ne le croirait. Le commandeur de la 17e division SS est accompagné de son officier d'opérations, le Sturmbannführer Conrad et de l'Untersturmführer Papas, officier d'ordonnance du Sturmbannführer Holzapfel, commandeur du groupe de reconnaissance divisionnaire engagé depuis l'avant-veille et surtout la veille.

1. Voir du même auteur : *La Crète, tombeau des paras allemands*, Presses de la Cité, 1982.

Werner Ostendorff qui lors de son passage à Saint-Lô, le 9 juin, n'a obtenu que d'assez vagues informations à l'état-major du LXXXIVe corps d'armée dont il dépend, ne semble pas fâché de rencontrer un officier supérieur qui se bat depuis le premier jour sur la ligne de front – si tant est qu'il existe une « ligne ».

– Je n'ai pas été prévenu de votre arrivée, se plaint tout de suite le commandant para. Sinon je n'aurais pas fait replier ma ligne de résistance de l'ouest de Carentan au sud de cette ville. Mais les transmissions ne marchent plus. Rien ne marche, d'ailleurs.

– Comment se sont passés ces premiers jours dans votre secteur ?

– Mal, très mal, Brigadeführer. Dès la nuit du 5 au 6 juin, les paras américains attaquaient mon régiment avec deux divisions. Mes hommes se battaient à un contre cinq. Et à l'aube une nouvelle division débarquait sur la plage de Varreville. Toute la journée du 6 juin s'est déroulée dans une grande confusion. On ne pouvait même pas situer les positions tenues par l'ennemi. Le lendemain, les Américains avaient déjà élargi leur tête de pont au nord de Carentan et tenaient Sainte-Mère-Eglise. De tout mon Ier bataillon para du 6e régiment, je n'ai récupéré qu'un sous-lieutenant et vingt-cinq hommes. Ils nous ont rejoints à travers les marais inondés. Les autres ont été capturés ou anéantis.

Le baron von der Heydte poursuit le récit des combats désespérés menés par ses chasseurs parachutistes. Silencieux, le Brigadeführer Ostendorff l'écoute avec passion. Ce qu'il découvre ici dépasse encore en gravité tout ce qu'il pouvait soupçonner avant-hier en rencontrant le général Marcks à Saint-Lô.

– Le 8 juin, poursuit le Major, j'ai lancé mon IIe bataillon à la contre-attaque, pour essayer de reprendre Sainte-Marie-du-Mont. Rien à faire. Mes hommes se sont fait tuer sans parvenir à récupérer le terrain perdu. Alors, j'ai essayé de former avec mon IIIe bataillon un verrou au nord de Carentan.

– Qu'avez-vous comme armes lourdes ?

– Pas grand-chose, une compagnie de mortiers et de mitrailleuses lourdes et une batterie d'obusiers de 105. Les munitions commencent à manquer sérieusement et je ne reçois aucun ravitaillement de l'arrière.

Le baron von der Heydte poursuit :

– Nos adversaires sont de bons soldats. Surtout les paras. Ils ont lancé avant-hier une furieuse attaque vers Carentan, malgré l'inondation qui recouvre les prairies et les canaux qu'il leur a fallu franchir sous le feu. Les pertes ont été très lourdes de part et d'autre. Nous subissons des attaques incessantes des chasseurs-bombardiers et l'artillerie de marine s'en mêle.

Le Brigadeführer Ostendorff pose une nouvelle question :

– Comment se comportent les survivants de votre régiment ?

– Mieux que je n'aurais pu l'espérer. Mes paras sont épuisés. Mais ils tiennent malgré tout. Quant aux volontaires de l'Est, si certains ont lâché pied à Turqueville, d'autres veulent encore combattre. J'en ai formé toute une compagnie qui résiste aussi bien que les autres unités.

Malgré le sacrifice des paras de la Luftwaffe, les Américains n'ont cessé de progresser depuis le 6 juin. La veille, ils ont occupé le détroit de Baupte et le passage en remblai de la route nationale 13 et de la voie ferrée Caen-Cherbourg, à travers les marais de la Madeleine. Il sera difficile, si ce n'est impossible, de les en déloger. La seule mesure qu'envisage le chef d'état-major du corps d'armée, c'est de placer le 6e régiment de chasseurs parachutistes sous l'autorité du Brigadeführer Ostendorff et de le rattacher tactiquement à la 17e division SS *Götz von Berlichingen*. Le baron Friedrich August von der Heydte va désormais se battre dans le cadre général d'une unité de la Waffen SS. Ses paras sont maintenant unis aux grenadiers de la division au Poing-de-Fer. Ce sera pour le meilleur et pour le pire.

Et le pire, après une semaine de bataille en Normandie, apparaît comme certain.

***

Le 12 juin, le temps qui s'était couvert la veille devient partiellement dégagé. Les chasseurs-bombardiers alliés réapparaissent dans le ciel du Cotentin. Une de leurs premières victimes sera le général Marcks, tué à Hébécrevon, peu avant dix heures du matin, alors qu'il roulait en direction du front. En attendant qu'il soit remplacé par le général Fahrmbacher, c'est le général Meindl qui prend le commandement sur le terrain. C'est un personnage ! Il a sauté pour la première fois à Narvik sans aucun entraînement parachutiste préalable, alors qu'il était déjà quinquagénaire. À la tête d'un régiment d'assaut en Crète, il s'est retrouvé grièvement blessé dès les premières minutes de la bataille. À peine rétabli on l'a vu barouder en Russie devant Schaikowka.

L'imbrication SS et paras devient encore plus étroite, puisque le Brigadeführer Ostendorff a sous ses ordres le major von der Heydte, alors qu'il est lui-même sous les ordres du général Meindl...

Le commandeur de la division *Götz von Berlichingen*, alors que toutes ses unités ne sont pas encore à pied d'œuvre, apprend qu'il doit à la fois contre-attaquer sur Carentan, tenir le front au nord-est de la Haye-du-Puits et foncer vers Portbail ou Vauville, en cas d'un nouveau débarquement allié, sur la côte ouest du Cotentin cette fois.

– On nous donne trois missions, constate l'officier d'opérations, le Sturmbannführer Conrad, et nous ne sommes même pas capables, sans blindés et sans carburant, d'en remplir une seule !

– Je crains que le haut-commandement soit complètement dépassé. Quand tout brûle, on ne sait plus vers quels foyers diriger les pompiers...

– Surtout quand ils n'ont que leurs jambes et des voitures à bras, Brigadeführer !

La meilleure unité de la division, la seule qui soit entièrement motorisée et en partie blindée, le groupe de reconnaissance, doit pour le moment se battre dans un tout autre secteur, au nord-est de Saint-Lô, face aux Britanniques qui débouchent de Bayeux et aux Américains qui viennent de prendre Isigny.

Là, ce ne sont pas des prairies inondées et des canaux gorgés d'eau qui peuvent arrêter l'avance des Alliés. Il n'y a, pour tenter de bloquer leur avance, qu'une poignée d'hommes qui vient de surgir sur le champ de bataille au moment même où les unités de la 352e division d'infanterie de la Wehrmacht disparaissaient, complètement volatilisées.

*
**

Après une première et très dure journée de combat, l'Untersturmführer Helmut Günther, qui commande la 1re section de la 2e compagnie du groupe de reconnaissance divisionnaire, a fini par s'endormir dans un champ, après avoir assisté à l'inhumation des premiers tués de son bataillon.

– Ils attaquent !

Cette fois, les Britanniques qui se trouvent devant la 2e compagnie n'ont pas seulement des chars, ils mettent en ligne des mortiers et des canons. Les éclats sifflent dans tous les sens.

– Il faut emmener nos voitures amphibies vers l'arrière, décide aussitôt l'Untersturmführer Walzinger.

Il charge de cette mission un sous-officier, l'Unterscharführer Westhäuser, chef de l'échelon motocycliste de la compagnie. Bientôt, les chauffeurs sont à leur poste sous la mitraille, les moteurs ronflent et les voitures démarrent. Seul un véhicule reste en arrière. Sans doute son chauffeur a-t-il été victime du bombardement. Et le feu ennemi se concentre de plus en plus sur le terrain. Alors l'Unterscharführer Abeder que l'on croyait pourtant plus fait pour la vie de cantonnement que pour le combat se précipite, met le contact et roule en zigzag pour éviter les coups qui tombent de plus en plus dru autour de la petite voiture amphibie.

Les Britanniques avancent. Les sections des Unterscharführers Pfeffer et Jasjartschek sont durement accrochées. Celle de l'Untersturmführer Günther semble un peu épargnée pour le moment.

Une gigantesque déflagration. C'est le dépôt d'essence de la Wehrmacht qui saute. Des dizaines de milliers de litres de carburant s'envolent en fumée. Helmut Günther regrette moins que jamais d'avoir « organisé » cinq fûts de deux cents litres en arrivant au front. Maintenant, le problème du carburant pour l'armée allemande en Normandie va devenir plus dramatique que jamais.

La section Günther est prise à partie à son tour. Cette fois, cela devient vite très sérieux. Une seule consigne a été donnée : tenir à tout prix en attendant de nouvelles instructions. Surgit alors le Sturmmann Steyrer qui apporte un message de l'arrière :

– Ordre de décrocher pour la 2e compagnie, Untersturmführer. C'est votre section qui couvre le repli des deux autres. Vous tenez jusqu'à neuf heures. Puis vous rejoignez la bifurcation au sud de Vaubadon. Vous aurez alors d'autres ordres.

À l'heure dite, toute la section Günther décroche, sous la protection du groupe de l'Unterscharführer Graf qui rejoint à son tour.

– Manque personne ?

– Personne.

– Alors, on y va.

Tous les hommes de la section Günther refluent en courant dans un chemin creux. On entend un vrombissement de moteurs. Un cri :

– *Achtung ! « Jabos » !*

Ce sont encore les chasseurs-bombardiers qui surgissent, mais ils n'aperçoivent pas la petite troupe, bien camouflée sous le feuillage, et poursuivent leur route.

Au moment où il va rejoindre la bifurcation auprès de laquelle il doit regrouper ses hommes et recevoir de nouveaux ordres, l'Untersturmführer Günther voit surgir l'Unterscharführer Wihr. Le sergent SS paraît très nerveux.

– Le plus proche carrefour est tenu par l'ennemi. Leurs blindés sont déjà dans le coin.

– Et nos voitures amphibies ?

– Disparues avec toute la section de commandement de la compagnie !

– Nous voilà fantassins !

Les sections Günther, Pfeffer et Jasjartschek ont fait leur jonction tant bien que mal. Mais la 2e compagnie se retrouve isolée, sans aucune liaison avec le reste du groupe de reconnaissance de la division *Götz von Berlichingen.* Et plus un seul véhicule sur la cinquantaine mis à l'abri!

S'il est une chose que n'aiment guère les troupes motorisées, c'est de devoir marcher à pied... Pourtant, les rescapés de la 2e compagnie du groupe de reconnaissance vont faire environ vingt-cinq kilomètres, sous les tirs d'artillerie, à la recherche de leur bataillon. Sans cesse tombent des projectiles. Obus allemands ou obus britanniques. Peu importe. Et le commandant de compagnie, l'Untersturmführer Walzinger, sa section de commandement et surtout les voitures amphibies restent introuvables. Les éclaireurs marchent à travers une campagne totalement déserte. Pas un civil normand. Pas un soldat, ni allemand ni ennemi. Rien. Le vide. Avec seulement de temps à autre, un cliquetis de chenilles ou un bruit de moteur qui indiquent que des chars ne sont pas loin et qu'il ne s'agit certainement pas de panzers du Reich.

Enfin, une voiture légère apparaît au hasard d'une route. Ce sont des hommes de la Wehrmacht avec un adjudant, qui indique:

– Des SS? Avec des Schwimmwagen? Oui, on en a bien vu. Mais ils sont loin. Sept à huit kilomètres.

– Où?

– Dans cette direction.

Le geste assez vague montre le nord. L'Untersturmführer Günther remercie et dit à son interlocuteur:

– Quant à vous, vous feriez bien de faire demi-tour. Il n'y a plus une seule troupe amie derrière nous.

Maintenant la nuit va bientôt tomber. Et toujours pas de trace des camarades. Le sous-lieutenant SS expédie des patrouilles. Toutes reviennent, sauf la dernière que commande l'Unterscharführer Weyel. Enfin le sous-officier arrive. Il est à bord d'un des véhicules de la 4e compagnie.

– Ça y est, Untersturmführer, je sais où se trouve le poste de commandement du groupe de reconnaissance. C'est à une demi-douzaine de kilomètres d'ici.

– Est-ce qu'on a des nouvelles du commandant de compagnie?

– Oui, dit Weyel. Il est déjà au P.C. du commandeur, à ce qu'on m'a raconté.

– Et les véhicules ?

– Je n'en sais rien.

Au bout d'une grosse heure de marche, les hommes de la 2e compagnie arrivent dans un village, où le premier SS qu'ils aperçoivent est leur chef, l'Untersturmführer Walzinger. Il arbore une mine soucieuse.

– Qu'est-ce qui ne va pas ? lui demande Günther.

– Le « Vieux » est furieux. Nos véhicules ont disparu. Il a demandé à te voir dès que tu arriveras. Ça va être ta fête, Helmut !

Le Sturmbannführer Holzapfel s'est installé dans un château où il accueille rudement Günther.

– Où sont les véhicules ?

Le jeune sous-lieutenant ne trouve rien à répondre.

– Eh bien, lui dit son commandeur. Prenez la tête d'une patrouille et retrouvez-les.

En pleine nuit, le sous-lieutenant SS réveille quelques-uns de ses hommes qui ont marché toute la journée et dorment, épuisés, dans une grange. Pendant des heures, l'Untersturmführer et ses éclaireurs vont tourner en rond, sans rien trouver. Les véhicules ont vraiment disparu. À l'aube, les patrouilleurs sont de retour après s'être accrochés dans l'ombre avec des Américains et avoir jeté quelque perturbation dans un château occupé par l'ennemi. Günther se présente au poste de commandement du groupe de reconnaissance. Il y rencontre l'officier-adjoint à qui il fait son rapport.

– Vous essayerez de vous embarquer en surplus sur les véhicules de la 1re compagnie, décide le bras droit du commandeur.

Dans la matinée, par hasard, l'Untersturmführer Walzinger et son camarade Günther vont découvrir leurs véhicules, impeccablement camouflés par les soins du sous-officier chef de l'échelon motocycliste de leur 2e compagnie, l'Unterscharführer Westhäuser.

– On les avait bien rassemblés à l'endroit prévu, leur dit-il, mais des blindés américains sont arrivés. Il a fallu déménager à toute allure. J'ai pensé à mettre le matériel en sûreté avant de rendre compte.

– Eh bien, lui disent les deux jeunes sous-lieutenants, vous méritez une décoration alors que vous n'aurez sans doute qu'une engueulade du « Vieux ». Si ça peut vous consoler, nous y sommes passés avant vous !

Walzinger rassemble les trois sections de sa compagnie et ordonne :

– Reprenez place dans vos véhicules et moteurs en route !

Le groupe de reconnaissance ne va pas tarder à recevoir une autre mission car le Sturmbannführer Holzapfel doit rapidement relancer ses compagnies dans la bataille.

Le Brigadeführer Ostendorff doit donc contre-attaquer pour reprendre Carentan. L'opération est fixée au 13 juin. Plus d'une semaine a déjà été perdue pour les Allemands.

Dans la journée du 12 juin, les premiers éléments du régiment d'infanterie 37 de l'Obersturmbannführer Fick sont envoyés pour colmater les brèches au fur et à mesure de leur arrivée sur le front.

L'Obersturmführer Tetzmann, avec sa 6e compagnie de grenadiers, reçoit l'ordre de renforcer un bataillon de volontaires de l'Est sur la cote 30, au sud de Carentan. Au cours de leur progression, les SS découvrent des fantassins de la Wehrmacht qui reculent. Puis des parachutistes, presque tous sous-officiers.

– Nous sommes les derniers ! annoncent-ils.

– Et les volontaires de l'Est ?

– Disparus.

Les Allemands avancent sur la route nationale mais ils ne tardent pas à se heurter à des nids de résistance américains et même à des blindés.

– On va essayer de les tourner par la droite, décide Tetzmann.

Le lieutenant SS progresse avec ses grenadiers et quelques paras pour essayer de rejoindre la colline 30, non plus par l'est mais par l'ouest. La petite troupe s'avance jusqu'au bord des marais. Mais la manœuvre est éventée et les Allemands sont cloués au sol par un feu d'enfer. L'Obersturmführer Tetzmann doit renoncer à l'attaque. Encore heureux qu'il parvienne à ramener, vers dix heures du soir, le gros de sa 6e compagnie du régiment 37 dans les lignes encore tenues par les paras du major von der Heydte.

***

Une autre unité de la division a été engagée ce 12 juin. C'est la 1re compagnie du régiment 37. Son chef, le Hauptsturmführer Schlebes reçoit l'ordre de reprendre le village d'Auvers, occupé par les paras américains.

– Votre compagnie suffira, lui dit le Sturmbannführer Reinhardt, son chef de bataillon.

La 2e section progresse en tête avec l'Oberscharführer Schrag, qui s'avance très en avant de ses grenadiers. Tout commence par un duel d'armes automatiques. Mitrailleuses allemandes et mitrailleuses américaines essayent mutuellement de se réduire au silence. Les MG 42 finissent par l'emporter et l'attaque démarre. Les grenadiers bondissent de derrière une haie et avancent vers une petite hauteur. Ils découvrent brusquement, étendu sur l'herbe, le corps de leur chef, l'Oberscharführer Schrag. L'attaque est alors reprise par la 1re section de l'Untersturmführer Streck. Le sous-lieutenant SS s'empare de la petite hauteur et entre dans le village d'Auvers. Tous les paras américains ne parviennent pas à décrocher à temps et plusieurs sont faits prisonniers. Certains sont immenses et atteignent près de deux mètres. Ils dominent de la tête les grenadiers qui les ont capturés. Tandis que les mitrailleuses lourdes prennent position près de l'église, une patrouille va reconnaître un hameau à un kilomètre plus loin. L'Untersturmführer Streck a découvert parmi les prisonniers un médecin :

– Transportez tous les blessés dans l'église et soignez-les, lui ordonne-t-il.

Allemands et Américains gisent côte à côte dans le chœur, tandis que des patrouilles parcourent le village d'Auvers. Les SS découvrent des tablettes de chocolat et des paquets de cigarettes. Ils récupèrent aussi une moto qui avait naguère appartenu aux paras de la Luftwaffe. Elle change de mains à nouveau. Le Hauptsturmführer Schlebes s'installe solidement dans le village et rend compte qu'il contrôle désormais Auvers et ses environs. Sa 1re compagnie est alors relevée par la 2e compagnie de l'Obersturmführer von Bockmann. On a besoin de grenadiers de choc pour l'offensive du lendemain sur Carentan.

Pour l'instant, en attendant l'arrivée du gros de la division *Götz von Berlichingen*, ce sont encore les paras qui tiennent la ligne de front à l'abri de laquelle va s'organiser la contre-attaque. Les armes lourdes doivent prendre position au sud de la route dans les environs du village de Baupte, protégés par la compagnie Flak du régiment 37. Sur les quatre-vingt-dix tonnes de munitions attendues, seules une quinzaine de tonnes arriveront. La fuite des chauffeurs français réquisitionnés ou les attaques aériennes des chasseurs-bombardiers alliés ont eu raison de l'organisation allemande.

Dans la soirée, le Brigadeführer Ostendorff et son officier d'opérations le Sturmbannführer Conrad dressent le plan de l'attaque prévue pour le 13 juin à l'aube. Le commandeur de la division *Götz von Berlichingen* compte beaucoup sur les deux compagnies de canons d'assaut qui viennent d'arriver avec le Sturmbannführer Kepplinger. Embarqués par voie ferrée, les blindés ont subi une attaque aérienne en gare de La Flèche et ont poursuivi leur montée au front par la route, passant par Laval et Domfront.

L'attaque sera menée par trois bataillons d'infanterie seulement. Deux de paras et un seul de SS. Ce sera le Ier bataillon du régiment 37.

– Si tout va bien, dit Ostendorff, nous poursuivrons l'ennemi jusqu'à Saint-Côme-du-Mont, au nord-ouest de Carentan.

C'est montrer un optimisme exagéré.

CHAPITRE VI

Le 13 juin 1944 sera donc le grand jour de la contre-attaque allemande dans le secteur du Carentan. Il aura fallu huit jours pour la monter. Huit jours pendant lesquels les Américains qui tiennent le secteur se sont sans cesse renforcés et ont fait « tache d'huile » depuis la zone de parachutage de Sainte-Mère-Eglise et la plage de débarquement de Sainte-Marie-du-Mont.

La journée commence par un épais brouillard qui stagne dans les fonds et sur les marais. Toute la campagne cotentinaise, semi-aquatique en cette région du Bauptois, s'encapuchonne d'une couche de brume opaque et tenace. Le paysage semble immobile, comme figé depuis des siècles. Les grenadiers SS et les parachutistes sont tapis dans toute cette humidité, glaciale malgré la saison. Les hommes sont transis et trempés. Ils devinent à peine, devant eux, les silhouettes de quelques saules, des fils barbelés où s'accrochent des toiles d'araignée luisantes de rosée, une barrière demi-ouverte sur un paysage uniformément incolore. Parfois on entend le mugissement lamentable d'une vache errante.

La veille au soir sont enfin arrivés au sud de la route de Baupte une partie des pièces de Flak de la 14e compagnie du régiment 37, sous les ordres du Hauptsturmführer von Seebach. À cinq heures et demie du matin, les tubes de 88 entrent en action. Ce sont eux qui vont assurer une bien pauvre préparation d'artillerie. Cette offensive sent vraiment l'improvisation et la misère.

Un quart d'heure après les premières salves des pièces de Flak, les deux compagnies de canons d'assaut se mettent en marche, précédées des grenadiers. Le barrage d'artillerie s'est allongé et les SS se collent littéralement à la ligne des explosions qui rythment leur avance.

Tout le Ier bataillon du régiment 37 est engagé et l'Obersturmbannführer Fick a gardé en réserve une compagnie de son IIe bataillon, la 6e, qu'il lancera dans la bataille le moment venu.

Le lieutenant-colonel SS qui a sous ses ordres le régiment 37 a installé son poste de commandement à Cantepie. Dans le même hameau se trouve aussi le P.C. du 6e régiment de chasseurs parachutistes du major von der Heydte. Pour cette attaque sur Carentan, SS et paras agissent totalement au coude à coude.

Agé de trente-deux ans, Jakob, dit « Jopp » Fick est un officier particulièrement représentatif de la Waffen SS, malgré sa petite taille qui surprend au milieu des grands gaillards qu'il commande. Maigrichon et rageur, il a la réputation bien établie d'un commandeur pas commode à l'instruction et encore moins au feu. Entré voici dix ans dans les SS Verfügungstruppen, alors qu'il était apprenti horloger dans le Wurtemberg, sa carrière est toute militaire. Il participe à la campagne de Pologne comme commandant d'une compagnie de Flak dont il dirigea un bataillon entier lors de l'offensive à l'Ouest de mai 1940. Cet officier de front va alors s'initier à la tâche complexe d'un état-major et deviendra même professeur de tactique à l'école d'officiers SS de Brunswick. Mais il a hâte de se retrouver à la tête d'une unité de combat. On commence par lui confier la formation de la légion des volontaires norvégiens, puis il devient, au printemps 1942, commandeur du bataillon de fusiliers motocyclistes *Langemarck*, qui sera aéroporté dans un des secteurs les plus durs du front de l'Est. Il revient en France avec son unité pour participer à l'invasion de la zone libre et se voit charger d'occuper le port de Toulon, sans réussir d'ailleurs à empêcher le sabordage de la flotte française. Puis le Sturmbannführer Fick repart sur le front de l'Est, pour se battre avec acharnement entre le Don et le Dniepr. En février 1943, lors de la terrible bataille de Kharkov, il brise une contre-attaque soviétique sur les arrières de la division *Das Reich*, reçoit la croix de chevalier de la croix de Fer et se voit nommé Obersturmbannführer. Il va ensuite prendre la tête du régiment SS d'infanterie 37 dont il mène lui-même aujourd'hui, 13 juin, les premiers éléments à la contre-attaque pour essayer de reprendre Carentan aux Américains.

Durant la nuit, des patrouilles ont réussi à ouvrir des chemins dans les champs de mines et l'opération débute sans aucun problème. En arrivant sur la route Carentan-Donville, les assaillants sont brusquement pris de flanc par le feu ennemi. Malgré le brouillard les tirs sont très précis. Quelques Allemands s'écroulent, frappés d'une balle en pleine tête. Quels sont ces tireurs d'élite ? Des francs-tireurs ? Non, ce sont tout simplement des paras américains, isolés au milieu des lignes allemandes, qui reprennent le combat. Les mitrailleuses quadruples de la Flak du bataillon blindé tirent alors systématiquement de courtes rafales dans la cime des arbres. Parfois, quelques tireurs ennemis tombent brutalement au sol comme des fruits trop mûrs.

L'attaque continue, mais se trouve désormais ralentie.

***

Le Hauptsturmführer Schlebes progresse à la tête de sa 1re compagnie du régiment 37. Maintenant ça commence à accrocher dur. Les deux autres compagnies du Ier bataillon, la 2e et la 3e, sont aussi sérieusement ralenties. Un peu en arrière, les mitrailleuses lourdes et les mortiers de la 4e compagnie essayent de soutenir l'attaque qui est en train de s'enliser.

Les tirs des Américains sèment un certain désordre dans les rangs allemands. Alors que tout avait bien commencé, par une longue marche silencieuse dans une campagne d'apparence paisible, c'est maintenant l'enfer qui se déchaîne. Sous le feu, les compagnies se disloquent. L'Obersturmführer von Bockmann, commandant de la 2e compagnie, recueille des isolés de la section lourde de la 1re compagnie coupés de leurs camarades. Il y a même quelques paras, complètement perdus, qui se joignent à eux. Des petits groupes de combat s'improvisent sur le terrain, sous les ordres du premier chef énergique qui se présente. Un lieutenant SS, l'Obersturmführer Wagner, qui vient des chasseurs de montagne de la Wehrmacht, rassemble autour de lui quelques survivants et fait face, au milieu des morts et des blessés, de plus en plus nombreux.

Maintenant, pour soutenir les défenseurs de Carentan, l'artillerie lourde alliée et les pièces de marine entrent en action. Les éléments de pointe de l'attaque allemande se trouvent disloqués et encerclés, prêts d'être anéantis.

Des groupes d'Américains isolés, après avoir été dépassés par l'avance allemande, commencent à se réorganiser dans leur dos et à les prendre à partie vigoureusement. Ceux qui se trouvent dans Carentan résistent avec de plus en plus d'acharnement. Un peu avant dix heures du matin, l'attaque des SS et des paras est bloquée non loin de la gare.

Les défenseurs de Carentan ne s'en tiennent pas là. Ils ont des blindés avec eux et passent rapidement à la contre-offensive. Pendant trois quarts d'heure, les assaillants vont essayer de tenir sur les positions conquises, à quelques centaines de mètres des premières maisons de la bourgade.

***

Les canons d'assaut du bataillon blindé de la division *Götz von Berlichingen* vont se heurter aux chars américains en des duels impitoyables.

Un des engins de tête est commandé par un Oberscharführer autrichien. Cet adjudant a été récemment blessé et il s'est embarqué à bord de son blindé avec un pied bandé. À un tournant de la route, son engin se trouve face à face, à moins de cent mètres, avec un blindé américain du type « général Lee ».

– *Feuer !* hurle le chef du canon d'assaut.

Lieber, le tireur, a depuis le départ engagé un obus antichar dans la culasse de son canon. Il fait feu aussitôt. Le char américain explose et brûle.

– On continue, ordonne l'adjudant SS.

Le canon d'assaut va tirer alternativement, selon ses objectifs, des obus anti-chars ou des obus explosifs. Il entame un duel avec un « Sherman ». Un second surgit. Un des deux blindés américains est détruit et l'autre disparaît.

Partout gisent des Allemands, paras et SS, touchés à mort. L'attaque reflue et s'accroche un moment sur la voie en remblai du chemin de fer. Quelques survivants de l'attaque se regroupent autour d'une arme automatique. L'Obersturmführer von Bockmann qui les commande est blessé.

Un bruit de moteur qui vient de l'arrière. C'est un panzer qui arrive au milieu de la bataille et s'arrête juste au pied du remblai, à moins de dix mètres d'un petit groupe de combattants. L'Obersturmbannführer Fick, commandeur du régiment 37 et le Sturmbannführer Kepplinger, commandeur du bataillon blindé, sautent à terre.

Fick appelle un Untersturmführer et lui ordonne :

– Prenez quelques hommes et contre-attaquez immédiatement.

Quelques minutes plus tard, le sous-lieutenant SS est tué et ses grenadiers sont bloqués net dans leur élan par les tirs ennemis.

On entend des bruits de combat en avant des lignes que tiennent les Allemands. C'est toute une section de la 2e compagnie, celle de l'Untersturmführer Samek, qui doit être encerclée par les Américains. Impossible de la dégager sans arme lourde. Voici enfin un canon d'assaut qui arrive. Le chef du blindé, en tenue noire, est un Standarten Oberjunker qui semble tout juste sortir de l'école. Quelques rafales. L'aspirant s'écroule à son poste de combat. Il n'aura jamais ses épaulettes d'officier SS.

Les hommes qui ont mené l'assaut sur Carentan se retrouvent maintenant dispersés par petits groupes isolés. Ainsi, ils sont huit avec l'Unterscharführer Werner et le Rottenführer Hoffmann, de la 1re compagnie du régiment 37. Le sergent et le caporal-chef SS reçoivent l'ordre de créer une diversion le long d'une haie, dans la direction du remblai de chemin de fer. Il devrait y avoir là une mitrailleuse dont les servants ont été tués et qu'il faut récupérer. Les grenadiers s'élancent mais se font littéralement cueillir au vol par des paras américains bien embusqués. L'un d'eux se sert avec maestria d'un bazooka et expédie une charge explosive au milieu du petit groupe. Le Rottenführer Hoffmann s'écroule avec un éclat d'acier dans le dos. Il perd de vue ses camarades et se traîne vers l'arrière.

Lui au moins aura la chance de se retrouver à l'ambulance de son bataillon...

Il est environ onze heures et demie du matin quand les Américains lancent une sérieuse contre-attaque. Ils engagent de nombreux blindés dans la bataille. L'axe de poussée est la route nationale. Les chasseurs-bombardiers alliés interviennent malgré le temps couvert. Pour une des premières fois depuis leur arrivée au front, les SS et les paras allemands aperçoivent deux appareils de la Luftwaffe, mais ces téméraires isolés sont bien vite balayés du ciel.

Il n'y a plus d'espoir de reprendre Carentan.

Bientôt les Allemands seront débordés. Le Brigadeführer Ostendorff estime qu'il importe avant tout, plutôt que de conserver du terrain, de maintenir le potentiel humain de ses troupes. Aussi il ordonne au major von der Heydte et à l'Obersturmbannführer Fick :

– Repliez vos unités sur leurs positions de départ.

C'est un échec. Sanglant.

***

Dans l'après-midi de ce terrible 13 juin, l'équipage du canon d'assaut de l'adjudant autrichien au pied bandé prend liaison avec un groupe de paras allemands isolés. Trois autres canons d'assaut se trouvent à proximité. Les fantassins, dégagés par l'arrivée des blindés, manifestent leur joie. On échange même quelques bouteilles de vin.

Le Sturmmann radio Le Gros, qui se trouve dans le canon d'assaut à côté du tireur Lieber, boit goulûment. Tout va bien puisqu'il est encore vivant et que son canon vient de détruire deux blindés ennemis. Tout à coup, on entend un bruit de foudre qui s'abat et un choc violent ébranle la caisse. Le canon d'assaut est touché par un obus ennemi.

– Evacuez !

Le caporal SS Le Gros saute à terre, sans oublier son code radio et sa sacoche de messages. Il se glisse dans le fossé. Si tout va bien son camarade Lieber, le tireur, a sauté de l'autre côté. Le chauffeur et le chef de char doivent se trouver avec lui, car Le Gros est tout seul dans son fossé Il s'aperçoit que du sang ruisselle sur sa nuque et qu'un éclat d'acier est planté dans son bras droit. Il le retire lui-même avant d'improviser un pansement avec son mouchoir pour arrêter l'hémorragie. Le Sturmmann appelle les trois autres camarades qui se trouvaient avec lui sur le canon d'assaut Personne ne répond. Alors il se met à ramper pour sortir de cet endroit malsain. Pour toute arme, il n'a qu'un pistolet, d'origine soviétique. Il aperçoit devant lui un homme en tenue camouflée, avec un casque rond. Il le prend pour un para américain. C'est un para allemand, lui aussi isolé. Les deux hommes se reconnaissent pour compatriotes juste avant de s'entre-tuer et vont faire équipe pour essayer de retrouver une unité quelconque qui puisse les recueillir.

***

Une nouvelle ligne de défense est constituée qui passe à cinq cents mètres au nord du hameau des Baleries, à cinq cents mètres au sud du village de Méautis, à la bifurcation de la route nationale 971 près d'Auerville, et à mille mètres au nord de Saint-Quentin jusqu'à la zone inondée de la Taute.

Au début de l'après-midi, la 6e compagnie du régiment 37, qui occupait une position défensive à la Mare des Pierres, sous les ordres de l'Obersturmführer Tetzmann, est aussi ramenée sur la ligne de départ.

Maintenant, le Brigadeführer Ostendorff s'installe avec son état-major à Saint-Sébastien-de-Raids, à l'est de Périers. Plus au nord se trouvent les deux P.C. régimentaires, celui du régiment SS Fick, près de Sainteny, et celui du régiment para von der Heydte, à Raffoville.

Il semble que commence une guerre de position, où les Allemands vont tenter de verrouiller la base même de la presqu'île du Cotentin.

***

Tandis qu'échouait la contre-attaque sur Carentan, d'autres éléments de la division *Götz von Berlichingen* se trouvaient au combat à l'est de la ville, au nord du canal de la Vire, à la Taute. Ce sont les grenadiers du IIe bataillon du régiment 38, appuyé par une compagnie de canons d'assaut du bataillon blindé divisionnaire.

Les volontaires de l'Est qui tenaient le secteur au moment du débarquement se sont repliés de Gefosses et seule une petite compagnie de paras de la Luftwaffe essaye d'endiguer la ruée des Américains. La situation se complique du fait que l'on parle de francs-tireurs que dirigerait le curé d'Isigny lui-même ! On leur a attribué la mort de cinq hommes de la Waffen SS, retrouvés avec une balle dans la nuque.

Le Sturmbannführer Nieschlag, qui commande le IIe bataillon du régiment 38, qualifie dans son premier compte rendu la situation de « peu claire ». Depuis le 10 juin, certaines de ses unités sont au contact de l'ennemi. Arrive alors, en second échelon, le Ier bataillon du Hauptsturmführer Ertl. On voit même surgir la 9e compagnie qui appartient au IIIe bataillon. La montée vers le front s'est effectuée dans des conditions incroyables qui pourraient passer pour comiques dans d'autres circonstances. La plupart des grenadiers SS sont arrivés en Normandie dans des voitures civiles réquisitionnées – on songe à l'épisode des Taxis de la Marne, pendant la Grande Guerre – et même, pour les derniers, à bicyclette. Les unités ainsi rameutées sont loin de se trouver au complet et une compagnie comme la 5e du régiment 38 ne compte même pas cinquante hommes.

Les Américains profitent de toute cette incohérence pour largement établir leur tête de pont et s'établir solidement à l'est de la Vire et de l'Elle, dans le secteur où la 352e division d'infanterie de la Wehrmacht a été volatilisée dès le début. Le commandement allemand, pour boucher la brèche, expédie à toute allure un bataillon de marche de l'école du génie d'Angers. Les sapeurs seront employés comme fantassins, tandis que les grenadiers SS sont jetés dans la bataille au fur et à mesure de leur arrivée. Un premier officier du régiment 38, le

Hauptsturmführer Rethmeier, qui commande la compagnie lourde du IIe bataillon, est tué aussitôt.

Pour le commandeur du régiment 38, l'Obersturmbannführer Horstmann, la première chose à faire est de pallier le désordre général et d'essayer d'établir une ligne de front continue ou, à défaut, de solides points d'ancrage pour tenter d'enrayer l'avance ennemie vers le sud. Pour lui, la position de Montmartin-en-Graignes est essentielle. La colline et le village sont tenues par un mélange de SS, de paras, de sapeurs, de fantassins de la Wehrmacht et même de volontaires de l'Est.

Le 13 juin, les Alliés parviennent à percer le « front » allemand et à atteindre le canal de la Vire à la Taute et la route nationale 174 qui va de Carentan à Saint-Lô. Toutes les forces disponibles sont lancées dans la bataille. Le Sturmbannführer Nieschlag expédie à la contre-attaque deux groupes d'assaut de la 9e compagnie, qu'il renforce avec les secrétaires et les chauffeurs de son état-major. À leur tête deux lieutenants SS, l'Obersturmführer Steimle et son camarade Schlegel. Les ordres qu'ils reçoivent sont expéditifs :

– Liquidez la percée ennemie !

L'un à gauche et l'autre à droite, les deux officiers foncent vers l'ennemi. Schlegel est tué presque aussitôt. Steimle lui, réussit à déborder ses adversaires par la droite. Il récupère dans son élan quelques isolés de la Werhmacht et fonce comme un forcené. Dans une maison, il parvient à faire une trentaine de prisonniers. Il poursuit sa route, arrive dans un bois et récupère à nouveau une trentaine de soldats ennemis qui se rendent à ces Allemands qu'ils croyaient en fuite. L'Obersturmführer Steimle fait alors une rapide inspection du champ de bataille, en compagnie de deux gradés américains. Les trois hommes essayent de récupérer les blessés des deux camps. Ils entendent soudain :

– *Hilfe ! Hilfe !* Au secours !

– C'est un des miens, lance Steimle qui se trouve le plus proche de l'homme gisant dans un pré.

En s'approchant, Steimle découvre son erreur :

– C'est un Américain !

Le blessé, dont la mère est une Allemande du Schleswig-

Holstein émigrée aux Etats-Unis, en voyant l'officier SS, l'a appelé dans sa langue maternelle. Le malheureux est rapidement brancardé vers l'arrière. Le lieutenant rejoint alors le poste de commandement du IIe bataillon et annonce:

– Mission remplie, Sturmbannführer.

– Bien, lui dit Nieschlag. Restez à ma disposition avec les deux groupes d'assaut. La journée n'est pas finie.

***

À l'état-major de la division *Götz von Berlichingen*, à Saint-Sébastien-de-Raids, tous ont le visage grave, creusé par la fatigue et le souci.

Le Sturmbannführer Conrad, l'officier d'opérations, tout comme le Sturmbannführer von Le Coq, l'officier de renseignements, sont bien d'accord sur les intentions de l'ennemi. Ils l'annoncent à leur commandeur.

– C'est clair, Brigadeführer. Les Américains vont pousser au maximum vers l'ouest, pour essayer d'atteindre la côte et couper en deux les forces allemandes. Et nos camarades du Nord, encerclés, seront irrésistiblement refoulés vers Cherbourg.

Dès le 14 juin, le mouvement se dessine nettement sur les cartes. Une percée près de Prétot amène des éléments américains au nord de Saint-Jores. Le lendemain, l'attaque reprendra avec une cinquantaine de chars. La mer n'est plus qu'à vingt kilomètres à vol d'oiseau.

***

Dès le lendemain de l'attaque manquée sur Carentan, les Américains poursuivent leurs avantages et lancent de furieuses attaques contre le IIe bataillon du régiment 37 que commande le Sturmbannführer Opificius. La 6e compagnie qui tient La Sadotterie[1] se trouve vite au cœur même de

1. Orthographié sur les cartes d'état-major françaises: la Galloterie. C'est un hameau à l'est de la route de Carentan à Périers, situé à trois kilomètres à vol d'oiseau de la gare de Carentan.

l'enfer. L'artillerie, et surtout l'aviation profitant du beau temps bien installé, écrasent les unités allemandes sous un feu incessant. Bientôt, les positions des grenadiers seront enfoncées. L'Obersturmführer Tetzmann prend la seule décision qui lui semble encore capable de rétablir la situation :

– On contre-attaque !

Ses hommes jaillissent des trous profonds d'à peine cinquante centimètres où ils s'étaient terrés pour faire face à l'assaut ennemi. Ils parviennent à regagner le terrain perdu et le front est verrouillé devant le bataillon Opificius.

Au Ier bataillon du Sturmbannführer Reinhardt, la situation n'est guère moins dramatique. Les parachutistes qui se trouvaient sur son flanc gauche ont reculé légèrement et à leur place, ce sont les Américains qui occupent le terrain. Maintenant, ils se croient capables d'enlever les positions allemandes et se lancent à l'assaut.

Le commandeur du régiment, l'Obersturmbannführer Fick, n'a plus aucune réserve. Son IIIe bataillon est toujours, sur ses bicyclettes, loin derrière. Alors, il lance dans une furieuse contre-attaque le personnel qui se trouve à son état-major : téléphonistes, radios, secrétaires, chauffeurs, agents de liaison, infirmiers même. Tous se saisissent d'un fusil ou d'un pistolet mitrailleur, passent quelques grenades à manche dans leur ceinturon et s'élancent vers les premières lignes menacées. De nombreux combattants tomberont au cours de cette opération et seront à grand-peine évacués vers l'arrière.

Le sort des blessés – ils sont déjà plusieurs centaines à la division *Götz von Berlichingen* – est tragique. Ils sont dirigés vers le château de Savigny et l'abbaye de Hambye où sont installés des postes de secours. Les plus gravement atteints seront ensuite transportés jusqu'au Mans. Mais circuler sur les routes devient chaque jour plus impossible. En ce 14 juin, une terrible tragédie a lieu sur la route de Saint-Sauveur à Marigny. Un convoi sanitaire est attaqué par les chasseurs-bombardiers alliés. Six grands autobus bourrés de blessés sont incendiés. Les quelques survivants qui ont réussi à se traîner dans les fossés et le long des haies, découvrent un spectacle d'horreur. Tandis que les véhicules continuent de brûler avec de gros panaches de fumée jaune et noire, des corps calcinés se recroquevillent dans les flammes. Toute la route est jonchée par les cadavres de ceux qui ont essayé de s'échapper à l'enfer et ont été rattrapés par les flammes ou la mitraille.

Les hommes du groupe de reconnaissance divisionnaire arrivent sur les lieux de la catastrophe peu après le passage des avions alliés. Ils ne découvrent que très peu de survivants. Ce sont surtout des infirmiers qui ont pu bondir des autobus sanitaires dès le début de l'attaque. Ils sont encore tout bouleversés par les moments dramatiques qu'ils viennent de vivre, alors qu'ils se croyaient protégés par les croix-rouges peintes sur le toit des véhicules.

Mais en cette journée du 14 juin, les éclaireurs des compagnies de reconnaissance du Sturmbannführer Holzapfel n'ont pas le temps de s'arrêter. Après avoir combattu à l'est du front, sur les lisières de la forêt de Balleroy, ils doivent gagner le secteur central du Cotentin dans la région de Saint-Sauveur-le-Vicomte.

***

Il fait nuit quand la 2e compagnie du groupe de reconnaissance divisionnaire, à bord de ses Volkswagen amphibies, traverse la bourgade de Saint-Sauveur-Lendelin, avant de rejoindre Périers. L'Untersturmführer Günther est assis sur le siège avant, à côté du conducteur Krikhahn. Derrière lui le Sturmmann Haas, un des agents de liaison, s'est installé sur les caisses à munitions, les sacs de vêtements et les couvertures qui encombrent la caisse du petit véhicule. Le caporal SS, de fort bonne humeur, chante à tue-tête une des « scies » en vogue à la division *Götz von Berlichingen* :

Denn Salem ist die beste Zigarette, man raucht sie nur... mit ei... ner Frau im Bette... [1]

L'officier est de plus en plus agacé d'entendre toujours le même refrain. Il se tourne vers l'estafette et lui lance :

1. *Salem est la meilleure cigarette que l'on puisse fumer... avec un œuf... une femme au lit.*

– Si tu ne chantes pas autre chose, je vais te virer de cette voiture !

Il vient à peine de terminer cette phrase que le chauffeur donne un violent coup de frein, si violent que le chanteur se trouve réellement éjecté et manque d'être écrasé par la Schwimmwagen suivante. Quant au sous-lieutenant SS, il heurte de la tête la crosse de la mitrailleuse de bord et en voit trente-six chandelles.

– Que se passe-t-il ? finit-il par demander, à moitié évanoui.

– *Jabos !*

Ce sont des chasseurs-bombardiers alliés qui attaquent de nuit la tête de la colonne.

Les voitures se dispersent. La plupart se rangent le long des murs, sur le trottoir, certaines parviennent à entrer sous des porches. Les éclaireurs sautent à terre et courent à la recherche d'un abri.

Cette attaque nocturne, à la lueur des projecteurs des appareils a quelque chose d'encore plus impressionnant que les mitraillages et les bombardements de jour. On entend frapper comme grêle balles et éclats. Déjà les avions ont disparu dans les ténèbres. La 2e compagnie n'a pas trop de mal, mais on déplore plusieurs morts à la 3e et à la 4e compagnie du groupe de reconnaissance.

Le convoi repart. Le Sturmmann Haas a repris place derrière son chef de section :

– Alors, tu ne chantes plus ? lui demande Günther.

Le caporal, les lèvres serrées, ne dit rien. L'officier insiste :

– C'était comment, Salem... la cigarette... la fille... ?

Toujours le silence.

Au bout d'une centaine de mètres, l'Untersturmführer se retourne et dit à son agent de liaison :

– Toi aussi, tu peux me virer !

Tout le groupe de reconnaissance ne tarde pas à dépasser Périers et poursuit par Saint-Jores en direction de Saint-Sauveur-le-Vicomte. Enfin, le commandeur donne l'ordre de s'arrêter et organise une brève réunion des cadres, peu avant l'aube du 15 juin.

– La 1re compagnie d'Arnken avec les blindés de reconnaissance se dirige vers Raids. La 3e compagnie de Buck part en direction de Neufmesnil et assure la défense vers le nord. La 2e compagnie de Walzinger se rend au sud des marais des Gorges et s'établit aussi en défensive. Je garde la 4e compagnie de Mumm et la 5e de Priehler pour occuper la région de Doville et de Varanguebec, où sera établi le poste de commandement du groupe de reconnaissance.

Ainsi, l'aile gauche de la division *Götz von Berlichingen* se trouve solidement renforcée dans le Bauptois, au moment même où l'aile droite connaît de sérieuses difficultés entre la Taute et la Vire.

Quand un secteur du front tient, il semble que, selon le principe des vases communicants, ce soit un autre qui s'effondre.

CHAPITRE VII

Pour le Brigadeführer Ostendorff, commandeur de la division *Götz von Berlichingen*, il est très difficile de bloquer à la fois les deux poussées alliées avec les moyens réduits dont il dispose. Au nord du secteur tenu par le régiment 37, les Américains poursuivent irrésistiblement leur progression vers la côte ouest. La situation semble tout aussi grave à l'est, où combat le régiment 38.

La butte de Montmartin-en-Graignes, au sud-ouest d'Isigny, est fortement menacée par les Américains qui ont franchi la Vire. Le village va tomber le 15 juin. Encore une journée de très durs combats et les assaillants parviennent à s'emparer des deux hameaux de La Raye et de La Comte. Maintenant, les soldats alliés ont atteint le canal de la Vire à la Taute et commencent à s'y fortifier avant de poursuivre leur ruée vers le sud. Leur objectif, c'est Saint-Lô, la capitale du département de la Manche et le nœud de toutes les communications allemandes de Normandie occidentale. Toutes les contre-attaques des grenadiers SS du régiment 38 échouent. Le Brigadeführer Ostendorff décide, au soir du 15 juin :

– Je me rendrai sur place dès demain.

***

L'Oberscharführer Becker, de la 8e compagnie du régiment 38 reçoit, le 16 juin, l'ordre d'aller reconnaître le terrain au nord du dernier pont encore tenu par les Allemands sur le canal de la Vire à la Taute.

– Quand la ligne de front sera ramenée sur le cours d'eau, nous essaierons quand même de garder une position de mitrailleuse sur l'autre rive, lui dit son chef.

L'adjudant SS traverse le Canal au milieu de l'après-midi et se dirige vers le château de Briseval. Au sud de Montmartin, il aperçoit des isolés de la Wehrmacht qui se replient rapidement. En poursuivant sa patrouille, le sous-officier fouille une maison abandonnée où il ne découvre que quelques outils de cordonnier et de vieilles chaussures. Il suit ensuite une haie qui longe la route vers le nord. Becker découvre alors toute une série de mines éparpillées entre la haie et la route, avec le cadavre d'un cheval qui en a fait exploser quelques-unes. Le jour baisse rapidement. Bientôt il fera nuit.

Arrive alors le Brigadeführer Ostendorff lui-même, qui veut se rendre compte de ce qui se passe en première ligne. Le commandeur de la division *Götz von Berlichingen* n'est accompagné que d'un seul officier.

L'Oberscharführer Becker et un sergent de la Wehrmacht se trouvent tous deux à l'angle de la cordonnerie et observent la route. Ils entendent soudain un bruit de moteur et des rafales. C'est une jeep américaine qui vient des lignes allemandes où elle a dû s'égarer. Après avoir franchi le pont, elle se dirige maintenant vers le château de Briseval. À bord, trois soldats américains. L'un conduit, l'autre tient son arme pointée vers l'avant et le dernier, à l'arrière, balaye le terrain derrière lui avec une mitrailleuse lourde. Tout se passe très vite dans le crépuscule. La jeep, profitant de l'abri des haies, a vite disparu à la vue des Allemands qui n'ont tiré que quelques coups de feu un peu au hasard, sans l'atteindre.

Un officier se met à courir vers l'arrière en criant :

– Le commandeur est blessé !

Trois grenadiers SS se précipitent et déposent le corps de Werner Ostendorff dans une toile de tente. Ils le transportent rapidement vers la cordonnerie. L'Oberscharführer Becker leur lance :

– Portez-le plutôt dans l'étable ! Il sera plus en sûreté, car il n'y a pas d'ouvertures du côté de l'ennemi.

L'adjudant s'est emparé d'une nappe pour fabriquer un premier pansement. Le Brigadeführer Ostendorff est grièvement blessé à l'omoplate et il repose sur la toile de tente, couché sur le ventre. Il veut se relever pour continuer sa tournée et ses hommes doivent le maintenir de force. Mais il s'affaiblit visiblement et cesse rapidement de leur résister.

Peu de temps après arrive un infirmier à bord d'un véhicule chenillé. Werner Ostendorff est évacué vers l'arrière[1]. La division *Götz von Berlichingen* vient de perdre son chef au combat, six jours à peine après son arrivée au front.

***

La grave blessure du Brigadeführer Werner Ostendorff prive en plein combat la division *Götz von Berlichingen* de la présence de son commandeur.

Par une tragique coïncidence, à l'aile droite du front une autre unité de la Waffen SS, la 12ᵉ Panzerdivision Hitlerjugend perd le même jour 16 juin, son commandeur, le Brigadeführer Fritz Witt, tué lors d'un bombardement sur son poste de commandement[2].

À l'état-major installé à Saint-Sébastien-de-Raids, règne la consternation. Ostendorff avait totalement modelé cette 17ᵉ division SS à son image. Dans les heures qui ont suivi son évacuation, l'Obersturmbannführer Jakob Fick a pris le commandement sous le feu. Mais il n'est que lieutenant-colonel. Alors, logiquement, dans l'ordre hiérarchique, c'est au Standartenführer Binge, commandeur du régiment SS d'artillerie 17 d'assurer l'intérim à la tête de la division. Mais celle-ci est une unité d'infanterie et le commandement hésite à la confier trop longtemps à un artilleur. Aussi Binge pare-t-il seulement au plus pressé. Après l'échec de la contre-attaque allemande sur Carentan, on semble, dans les deux camps,

1. Le Brigadeführer Ostendorff sera transporté à l'ambulance du Iᵉʳ corps blindé SS à Sées et opéré rapidement dans cet hôpital international où servaient trois médecins allemands, deux russes, un italien et des assistants belges, hollandais et même français, ainsi que cinquante infirmières nordiques. Remis plus ou moins bien de sa grave blessure, Werner Ostendorff deviendra chef d'état-major du groupe d'armées « Oberrheim », puis commandera la division *Das Reich* en Hongrie. A nouveau blessé près de Stuhlweissenburg, il succombera, le 4 mai 1945, dans l'hôpital militaire autrichien, quatre jours avant la fin de la guerre. Il fut à titre posthume, un des derniers soldats allemands décorés de la croix de chevalier de la Croix de Fer avec les feuilles de chêne.

2. Voir du même auteur : *Les jeunes fauves du Führer*, 1976.

vouloir souffler un peu. Parachutistes américains et grenadiers SS sont, les uns et les autres, à bout de forces, après ces combats acharnés sur les lisières ouest de la tête de pont alliée.

Alors, le front semble, provisoirement, se stabiliser pour quelques jours. Le temps, pourtant, s'est remis au beau et l'aviation ennemie reste totalement maîtresse du ciel. Au sol, les Allemands doivent vivre comme des taupes, dans des trous recouverts de branchages et au creux des haies. Aucune relève n'est prévue pour la division *Götz von Berlichingen*, engagée jour et nuit depuis son arrivée sur le front de Carentan.

Le 18 juin, le général Rommel, commandant le groupe d'armées B vient en personne inspecter le LXXXIVe corps d'armée. Le plus célèbre de tous les chefs militaires allemands ne peut qu'être effrayé de découvrir que les forces du Cotentin, sur l'aile gauche du front d'invasion, possèdent si peu de moyens. Il promet l'intervention prochaine de deux divisions blindées. L'une de la Wehrmacht, la Panzer-Lehr-Division, du général Bayerlein, et l'autre de la Waffen SS, la Panzerdivision *Das Reich*, du Brigadeführer Lammerding. En attendant, l'ancien chef des troupes de l'Axe en Afrique n'a qu'un mot : tenir.

À n'importe quel prix.

***

Pour animer cet esprit de résistance à tout prix et insuffler à tous un esprit de sacrifice poussé jusqu'à la mort, il faut à la division *Götz von Berlichingen* un nouveau commandeur. Il est désigné en cette journée du dimanche 18 juin. C'est le Standartenführer Otto Baum. Ainsi, pour succéder à Ostendorff, c'est un colonel qui remplace un général. Mais quel colonel ! Otto Baum est un des chefs les plus célèbres de la Waffen SS et son destin va désormais l'attacher à la division *Götz von Berlichingen* pratiquement jusqu'à la fin de la bataille de Normandie.

L'homme surprend par une silhouette massive et un visage aux traits lourds. Baum ressemble plus à un ours dodu qu'à un loup affamé. Mais cet homme aux paupières pesantes et à la moue désabusée a tout l'instinct d'un guerrier, s'il n'en a pas précisément la silhouette.

Quand il prend ce nouveau commandement, il n'a que trente-deux ans. Comme son camarade Fick, il est entré dans les SS Verfugungstruppen en 1934 à Ellwangen voici dix ans. Fils de commerçant, bachelier, ingénieur agricole, il ne semble pas se destiner dans sa jeunesse à la carrière militaire. Mais la perspective de participer à l'aventure d'une armée nouvelle issue directement des formations de choc du parti national-socialiste le tente. Baum commence sa carrière militaire au bas de l'échelle. Un an après son incorporation, il n'est encore que Rottenführer, c'est-à-dire caporal-chef SS. Mais il devient rapidement sous-officier, puis Standarten-Junker. Après un stage, le voici promu Untersturmführer et chef de section dans le régiment *Germania* à Arolsen. Dès 1937, il se fait remarquer par ses capacités athlétiques, passe six semaines à l'Ecole nationale de sport militaire de Wunsdorf, et, promu Obersturmführer, rejoint le nouveau régiment SS d'infanterie *Der Führer* à Klagenfurt, en Autriche.

Commandant de compagnie, Otto Baum se trouve à la déclaration de guerre à la tête de la 7e compagnie de la *Leibstandarte SS Adolf Hitler*. Croix de fer de 2e classe en Pologne et Croix de fer de 1re classe en France. Promu Hauptsturmführer puis Sturmbannführer, il reçoit alors sur le front de l'Est le commandement d'un bataillon d'infanterie de la division *Totenkopf*. Le terrible hiver 40-41 voit son unité encerclée dans la poche de Demiansk par les Soviétiques qui progressent sur le lac Ilmen pris par les glaces. Le froid devient épouvantable. Otto Baum forme un Kampfgruppe, qui va regrouper jusqu'à six bataillons, et obtient la croix de chevalier de la Croix de fer au printemps 1942. Il participe ensuite, à la tête de son unité, à l'occupation de la zone libre et se retrouve sous les remparts de Carcassonne. Puis c'est la formation du Ier corps blindé de la Waffen SS et le retour sur le front de l'Est, au début de l'année 1943. La division *Totenkopf* gagne le secteur de Poltava. Baum mène son bataillon d'infanterie blindé au combat entre le Donetz et le Dniepr. Promu Obersturmbannführer et commandeur du régiment

SS d'infanterie 5, on le verra au combat à Orel, à Kharkov, à Koursk, partout où luttent la division *Totenkopf* et les deux autres divisions blindées SS *Leibstandarte* et *Das Reich*. Blessé grièvement pour la troisième fois, Otto Baum est transporté par avion sanitaire à Breslau, où il apprend qu'il est décoré des feuilles de chêne sur sa cravate de chevalier de la croix de Fer. A peine rétabli, il repart pour le front, rejoint son régiment à Kirovograd et livre de durs combats défensifs jusqu'à la fin de 1943. Le mois de janvier de l'année nouvelle le voit promu au grade de Standartenführer à titre exceptionnel.

Le colonel SS Otto Baum est devenu si célèbre qu'il reçoit l'ordre de quitter son unité pour aller donner des conférences d'instruction dans les écoles de cadres de la Waffen SS. Son expérience est jugée exemplaire de ce que sont appelés à connaître les officiers et sous-officiers du front de l'Est.

C'est au cours d'une de ses causeries aux futurs cadres qu'il apprend son départ immédiat pour la Normandie comme commandeur de la 17e division *Götz von Berlichingen*.

***

Dès son arrivée en Cotentin, le Standartenführer Otto Baum découvre une situation encore plus catastrophique que ce qu'il prévoyait. Même sur le front de l'Est, il n'a jamais connu une telle supériorité de l'ennemi, totalement maître du ciel dès que le jour se lève. Des renforts américains en armement et en personnel ne cessent de débarquer à Utah-Beach et Omaha-Beach. Les Américains sont à Saint-Sauveur-le-Vicomte et poursuivent une irrésistible avance vers la mer qui aboutira au rivage entre Carteret et Portbail, le surlendemain. Les forces allemandes du Cotentin sont à la veille d'être coupées en deux.

– Ils vont maintenant s'occuper de Cherbourg en priorité, estime l'officier d'opérations, le Sturmbannführer Conrad. Nous allons pouvoir respirer un peu, Standartenführer.

– Il faudra en profiter pour établir un véritable front continu et essayer de verrouiller la base de la presqu'île, estime Baum. Quelle est la situation ?

L'officier de renseignements, le Sturmbannführer von Le Coq, prend la parole :

– A l'ouest, la Wehrmacht tient un front qui passe par le havre de Portbail, les prairies marécageuses de La Rivière et de La Sangsurière, le bois de Limors, les abords du village de Saint-Jores et le marais de Gorges. C'est là où commence notre secteur qui va jusqu'à la Vire.

– Quelle longueur ? demande Baum.

– Une trentaine de kilomètres, Standartenführer.

– Pour une division ! C'est de la folie.

– Bien sûr, avoue Conrad. Mais il faut utiliser à fond le terrain. C'est un pays étrange où, en dehors de la route de Carentan à Périers et de quelques hauteurs, toute la plaine marécageuse disparaît sous environ un mètre d'eau. Personne ne peut s'y risquer.

– Et tout ce qui émerge, ajoute von Le Coq, n'est qu'un fouillis inextricable de petits champs entourés de haies. On rencontre des bosquets et aussi quelques hameaux. Dans cette région, les murs sont en argile. Un mètre, parfois un mètre cinquante d'épaisseur. Rien de tel pour amortir les balles et les éclats. C'est un terrain à peu près impraticable aux blindés et idéal pour l'infanterie.

– Et l'artillerie ? demande Baum.

– L'emploi de nos 88 sera gêné par le manque de vues et les haies sont souvent trop hautes pour que les pièces de Flak et de Pak puissent être mises en batterie derrière elles. Nos grenadiers devront surtout compter sur eux-mêmes. Sous le feu des chasseurs-bombardiers alliés, ils seront tragiquement seuls.

Le Standartenführer Baum examine longuement la carte d'état-major de la partie orientale de cet isthme du Cotentin, véritable goulet d'étranglement de la presqu'île. Si seulement on pouvait empêcher les Américains d'en déboucher, ils seraient pris comme dans un piège.

Illusions... Désormais, fatalement, le port de Cherbourg tombera entre leurs mains et ils se renforceront sans cesse. Les Allemands pourront juste mener des combats retardateurs, à moins que l'arrivée des Panzerdivisions de la Wehrmacht et de la Waffen SS vienne tout remettre en question. Mais il semble bien trop tard.

Le Coq a aussi une mauvaise nouvelle :

– Les Américains ont pris le contrôle des écluses et l'eau commence à baisser dans les marécages.

– Il reste les fameuses haies, objecte Baum.

– Depuis quelques jours, on signale qu'ils ont des chars armés d'un éperon pour les éventrer.

– Et les mines ?

– Ils ont aussi des blindés spéciaux. Cette fois, ce sont des chars avec des chaînes tournantes qui les font sauter devant eux.

– Alors, estime Baum, nos grenadiers n'auront rien d'autre que leur poitrine et leur courage. Montrez-moi la disposition de nos unités sur la ligne de front.

Le Sturmbannführer Conrad désigne sur la carte les positions qu'occupent les unités de la division *Götz von Berlichingen* et du 6e régiment de chasseurs parachutistes :

A l'aile gauche, les deux bataillons restants des paras, puis deux et bientôt trois bataillons de grenadiers du régiment 37, puis un bataillon du régiment 38, un bataillon du génie de la Wehrmacht, le bataillon de marche de l'école d'Angers, le « Kampfgruppe » du colonel Heintz et, pour finir, à l'aile droite, le Ier bataillon du régiment 38.

– Comme réserve ?

– Le IIIe bataillon du régiment 38, qui doit arriver d'un jour à l'autre.

Le Standartenführer Baum se penche sur la carte et décide :

– Il se rassemblera à Tribehou, prêt à intervenir si la digue que nous constituons venait à céder.

Le Sturmbannführer Conrad ajoute :

– Nous venons aussi de récupérer notre groupe de reconnaissance qui a quitté depuis le 13 juin le secteur de la forêt de Balleroy, au nord-est de Saint-Lô. Lui aussi pourrait être engagé dans les jours qui viennent.

La conférence d'état-major se termine par l'évocation des unités de la division *Götz von Berlichingen* qui n'ont pas encore rejoint le front et dont l'absence s'avère dramatique, si ce n'est catastrophique.

– Il nous manque presque tout notre bataillon Flak avec deux batteries lourdes de 88 et une batterie légère de neuf pièces de 37. Le commandement a décidé de les maintenir pour l'instant à Saumur, en protection des ponts de la Loire.

– Et le bataillon Pak ? demande Baum.

– Il n'y en a ici qu'une seule compagnie, avec des pièces de 75 automotrices. Mais les deux compagnies de panzers de chasse sont encore à attendre leur matériel et à achever leur instruction.

– Ils seraient pourtant bien utiles ici, estime le colonel SS. Et qu'avons-nous comme sapeurs du génie ?

– Uniquement ceux des 15e compagnies de chacun des régiments d'infanterie. Tout le bataillon du génie, avec ses trois compagnies de combat, se trouve encore à Saumur.

Même si la division *Götz von Berlichingen* a subi encore relativement peu de pertes, le tableau de la situation apparaît fort sombre. Aucun renfort en personnel ne semble prévu pour l'instant et le matériel n'est pas arrivé totalement à pied d'œuvre.

Le Standartenführer Baum est en train de se demander s'il n'a pas pris le commandement d'une « division-fantôme ». La digue qu'il doit bâtir pour arrêter le flot ennemi cédera tôt ou tard. Elle ne peut que céder. La seule chose que puisse faire le nouveau commandeur de la division *Götz von Berlichingen*, c'est qu'elle cède le plus tard possible.

***

Le 20 juin, le général Fahrmbacher, qui avait pris le commandement du LXXXIVe corps d'armée après la mort du général Marcks et l'intérim du général Meindl, voit arriver son successeur. Il n'est pas « limogé », car c'est lui-même qui a demandé sa relève, s'estimant incapable de faire face à une situation qu'il juge désespérée. Le nouveau venu est le général Dietrich von Choltitz.

– C'est un « battant », disent de lui aussitôt paras et SS qui se trouvent placés sous ses ordres.

Il est né en Silésie il y a tout juste cinquante ans. A treize ans, il entre à l'école des cadets de Dresde et fera la Première

Guerre mondiale comme fantassin dans les coins les plus exposés. Officier de troupe dans l'âme, ne pouvant concevoir d'autre vocation que la carrière militaire, le lieutenant von Choltitz parvient à rester dans la Reichswehr de cent mille hommes que tolère le traité de Versailles et gravit l'un après l'autre les degrés de la hiérarchie. Très vite, il comprend quelle est l'arme de l'avenir. La guerre de 1939 le voit comme lieutenant-colonel à la tête d'un régiment d'infanterie destiné à être aéroporté sur la Hollande. Il sera un de ceux qui atterrira sur l'aéroport de Rotterdam et tentera de conquérir le grand port soumis à un bombardement effroyable de la Luftwaffe. Sa réputation de fonceur est désormais bien établie. La guerre contre l'Union soviétique le trouvera en Crimée, où il s'empare en juillet 1942 de Sébastopol après un siège titanesque. Promu général, il entre dans les troupes blindées et commande une division de panzers qui sera de tous les combats d'arrière-garde en Russie méridionale. Von Choltitz ne quittera le front de l'Est que pour aller en Italie combattre, toujours avec des blindés, les alliés anglo-américains. Les adversaires qu'il va rencontrer dans le Cotentin, à la tête du LXXXIVe corps d'armée, dont l'unité de choc est la division SS *Götz von Berlichingen*, il les connaît bien et se garde fort de les mépriser. En prenant son nouveau commandement, le général von Choltitz sait bien que la partie sera dure.

Massif, imposant, un monocle vissé sous l'orbite, il a une allure extérieure de général prussien de tradition. Mais, sous des dehors un peu lourds, c'est un de ces chefs infatigables et résolus dont le front allemand de Normandie a grand besoin.

CHAPITRE VIII

En une semaine de combats, la division *Götz von Berlichingen* a perdu un demi-millier d'hommes, dont quatre-vingts tués. Les grenadiers ont l'impression que la « vraie » bataille n'est pas encore commencée et que leurs adversaires, pour l'instant, se soucient plus de Cherbourg que des localités qui leur ouvriraient la route du sud. Les combats à la base de la presqu'île du Cotentin semblent marquer une sorte de pause. Pourtant, en face, les Américains se renforcent sans cesse.

Pour l'instant, dans la zone des marais inondés à l'ouest de Carentan, on se contente d'activités de patrouilles. C'est une guerre étrange, dans ce paysage insolite où les ruses de guerre apparaissent presque comme des manifestations surnaturelles. C'est un pays de sorciers, de goublins et de fées. Quoi d'étonnant si le Hauptscharführer Gruner, avec les éclaireurs de sa 16e compagnie de reconnaissance du régiment 37, finisse par retrouver le livret militaire d'un de ses sous-officiers, l'Unterscharführer Fanjo, tué dès le premier engagement ? Ce document est dans la poche d'un des hommes qu'il vient de capturer. Sur la douzaine de prisonniers américains tombés entre ses mains, certains portent des uniformes allemands...

Les légendes naissent vite. On assure que le sacristain de Saint-Georges-de-Bohon, en bordure des marais, au sud de Carentan, grimpe dans le clocher de l'église pour faire des signaux aux Américains à l'aide d'une glace de poche. Dans ce pays étrange règne la peur des francs-tireurs, qu'il s'agisse de parachutistes alliés isolés ou de résistants normands. Les curés semblent particulièrement suspects aux yeux des hommes de la Waffen SS qui cherchent plutôt à obtenir la collaboration des maires ou des gardes champêtres. De toute façon, dans la mesure du possible, la population civile se voit évacuée, bon gré mal gré, de la zone des combats. Mais il reste encore des paysans dans des fermes isolées, plantées sur de véritables îlots, au milieu de l'immense étendue marécageuse.

En principe, toute la zone située au nord de la route de Saint-Lô à Périers ne devrait voir circuler que des militaires. Dans les deux camps, les patrouilles se multiplient. Chacun des adversaires cherche à faire des prisonniers. Les jeunes officiers de la division *Götz von Berlichingen*, impatients d'en découdre, surtout lorsqu'ils sortent de l'école et découvrent la guerre sur le front de Normandie, se portent volontaires pour mener des petites troupes de choc qui vont multiplier les coups de main dans la seconde quinzaine de juin.

***

Les SS et les paras ne cessent d'observer près du village de Baupte, au nord des marais, sur la route de Carentan vers la côte ouest, des convois de véhicules américains. Ils défilent sous leurs yeux. Mais les Allemands n'ont que des armes automatiques de trop faible portée et ne peuvent pas grand-chose pour empêcher ce trafic. Il faudrait faire intervenir l'artillerie. Mieux encore, l'aviation. Mais il y a bien longtemps que plus un appareil de la Luftwaffe ne se risque au-dessus de la presqu'île du Cotentin.

L'Untersturmführer Walzinger, commandant par intérim de la 2e compagnie du groupe de reconnaissance, fait un rapport sur ce passage incessant des convois ennemis et croit que son papier s'est perdu dans un des services de la division. Il n'a pourtant pas longtemps à attendre pour recevoir un ordre de l'état-major :

« Donner tous renseignements sur nature et densité du trafic ennemi à Baupte pendant période d'au moins vingt-quatre heures. »

– A Baupte ! s'exclame Walzinger. Mais comment veulent-ils que j'y aille ? C'est un village au-delà des prairies inondées et il paraît solidement tenu par les Américains.

Il en parle alors à son camarade l'Untersturmführer Günther, le chef de sa 1re section.

– Tu n'as pas une idée, Helmut ?

– Si. Un homme.

– Son nom ?

– L'Unterscharführer Wihr.

– Tu crois ?

– J'en suis sûr, Jupp.

Le commandant par intérim de la 2e compagnie décide enfin de confier la mission au sous-officier.

L'Unterscharführer Wihr quitte rapidement les lignes allemandes et se dirige vers les prairies inondées. Il n'a pas de ceinturon ni de bottes et porte un foulard sombre sur la tête. Dans sa poche, un morceau de pain. Il s'est barbouillé le visage de cirage noir pour parfaire le camouflage. Il ne tarde pas à disparaître dans les ténèbres. Pendant toute la fin de la nuit et toute la journée du lendemain, personne n'aura plus aucune nouvelle de lui dans sa compagnie. Ce n'est que la nuit suivante qu'il doit revenir vers ses camarades. L'Untersturmführer Günther, accompagné du caporal Sander, le chef de sa section de commandement, et de l'éclaireur Hein, un de ses meilleurs patrouilleurs, se rend au point de rendez-vous convenu la veille avec Wihr. Pendant très longtemps, les trois Allemands vont patauger dans le marais sans découvrir le sergent SS envoyé en patrouille.

Il est maintenant deux heures du matin. L'officier n'entend qu'un chien qui ne cesse d'aboyer, là-bas, vers l'ennemi. Günther décide d'attendre encore une demi-heure, mais il ne peut s'attarder davantage avec ses deux compagnons. Il prête l'oreille. Le chien s'est tu. On n'entend plus que le bruit du vent qui souffle sur la plaine inondée. Dans la pénombre, la surface s'irise de mille vaguelettes. Rien. Il n'y a rien que l'eau et le vent. Pas de Wihr.

– On fait demi-tour, décide le chef de section.

Suivi de Sander et de Hein, il regagne les positions allemandes et va rendre compte à son camarade Walzinger. Le commandant par intérim de la 2e compagnie semble très ennuyé de la disparition du sous-officier envoyé en patrouille vers Baupte.

– Qu'est-ce qu'on va encore se faire passer par le « Vieux », fait-il, en imaginant d'avance les commentaires du Sturmbannführer Holzapfel.

– Wihr n'a quand même pas déserté ! s'exclame Günther.

– Ça alors, ça m'étonnerait !

– Donne-moi l'autorisation de retourner vers le marais, Jupp. Il faut absolument que nous le retrouvions.

– Comme tu voudras, Helmut.

A ce moment, une silhouette sombre surgit au poste de commandement de la 2e compagnie de reconnaissance. Totalement couvert de boue des pieds à la tête, c'est l'Unterscharführer Wihr. Devant les deux officiers, il se met au garde-à-vous et commence à faire son rapport. Mais son chef de compagnie l'interrompt.

– Commence par boire un coup. Ça t'éclaircira la voix.

Le sergent boit goulûment quelques gorgées de cidre et raconte son aventure. Il a accepté l'offre de son chef de s'asseoir sur une chaise. A califourchon, les bras croisés sur le dossier, il évoque ses longues heures de guet, tandis qu'une mare d'eau se forme en dessous de lui.

– Cela n'a pas été rien de franchir le marais ! Par moments, je devais traverser des régions encore plus basses et l'eau m'arrivait au-dessus de la ceinture. Il y avait même un canal que j'ai été obligé de passer à la nage. J'ai quand même fini par arriver sur l'autre rive de la plaine inondée.

– Et les Américains ?

– Ils ne se méfiaient pas, Untersturmführer. Jamais ils n'auraient pensé qu'on puisse arriver par là. J'ai rapidement trouvé ce que je cherchais. Un arbre, avec une cime bien garnie de feuillage. Je suis rapidement grimpé et, pour ne pas tomber de mon observatoire, je me suis solidement attaché à une branche.

Le sergent SS esquisse un geste vers la bouteille. Les deux officiers font le même geste pour la pousser vers lui. Il boit à nouveau, avidement, et poursuit :

– Dès l'aube, le trafic a repris sur la route. Tout se passait bien pour moi. Pourtant, j'ai eu chaud quand un camion s'est arrêté juste sous mon arbre. Toute une bande de Ricains sont descendus. J'avais peur qu'ils m'aient repéré. Mais non, ils avaient juste envie de pisser. Heureusement, pas un n'a levé la tête. A la nuit tombante, je suis descendu de mon perchoir pour me rendre au rendez-vous. Mais il y avait une sentinelle avec un chien. Pour l'éviter, j'ai fait un détour et je me suis un peu perdu...

– Enfin tu es là, Wihr, et c'est le principal, lui dit Walzinger. Est-ce que tu as bien repéré le trafic ennemi ?

– Certainement, Untersturmführer. J'ai tout noté sur un bout de papier.

Le sous-officier sort une feuille de sa poche mais son commandant de compagnie lui dit :

– Ce n'est pas moi que cela intéresse, mais l'officier de renseignements de la division. Va vite te changer et apporte toi-même ton rapport à l'état-major. Tu seras certainement bien reçu.

L'Unterscharführer Wihr sera si bien accueilli et les renseignements qu'il rapporte jugés si précieux qu'on s'empressera de l'envoyer à nouveau dans les lignes ennemies. Cette fois il sera accompagné d'un de ses camarades, le Sturmmann Gier. Tous deux passeront deux jours dans les positions américaines. Leur plus grand mal sera, au retour, de persuader les soldats allemands de la Wehrmacht qui les recueilleront sur leurs positions, qu'ils n'étaient pas des déserteurs mais des éclaireurs SS de la division *Götz von Berlichingen* en mission spéciale.

⁂

Les opérations dans les prairies marécageuses de Gorges permettent toutes les audaces. Chacun des deux camps va y mener ce qu'Américains et Allemands nomment, les uns comme les autres, une « guerre d'Indiens », avec ses coups de main et ses ruses. Ce secteur du front devient le royaume des aventuriers et des risque-tout. Les deux adversaires multiplient les patrouilles, tandis que la bataille semble diminuer d'intensité, comme si chacun reprenait haleine...

L'Obersturmführer Schröder, qui commande en titre la 2e

compagnie du groupe de reconnaissance revient d'un cours en Allemagne et libère son remplaçant Walzinger qui est alors affecté à l'état-major. La compagnie vient de changer de secteur et a confié ses anciennes positions à une unité de volontaires de l'Est, où seuls étaient allemands le lieutenant et les deux adjudants qui les commandaient.

– Comment est-ce par ici ? demande Schröder à Günther.

– Vivable, pourrait-on dire, Obersturmführer. Il suffit de quelques sentinelles pour empêcher toute mauvaise surprise venant des marais inondés.

– Les voisins ?

– Des fantassins de la Wehrmacht. Pas de problème avec eux. Nous assurons le contact par des patrouilles.

Ces patrouilles, que les Allemands nomment « Verbindungsspähtruppen » ou unités de liaison et de reconnaissance, ne manqueront jamais de volontaires. Le commandement en ignorera toujours la raison. En dehors du fait que le trajet ne présente guère de danger, l'itinéraire ajoute l'avantage de passer par une distillerie où il reste encore du calva...

Si ce n'était les avions chasseurs-bombardiers alliés, la vie serait belle sur le front des marais de Gorges.

Parfois, les Américains viennent tâter le terrain, mais on est loin encore de la grande offensive vers le sud. Les éclaireurs, entre deux tours de garde, ont même le temps de jouer aux cartes.

L'Untersturmführer Günther s'est installé avec son groupe de commandement dans une ferme isolée, au bord des marais. Il partage son cantonnement, relativement confortable, avec un sous-lieutenant-observateur d'un bataillon d'artillerie blindée de la Wehrmacht du nom de Sauer. Celui-ci doit régler le tir de deux pièces chargées de prendre à partie les convois vers Baupte, signalés par l'Unterscharführer Wihr. Les canons allemands parviennent à détruire une tuilerie qui sert sans nul doute d'observatoire à l'ennemi. Mais la riposte américaine ne se fait pas attendre et les deux pièces doivent rapidement déménager sous un déluge d'obus. Pendant plusieurs jours, le duel d'artillerie va se poursuivre et distraire les éclaireurs de leur demi-inactivité.

Une autre distraction sera la visite d'une équipe de cinéastes d'une PK, compagnie de propagande, conduite par un adjudant SS du régiment de correspondants de guerre *Kurt Eggers*[1]. Il faut croire que la scène guerrière sera jouée avec assez de réalisme puisqu'elle sera diffusée dans les séries hebdomadaires des *Deutsche Wochenschau* et figurera au programme obligatoire de tous les cinémas du Reich et de l'Europe encore occupée. Il avait cependant été nécessaire d'écarter une vache, qui rôdait dans le champ de vision de l'appareil, et que le sous-officier cinéaste jugeait par trop pacifique.

***

Le front semble totalement s'immobiliser dans les marais inondés. Pourtant, le commandement de la division *Götz von Berlichingen* ordonne souvent des patrouilles, dont le premier but est de ramener des prisonniers.

L'Untersturmführer Günther reçoit l'ordre de prendre sept hommes avec lui et de partir pour un coup de main dans les lignes ennemies. L'Obersturmführer Schröder lui précise sa mission :

– Vous quitterez nos positions à la nuit, en passant par le secteur tenu par les fantassins de la Wehrmacht. La division se demande s'il n'y a pas un état-major américain dans le secteur. Il faudrait ramener quelques prisonniers, des officiers si possible.

– Mais pourquoi donc les soldats de la Wehrmacht ne font-ils pas le travail eux-mêmes, Obersturmführer ?

– D'abord parce que nous sommes une compagnie de reconnaissance et ensuite parce que nous sommes des Waffen SS.

– Donc, les meilleurs pour ces messieurs.

– Il faut croire. De toute façon, j'ai reçu un ordre, je vous le transmet et vous l'exécutez. Un point, c'est tout.

1. Sur la vie, l'œuvre littéraire et la mort au combat de l'Obersturmführer Kurt Eggers, chef de section dans la division des volontaires germaniques, voir du même auteur : *La Panzerdivision SS Wiking*, 1981.

– C'est tout, Obersturmführer.

La patrouille est armée de trois mitrailleuses légères et de quelques pistolets mitrailleurs. Comme les éclaireurs ont encore un peu de temps avant la tombée de la nuit, ils jouent tranquillement aux cartes, sur leurs positions de départ, au grand étonnement de leurs camarades de la Wehrmacht.

– Eh bien, vous, alors, vous ne vous en faites pas!

– Ça changerait quoi de s'en faire, troupier?

Puis, c'est le départ. Il faut commencer par ramper sur le sol trempé. Cela dure au moins une demi-heure. Puis apparaît une sorte de digue où des débris de rails menaient naguère à des appentis de planches destinés à la fabrication de la tourbe. A l'abri de cette levée de terrain, les patrouilleurs de l'Untersturmführer Günther peuvent progresser plus tranquillement. Mais ce ne sera pas pour longtemps. Ils doivent maintenant suivre une haie qui part, à angle droit, de la digue, et mène en direction du village où se trouverait l'état-major américain. Le chef du petit groupe a vraiment l'impression que lui et ses hommes sont en train de se jeter dans la gueule du loup. Maintenant, sous leurs pas, le sol devient de plus en plus marécageux. Ils s'enfoncent dans la boue liquide, l'eau grimpe le long de leurs jambes.

– Tant pis, murmure Günther à voix basse, on va remonter sur la digue.

Il se trouve maintenant à environ une centaine de mètres des appentis.

– A plat ventre, murmure-t-il.

Ses éclaireurs rampent à nouveau. Ceux qui traînent les mitrailleuses souffrent particulièrement.

L'officier laisse en arrière, près de la haie, pour les couvrir en cas de danger deux éclaireurs, le Sturmmann von Stein, armé d'une mitrailleuse et son camarade chargeur avec les bandes de cartouches. Ils bénéficient d'un large champ de tir, tant vers la plaine inondée que vers le village où doit se trouver l'ennemi.

– Surtout, surveille les appentis, dit le sous-lieutenant Günther à von Stein. J'espère qu'il n'y a personne. Mais on ne sait jamais.

– Soyez tranquille, Untersturmführer. Je vous couvrirai si vous accrochiez.

– A plat ventre, ordonne à nouveau le sous-lieutenant SS.

Une fois encore, ses hommes doivent se traîner sur le sol humide et spongieux de la digue. Ils voient très bien les petits appentis qui ne sont guère à plus d'une centaine de mètres devant eux. Les deux tireurs qui portent chacun une mitrailleuse souffrent beaucoup de cette reptation avec leur arme dans les bras.

L'officier se repère. Les rails luisent dans la pénombre. Le chemin qui mène au village passe sur un petit pont. Sur l'autre rive il distingue, devant les appentis, des réseaux de fil de fer barbelé. Sont-ils là depuis longtemps pour arrêter les bestiaux errants ou sont-ce les Américains qui viennent de les placer pour éviter toute surprise ? Il y a aussi une barrière.

– Comme c'est curieux, murmure Günther. Elle est ouverte.

L'officier se demande s'il ne s'agit pas d'un piège. Il y a sûrement des Américains en sentinelle dans ce secteur. Ce n'est pas possible ! Ils ne peuvent pas tous dormir...

L'officier, suivi de trois hommes, arrive jusqu'aux appentis. Il a laissé derrière lui un tireur et sa mitrailleuse pour les couvrir.

L'Untersturmführer Günther est épuisé. Cela fait deux heures qu'il patauge dans les marécages. Il est, comme tous ses éclaireurs, complètement trempé et transi. Et puis, pourquoi se le cacher à lui-même, il a peur. Comme jamais. Une eau noirâtre et nauséabonde clapote sous le pont derrière lui. C'est le seul bruit qu'il entend. Et pourtant, ce n'est pas possible, des ennemis doivent se trouver tout proches, prêts à ouvrir le feu. Les ombres qui se sont glissées sur la digue ont sûrement été aperçues. Alors, d'une seconde à l'autre, l'enfer peut-être va se déclencher. L'officier aperçoit dans la pénombre des rails avec quelques wagonnets renversés et des tas de ferraille. Il se demande par où il va poursuivre sa route. Il fait signe à l'Unterscharführer Gross de le suivre. Le Sturmmann Sander et le grenadier Helbing doivent rester en arrière pour les couvrir en cas d'accrochage. Lui, il veut poursuivre plus loin, vers le village. Il s'avance, suivi du seul

Gross. Ils se glissent silencieusement sur le bord de la route, vers les premières maisons. Rien. C'est toujours le silence. Et l'angoisse devant le silence.

Au bout d'une demi-heure le sous-lieutenant et le sergent qui le suit comme son ombre se trouvent allongés, immobiles, juste en face d'une maison. Ils se glissent comme des chats à l'abri d'un petit mur de pierre et respirent un peu. De tous leurs instincts, ils sentent que l'ennemi ne peut plus être loin. Soudain, ils entendent des voix. Ce sont deux soldats américains qui marchent sur la route et passent tranquillement à moins de trois mètres d'eux. Ils se dirigent vers la maison, ouvrent la porte et pénètrent à l'intérieur. L'Untersturmführer Günther a l'impression qu'il s'agit d'officiers. Se rendraient-ils donc à cet état-major fantôme ? Il fait signe à l'Unterscharführer Gross qu'il faut maintenant quitter l'abri du petit mur et bondir contre la maison, de part et d'autre de la porte. Les deux Allemands n'auront plus alors qu'à attendre qu'un de leurs ennemis sorte pour le faire prisonnier. Le sous-officier indique à son chef qu'une pancarte avec un signe tactique est accrochée sur le mur de la demeure. D'un coup de lampe de poche, Günther essaye de le reconnaître et de le graver dans sa mémoire.

L'officier SS décide après une longue attente, de pénétrer de vive force à l'intérieur. Mais il n'en aura pas le temps. Derrière lui, là où se trouvait l'éclaireur von Stein, en protection avec sa mitrailleuse, part une rafale d'arme automatique. Le bruit des coups de feu provoque une vive agitation à l'intérieur de la maison.

– On décroche, décide Günther.

– Un instant, Obersturmführer, lance le sous-officier. J'ai quelque chose pour eux.

L'Unterscharführer Gross sort un carton de sous sa veste camouflée et le fixe sur la porte de la maison avec son couteau de poche.

– Qu'est-ce que c'est ? demande l'officier.

– Je vous expliquerai.

Les deux Allemands s'éloignent à toute vitesse, rejoignent la route et retrouvent le Sturmmann Sander et l'éclaireur Helbing. On entend toujours des rafales du côté des appentis.

Pourtant, c'est le seul chemin de repli. On reconnaît la cadence d'une MG 42 allemande. Puis celle d'une arme automatique américaine. Helbing tire dans cette direction une rafale de la mitrailleuse qu'il tient sous son bras. Le petit groupe décroche à toute allure vers le pont. Ils arrivent près des wagonnets. L'Unterscharführer Gross trébuche et s'étale. Il semble avoir du mal à se relever.

– Je me suis foulé la cheville, annonce-t-il.

Son chef le prend sur ses épaules en lui disant :

– Accroche-toi au brêlage. Les camarades vont couvrir notre retraite.

Sander et Helbing tirent rafale sur rafale. Enfin Günther, portant Gross, arrive au pont où il retrouve le reste de la patrouille. L'officier ordonne :

– On rejoint nos lignes. En vitesse !

La vive réaction des Allemands du petit groupe qui couvre la retraite incite les Américains à ne pas trop s'engager vers les marais. Et puis on n'y voit rien. Alors, ils lancent quelques fusées éclairantes qui obligent les éclaireurs à se jeter à terre chaque fois qu'une grande lueur éclaire leur chemin de repli.

– Ça va toujours ? demande Günther à Gross.

Le sergent SS souffre terriblement de sa cheville, mais il s'efforce de répondre sur un ton enjoué :

– Il faut bien que ça aille.

L'officier lui demande alors :

– Je voudrais bien savoir ce que tu as accroché à la porte de la maison où se trouvaient les Ricains ?

– Une blague.

– Mais encore ?

– C'était un carton avec le portrait du vieux Götz. Un de mes copains l'avait dessiné. Ça leur fera un souvenir de notre visite.

Souvenir fort irrévérencieux, puisque le célèbre chevalier, culotte baissée, désignait ses fesses de sa main de fer et semblait proférer le célèbre juron : « Vous pouvez nous lécher le cul ! » Pour que l'ennemi n'ait pas de doute, on avait même ajouté en belles lettres gothiques : « Götz von Berlichingen ».

Ce n'est pourtant pas le moment de rire. Il faut ramper jusqu'à la haie près de la digue. Le petit groupe retrouve l'éclaireur von Stein et son chargeur qui avaient ouvert le feu les premiers. Sans attendre leurs explications, l'Untersturmführer Günther lance tout son monde sur la route du retour. Rapidement, ses hommes arrivent aux premières positions tenues par les soldats de la Wehrmacht. Un lieutenant s'avance et demande brièvement :

– Alors ?

– Alors, Herr Oberleutnant, lui dit Günther, c'était bien un état-major. La pancarte avec le signe tactique ne laisse aucun doute là-dessus. Mais nous n'avons pas pu faire de prisonnier.

– Des pertes chez vous ?

– Non. Une cheville foulée et deux éraflures par balles. On s'en tire bien.

Le lieutenant de la Wehrmacht conclut :

– Vous n'avez plus qu'à rejoindre vos Schwimmwagen et à regagner votre bataillon.

Quand ils se retrouvent entre eux, les éclaireurs SS évoquent les événements de la nuit.

– Pourquoi as-tu tiré, von Stein ? demande l'officier au mitrailleur laissé en protection avec son chargeur.

– On a aperçu des Ricains, à la lueur de la lune, Untersturmführer. Ils étaient à deux cents mètres du pont. Nous avions l'ordre de garder la voie libre. Alors, on a ouvert le feu.

– Tu as cru bien faire, dit Günther. De toute façon, on s'en tire bien.

Il ne reste plus à l'officier qu'à faire son rapport à son commandant de compagnie, l'Obersturmführer Schröder. Celui-ci lui apprend que l'unité de volontaires de l'Est qui se trouvait dans leur secteur a disparu.

– Avec leurs gradés allemands ?

– Mais oui. On a pourtant fouillé le hameau de la Palanquette où ils se trouvaient. On a aussi envoyé des patrouilles. Nos paras en ont fait autant. Et toujours rien. Comme s'ils s'étaient envolés...

***

Après avoir tenu les lignes en bordure des prairies marécageuses, le groupe de reconnaissance du Sturmbannführer Holzapfel est envoyé en réserve de la division *Götz von Berlichingen*, un peu à l'arrière des lignes. Ses compagnies de Schwimmwagen bivouaquent sur la lande de Lessay. Le commandeur laisse d'abord ses hommes récupérer. Ils raccommodent leurs tenues ou écrivent des lettres. La plupart en profitent pour dormir tout leur saoul au soleil. Les patrouilles nocturnes dans les marais ont été épuisantes. Rapidement, l'unité retrouve tout son potentiel. On peut commencer à lui donner de nouvelles missions.

CHAPITRE IX

Les Américains, méthodiquement, poursuivent leur offensive vers le nord de la presqu'île du Cotentin. Le 20 juin 1944, à la veille du solstice d'été, ils arrivent à Valognes qui n'est plus qu'un champ de ruines. Encore une vingtaine de kilomètres, et ce sera Cherbourg. Les unités allemandes, prises au piège, refluent vers le grand port qui sera bientôt leur prison.

Au sud, les adversaires, souvent séparés par de grandes étendues inondées, continuent à s'observer sans bouger de leurs positions. C'est le moment fugitif où les combats ressemblent à ceux de la Grande Guerre dans un secteur calme. Tranchées, sacs de sable, patrouilles, averses, misère. Et ces bombardements sporadiques qui mettent les nerfs à vif, tant il semble que le hasard y préside plus que le calcul.

La division *Götz von Berlichingen*, toujours étendue sur une trentaine de kilomètres, tient un front qui va du port des Planques, à droite, sur la commune de Graignes, au sud-ouest du canal de Vire et Taute, jusqu'à l'orée sud du bois de Limors, à gauche, en passant, d'est en ouest, par Saint-Georges-de-Bohon, Méautis, Gorges, Saint-Jores et Prétot. Au milieu de ce secteur, la route de Carentan à Périers plonge vers le sud-ouest, comme une invite à la ruée des divisions blindées américaines quand l'heure sera venue. C'est autour de cet axe que le Standartenführer Otto Baum doit ancrer sa défense. Le temps, souvent couvert, lui en laisse quelque loisir.

L'été commence, étouffant et brumeux. Il fait une chaleur moite. Les positions sont envahies par des nuées de moustiques vrombissants et agressifs. Si l'activité de l'aviation ennemie se ralentit sensiblement, l'artillerie prend le relais. Les positions allemandes reçoivent pour la première fois des obus au phosphore. Une attaque dans le bois de Limors, au nord de Varenguebec, montre que les Américains restent présents, accrocheurs et décidés.

A partir du 24 juin arriveront, étalées sur deux jours, les deux unités d'infanterie qui rejoignent enfin le front à bicyclette. Il s'agit du IIIe bataillon du régiment 37, avec le Hauptsturmführer Zorn, et du IIIe bataillon du régiment 38, avec le Sturmbannführer Bolte. Ces renforts sont les bienvenus, car la situation menace de s'aggraver rapidement.

Les Américains s'emparent du fort du Roule qui domine toute la ville et le port de Cherbourg le 25 juin. Le lendemain, l'amiral Hennecke et le général von Schlieben signent leur reddition. A part quelques batteries du mur de l'Atlantique qui vont tenir jusqu'à la fin du mois, il n'y a plus de résistance allemande dans le nord de la presqu'île du Cotentin. Les assaillants vont donc pouvoir reporter tous leurs efforts vers le sud, en bénéficiant des approvisionnements qui vont rapidement être acheminés par le port de Cherbourg dont les quais sont remis en état.

Des événements dramatiques se préparent.

Le 28 juin, le général Dollmann qui commandait la 7e armée allemande, sur l'aile gauche du front de Normandie, est tué d'une balle en plein cœur. Il avait sous ses ordres le LXXXIVe corps d'armée de von Choltitz et le IIe corps d'armée parachutiste de Meindl. Peu avant sa mort, le général avait rédigé un ordre du jour qui sera communiqué et commenté à toutes les unités de l'arrière et du front dès l'annonce de sa disparition :

« En trois semaines des plus durs combats, chaque unité en action a obtenu la plus grande efficacité et tenu bon avec une ténacité héroïque contre la plus grande offensive par terre, par mer et par air, menée par un adversaire agressif et surarmé. Le combat continue. Aussi bien chez les cadres que parmi la troupe, la volonté de victoire et la confiance dans le succès final restent aussi inébranlables qu'au premier jour. J'adresse à tous ceux de ma 7e armée mon entière reconnaissance pour le calme et la conviction, qui leur ont déjà apporté de glorieux résultats et leur en apporteront encore. »

Cet ordre du jour du général Dollmann, rédigé peu avant sa mort se termine par l'habituel : *Heil dem Führer !* Salut au Führer !

C'est le salut de ceux qui vont mourir : *Ave Cæsar, morituri te salutant...*

Pour succéder à cet officier de la Wehrmacht, le haut commandement décide de nommer un des chefs les plus célèbres de la Waffen SS, l'Obergruppenführer Paul Hausser, le premier inspecteur des SS Verfugungtruppen d'avant la guerre, qui ont donné naissance à la division *Das Reich.* Le vieux commandeur borgne, que tous ses hommes nomment entre eux familièrement « Papa Hausser », est arrivé en Normandie à la tête de deux divisions blindées de la Waffen SS, le 9e *Hohenstaufen* et la 10e *Frundsberg,* qui se sont durement battues dans le secteur de Caen.

Le bruit court dans toutes les unités que sa prise de commandement va se concrétiser par une contre-offensive, cette fois fulgurante et décisive. Avec la 9e et la 10e divisions blindées SS, on parle aussi de l'intervention des deux plus célèbres unités à tête de mort, la *Leibstandarte Adolf Hitler* et la division *Das Reich.* Il serait question, à en croire les bavards soi-disant bien informés, de les rassembler dans la région de Périers et de les lancer à l'assaut plein nord sur Sainte-Mère-Eglise, cette première ville du Cotentin prise par les Américains dès le 6 juin. Certains prétendent même connaître la date de l'offensive Hausser. Elle serait lancée le 10 juillet. Plus d'un mois après ce que les Allemands nomment l'Invasion. Ce sera de toute façon beaucoup trop tard !

Il est loin, le temps où le maréchal Rommel prétendait écraser le débarquement allié sur les plages même ! Loin même le temps où le général von Schweppenburg prétendait laisser venir l'adversaire pour mieux le détruire ensuite. Maintenant, Britanniques dans le Calvados et Américains dans la Manche ne cessent de se renforcer.

***

La situation est d'autant plus sérieuse pour les Allemands sur le front du Cotentin que l'offensive américaine vers le sud apparaît de plus en plus proche chaque jour. Pour lui faire face, ils n'ont que peu de troupes et manquent de ravitaillement en vivres, en essence et en munitions. Les convois et même les véhicules isolés n'arrivent guère à franchir le véritable rideau de feu que tendent sur leurs arrières les chasseurs-bombardiers alliés. Il n'est pas d'heure sans une ou plusieurs attaques des « Jabos ». Tous les conducteurs sont à bout de nerfs. Les lignes de front paraissent presque moins dangereuses que les routes de l'arrière.

Aucun combattant, même le plus héroïque, ne peut pourtant se battre s'il n'est pas ravitaillé. Pour le front de Normandie, vivres et munitions doivent venir des dépôts de la région du Mans. Mais ils sont rapidement à bout de ressources. Ce n'est plus l'intendance qui fait monter le ravitaillement vers le front, ce sont les compagnies de combat elles-mêmes qui doivent envoyer tous leurs véhicules, à commencer par les automobiles réquisitionnées et les camions à gazogène, vers les dépôts où ils peuvent trouver les munitions indispensables, notamment dans la région parisienne et dans le secteur au sud de la Loire, où se trouvent les bases arrière de la division *Götz von Berlichingen*.

En descendant des lignes, les véhicules emmènent les blessés légers et les prisonniers. Ils transportent aussi des carcasses de bovins errants entre les lignes et qui ont été abattus en tel nombre que les unités se trouvant au front ne risquent pas de manquer de viande. Le surplus servira à ravitailler leurs camarades des dépôts. On peut aussi l'utiliser pour un véritable « marché noir » qui permet, contre de la viande, de se procurer les marchandises indispensables. Chaque jour davantage, la denrée la plus rare est l'essence. Pour en obtenir, toutes les ruses sont bonnes, depuis la débrouillardise jusqu'à ce qu'on nomme l'« organisation » et qui n'est autre que du vol pur et simple, au dépens de la Wehrmacht puisque les civils ne possèdent plus depuis longtemps la moindre goutte de carburant.

Ceux qui ont la tâche de ravitailler la division *Götz von Berlichingen* et les unités qui combattent avec elles auront trente mille hommes à leur charge à la fin du mois de juin. Leur tâche devient surhumaine malgré « l'organisation »...

***

Avant même la fin du mois de juin, ce sont les Alliés qui lancent une attaque d'une rare violence.

Peu après quatre heures et demie du matin, un fantastique feu d'artillerie s'abat sur les positions tenues par les grenadiers du IIIe bataillon du régiment 37, commandé par le Hauptsturmführer Zorn.

– Ils arrivent ! hurlent les guetteurs.

Des soldats américains surgissent dans la lueur indistincte qui précède l'aube. Mais ce n'est pas encore la grande offensive vers le sud. Ce n'est qu'une attaque locale pour tâter le terrain et essayer de conquérir de bonnes bases de départ pour les combats ultérieurs.

Les jeunes SS qui comptent parmi les derniers arrivés au front qu'ils ont gagné à bicyclette sont d'abord surpris par la violence du choc. Ils menacent de plier. Mais les armes automatiques entrent en action à une cadence infernale et les défenseurs se reprennent. Dans son poste de commandement établi à Sainteny, le Hauptsturmführer Zorn rameute tous les éléments disponibles et les lance à la bataille dans les clos du bocage cotentinais. Des paras viennent donner un coup de main aux SS. Quand se lève le dernier jour de juin, les positions défensives sont encore aux mains des Allemands.

***

Placé en réserve de la division *Götz von Berlichingen* sur la lande de Lessay, le groupe de reconnaissance va pouvoir accomplir de nouvelles missions, comme par exemple celle de renseigner le commandement sur la situation exacte de la défense allemande dans la zone occupée par le LXXXIVe corps d'armée.

L'Untersturmführer Günther est convoqué chez son commandant de la 2e compagnie, l'Obersturmführer Schröder.

– Je viens de recevoir un ordre du Sturmbannführer Holzapfel. Notre commandeur désire une reconnaissance sur la côte ouest du Cotentin. Je vous confie cette mission. Vous prendrez avec vous l'Oberscharführer Döbler, notre adjudant de compagnie. Embarquez chacun dans une Schwimmwagen.

Et le commandant de la 2e compagnie de reconnaissance ajoute :

– Au fond c'est un peu du tourisme...

Le sous-lieutenant SS et le « Spiess » partent aussitôt. Ils traversent les villages de Créances et de Pirou et piquent vers la côte. Ils arrivent sur un long rivage sablonneux, à perte de vue. La Manche roule ses vagues paisibles, d'un vert profond. Le vent souffle sur les mielles et fait frissonner les milgraies qui se courbent dans les rafales. Le rivage apparaît totalement désert. En y regardant de plus près, on aperçoit pourtant, à un kilomètre environ, des levées de terre qui ressemblent à des taupinières.

– On va voir, décide Günther.

C'est un petit ouvrage renforcé de sacs de sable. Celui qui le commande est un caporal-chef de la Wehrmacht qui ne distingue pas au premier abord les insignes de grades sous les blouses camouflées des SS et leur demande nonchalamment.

– D'où venez-vous, les gars ?

Quand il reconnaît un officier, il salue et se présente réglementairement :

– Bunker 34, occupé par un Obergefreiter et cinq volontaires russes. Pas encore aperçu l'ennemi, Herr Leutnant.

– Où se trouve l'autre Bunker ?

– Assez loin. On ne peut pas le voir car il est caché par un repli du rivage.

Au-delà du passage de la Déroute, basse sur l'horizon, on distingue vers le nord-ouest l'île de Jersey encore occupée par les troupes allemandes. Là, tout est calme.

***

Au début du mois de juillet, les Allemands qui tiennent les lignes à la base de la presqu'île du Cotentin ne peuvent plus en douter, l'attaque américaine vers le sud est imminente. Pourtant, les premiers jours du mois se passent dans un calme relatif. Mais c'est le calme qui précède la tempête.

Les rapports s'accumulent au poste de commandement de la division *Götz von Berlichingen*, installé à Lozon, où le Standartenführer Otto Baum se rend bien compte qu'il n'aura désormais pas les moyens de tenir longtemps ses positions.

– Le plus inquiétant, lui fait remarquer son officier d'opérations le Sturmbannführer Conrad, ce sont les trois terrains d'aviation aménagés par les Alliés à proximité du front. Les chasseurs-bombardiers pourront faire des aller et retour incessants.

– Notre artillerie n'y peut rien ?

– Hélas non, Standartenführer. Ces terrains sont juste audelà de la portée de nos canons. Il faudrait que la Luftwaffe intervienne. Mais la Luftwaffe, ce n'est plus qu'un souvenir...

Le commandeur se tourne vers le Sturmbannführer von Le Coq et lui demande :

– Quels renseignements a-t-on sur les forces ennemies en face de nous ?

– Sur l'aile gauche, deux divisions d'infanterie américaine, la 4e et la 83e. Sur notre aile droite, une division, la 9e. Nos grenadiers vont se battre à un contre trois. Et nous avons déjà perdu un millier d'hommes [1].

– Et le matériel ? demande Otto Baum.

– Nous pouvons compter sur toutes les pièces de notre régiment d'artillerie et sur une trentaine de canons d'assaut du bataillon blindé. Seulement, nous manquons de carburant et même de munitions.

Le Sturmbannführer Linn fait alors état des possibilités de ravitaillement. Les deux bases arrière de la division sont trop éloignées du front et il faut installer des relais.

– Les attaques des « Jabos » paralysent tout, Standartenführer. Aucun des convois annoncés n'est certain d'arriver jusqu'aux premières lignes. C'est une loterie où nous sommes presque toujours perdants.

L'état-major de la division est bien obligé de constater que la situation est mauvaise. Très mauvaise même. Les Alle-

1. Après dix-sept jours de combat, la division *Götz von Berlichingen* compte 233 tués, 777 blessés et 86 disparus, presque tous prisonniers. Deux douzaines d'officiers sont hors de combat. Les pertes sont de 6,5 % pour l'ensemble de la division. Cette proportion est le double chez les grenadiers et les éclaireurs : 13 %.

mands vont aborder la bataille décisive dans les pires conditions. Les troupes, sans cesse en lignes, sont épuisées avant même de s'être vraiment battues. A l'enthousiasme de la montée vers le front de Normandie, encouragé par l'espoir de rejeter les Alliés à la mer, a succédé une sorte de fatalisme amer. La bataille n'a pas été gagnée sur les plages et le temps perdu ne se rattrapera jamais plus.

Devant cette situation, le commandement des forces du Reich en Normandie semble flotter ; du haut en bas de l'échelle hiérarchique, on se plaint de ne pas recevoir d'ordres clairs. Tous les généraux apparaissent de plus en plus débordés par une situation sans issue. Les Panzers sont engagés, d'une manière un peu incohérente, dès que les adversaires parviennent à ouvrir une brèche. Mais à peine est-elle colmatée qu'une autre s'ouvre, tout aussi dangereuse.

De nouveaux bruits circulent sur la prochaine contre-offensive allemande. Cette fois, ils sont plus sérieux et... plus pessimistes. Il semble impossible de concentrer quatre divisions blindées dans le secteur de Périers sans qu'elles soient aussitôt repérées par les avions d'observation ennemis et clouées au sol par les chasseurs-bombardiers. Même s'il restait assez de panzers pour mener une sérieuse attaque vers le nord, ils devraient passer par un véritable goulot d'étranglement, large d'à peine neuf kilomètres, entre Baupte à l'ouest et Carentan à l'est. Y engager quatre divisions blindées, dans un terrain découvert, serait une erreur fatale.

Par contre, ce sont les Américains qui donnent tous les signes de préparer une offensive prochaine. Ils multiplient les patrouilles de reconnaissance vers les positions allemandes, soumises à de continuels bombardements d'artillerie et d'aviation. Dans leurs trous, grenadiers SS et parachutistes, épuisés, ont les nerfs à vif. On continue à emmener des blessés vers les ambulances et à enterrer des morts.

***

A l'état-major de la division *Götz von Berlichingen*, le Standartenführer Baum commente pour son état-major les derniers ordres qu'il vient de recevoir :

– Messieurs, je suis bien obligé de constater qu'il n'est plus question d'une offensive. On nous demande seulement de tenir nos positions actuelles jusqu'à l'arrivée des renforts qui doivent venir du Midi de la France. Une division de la Wehrmacht, la 9e, et une division de la Waffen SS, la *Das Reich*, devraient arriver prochainement en Normandie.

Cette promesse d'acheminer des panzers vers le front remonte un peu le moral des cadres de la division *Götz von Berlichingen* qui ne peuvent mettre en ligne, contre l'attaque imminente des blindés américains, que des canons d'assaut et des pièces de 75 Pak automotrices, en trop petit nombre d'ailleurs.

– En attendant il nous faudra essayer de tenir le plus longtemps possible, conclut le commandeur de la division *Götz von Berlichingen.*

Ses unités sont réparties au sud des prairies inondées et du canal de la Vire à la Taute, sur un front de près de trente kilomètres. Ces obstacles naturels ne sont pas infranchissables, malgré les pluies de la seconde quinzaine de juin qui ont gorgé le sol et rempli les tranchées. Le mauvais temps rend la vie quotidienne des grenadiers épouvantablement pénible. L'humidité pénètre partout. En plein été, il fait même froid.

Malgré la pluie, l'eau baisse dans les prairies inondées, car les Américains sont maîtres des écluses. Les étangs se transforment en marécages. Aucun véhicule ne peut encore s'y risquer mais les fantassins commencent à s'y aventurer.

La grande attaque est imminente. Les Américains essayent aussi de se glisser le long de la côte ouest, tenue par de faibles éléments de la Wehrmacht, et s'emparent, dès le 3 juillet, de la Haye-du-Puits. On se bat dans les bois du mont Castre. La ruée vers le sud est commencée. Quelques renforts allemands sont jetés dans la bataille. Ce sont des parachutistes et des grenadiers SS de la division *Das Reich.*

L'eau continue à baisser dans les marais. Il n'y a plus qu'une quarantaine de centimètres dans les prairies inondées où coule la Taute, entre Graignes et Saint-Georges-de-Bohon. Les reconnaissances américaines s'intensifient.

Dans le secteur de Méautis, le front tenu par les paras et les

SS de Ier bataillon du régiment 37 s'anime, sous le feu continuel des canons de marine des bateaux alliés.

La grande bataille va commencer.

CHAPITRE X

L'après-midi du 3 juillet 1944, dans le secteur que tient la 17e division SS *Götz von Berlichingen*, apparaît d'un calme surprenant. Pourtant, on se bat sur l'aile gauche où les fantassins de la Wehrmacht viennent de perdre La Haye-du-Puits. On se bat aussi, au corps à corps, dans les bois du Mont-Castre où grenadiers SS de la division *Das Reich* et jeunes parachutistes essayent de repousser une attaque américaine.

Malgré l'imminence inéluctable d'une offensive ennemie, le Standartenführer Baum a décidé de garder en réserve deux bataillons du régiment 38. Ce sont le IIe du Sturmbannführer Nieschlag, à La Meauffe, près de Pont Hébert, et le IIIe du Sturmbannführer Bolte, à Tribehou. Ils n'en demeurent pas moins sur le qui-vive, prêts à intervenir.

Le point le plus sensible du front reste sans aucun doute la grande route de Carentan à Périers. Elle est solidement tenue par le Ier bataillon du régiment 37, que commande le Sturmbannführer Reinhardt. A sa gauche, le IIIe bataillon du Hauptsturmführer Zorn et à sa droite le IIe bataillon du Sturmbannführer Opificius. Celui-ci est en liaison vers la droite, c'est-à-dire vers l'est, avec le Ier bataillon du régiment 38, que commande le Hauptsturmführer Ertl, sur la presqu'île de Graignes. Les deux régiments SS d'infanterie 37 et 38 sont séparés l'un de l'autre par le cours de la Taute, qui serpente au milieu de prairies marécageuses inondées où le niveau de l'eau ne cesse désormais plus de baisser depuis plusieurs jours.

Tel est le décor de la tragédie qui se prépare sous l'apparence trompeuse d'une paisible journée d'été. C'est à peine si l'on entend, vers l'ouest, rouler le canon, dans le secteur que tiennent à droite de la division *Götz von Berlichingen* les deux bataillons parachutistes du lieutenant-colonel baron von der Heydte, durement éprouvés, eux aussi, depuis près de quatre semaines de combat.

***

L'Obersturmführer von Böckmann, qui commandait la 2e compagnie du régiment 37, est tombé devant Carentan à la tête de ses grenadiers. Pour le remplacer, le Sturmbannführer Reinhardt, commandeur de son bataillon, désigne un sous-lieutenant SS, l'Untersturmführer Hüner. Il arrive au poste de commandement de l'unité voisine, la 1re compagnie, qui se trouve à l'est de la route nationale de Périers à Carentan, sur un des points stratégiques capitaux du front tenu par la division *Götz von Berlichingen.*

– Nous pouvons partager le même local, lui dit le Hauptsturmführer Schlebes.

– Comment est le secteur ?

– Calme. Enfin, à peu près. Mais ça ne va pas durer. Vous feriez bien d'aller rapidement sur place voir comment sont installés vos hommes.

Les SS de la 2e compagnie, comme beaucoup de leurs camarades de la division *Götz von Berlichingen*, ont utilisé les haies pour se camoufler et se protéger. Rassemblés par petits groupes de deux ou trois grenadiers, ils sont terrés dans leur abri. On ne peut pas dire qu'ils arborent un moral très élevé. Trempés, couverts de boue, les traits tirés, ils ont des visages tendus. Parmi eux se trouvent quelques blessés légers qui sont restés en ligne. On a besoin de tout le monde pour faire face à l'attaque prochaine des Américains.

– Ils sont déjà venus tâter le terrain avec quelques blindés, raconte un sous-officier à son nouveau commandant de compagnie. On les a repoussés. Mais je ne sais trop comment nous tiendrons devant une attaque plus sérieuse.

L'Untersturmführer Hüner préfère dégarnir sa ligne de front plutôt que de garder avec lui les blessés. Il obtient la permission de les évacuer.

– Attendez la nuit, lui dit le commandement. Le moindre mouvement dans nos lignes est repéré par l'ennemi.

Très rapidement, le nouveau venu apprend à connaître le terrain sur lequel il doit se battre. Il faudra utiliser au maximum les haies. Mais les positions perdues quelques jours auparavant étaient plus favorables et ordre est donné de les reprendre. La compagnie Hüner doit mener cette attaque avec sa voisine, la compagnie Schlebes.

A l'heure dite, les grenadiers sortent de leurs abris. Ils parviennent à occuper une première ligne de haies. Puis une seconde. Les Américains ne réagissent pas encore. Tout semble aller pour le mieux pour les assaillants quand un véritable déluge d'obus de mortiers s'abat sur les Allemands de la 1re et de la 2e compagnie du régiment 37.

– Enterrez-vous ! crient leurs chefs.

Déjà, les hommes se coulent au creux de la haie qu'ils viennent d'atteindre et semblent y disparaître comme des taupes. L'Untersturmführer Hüner veut gagner un abri à son tour. Il s'élance pour un dernier bond. Un éclat frappe son casque dont la jugulaire se casse. Le jeune sous-lieutenant SS n'a rien. Mais quand, tête nue, il veut reprendre son casque, il s'aperçoit qu'il a été ouvert complètement d'avant en arrière, comme une boîte de conserve. Il en éprouve une peur qui ne le quittera plus guère jusqu'au soir et le rendra plus que prudent.

Ses grenadiers ont gagné quelques dizaines de mètres. Ils s'installent sur leur nouvelle position, sans aucun espoir de relève. Le ravitaillement arrive mal. Ils souffrent de la faim. Et surtout, comme il fait très chaud, de la soif. Il y a si peu de monde en ligne que le commandant de la 2e compagnie n'ose pas se priver d'un seul grenadier. Alors, Hüner décide d'aller lui-même chercher de l'eau. Il se charge de gamelles et de bidons et se dirige vers une maison abandonnée, juste après la haie que tiennent ses hommes. Les Américains semblent avoir disparu. L'officier arrive au crépuscule dans cette ferme abandonnée et à moitié détruite. Il repère rapidement les lieux qui comprennent une maison d'habitation et des communs. Il se dirige vers le cellier où il pense bien trouver un tonneau de cidre, comme dans toute ferme normande. Il le découvre vite, bien ventru dans la pénombre. L'officier s'approche de la chantepleure et commence à remplir les récipients qu'il transporte. Le cidre coule avec un clapotis encourageant et cela est déjà rafraîchissant de sentir sa bonne odeur de pomme. L'Untersturmführer vient à peine de commencer sa besogne qu'il entend du bruit dans la cour. Il regarde par la porte du cellier et il aperçoit un homme qui arrive tranquillement, une cruche à la main. Dans la nuit, l'officier reconnaît sans peine, à la forme de son casque, un Américain. Il décide de ne pas bouger et d'attendre les événements. L'homme entre, aperçoit une silhouette sombre près du tonneau et demande tranquillement :

– *What's your company's letter*[1] ?

L'officier allemand ne répond pas et se dirige vers la porte avec l'air le plus dégagé possible. Alors l'Américain lui demande simplement :

– Fritz ?

L'inconnu ne semble avoir aucune intention hostile et n'être préoccupé que du tonneau. Hüner ne répond pas, sort dans la cour et s'éloigne, sans avoir fini de remplir ses gamelles et ses bidons. Il sent la sueur lui couler le long de la colonne vertébrale. Mais son mystérieux interlocuteur semble cette nuit-là aussi peu belliqueux que lui. Et l'officier regagne sans encombre les positions de la 2e compagnie.

***

L'orage de feu et d'acier qui se préparait depuis quelques jours éclate brutalement à l'aube du 4 juillet. Les Américains, qui se sont bornés pendant la nuit à quelques bombardements d'artillerie, intensifient brutalement leurs tirs avec l'aube. Le pilonnage ne va durer qu'une dizaine de minutes, mais ce seront dix minutes infernales où plus un grenadier ne peut bouger de son trou sous cette grêle de projectiles qui

1. « Quelle est la lettre de votre compagnie ? » Les Américains désignent leurs unités de combat par des lettres : company A, company B, etc. tandis que les Allemands emploient des chiffres : 1. Kompanie, 2. Kompanie, etc.

tombe du ciel avec un bruit effrayant de train express lancé à toute vapeur.

– Les Américains attaquent !

Escortant des blindés, ce sont des nuées de fantassins qui surgissent de la brume matinale. Ils lancent leur grand assaut au sud-ouest de Carentan.

Les parachutistes qui tiennent l'aile gauche de la division *Götz von Berlichingen* sont pris dans un véritable ouragan. Ils ne peuvent empêcher deux brèches de s'ouvrir dans leurs lignes, du côté du Mesnil et de Raffoville, entre les marais de Gorges et la route nationale de Carentan à Périers. Les hommes du lieutenant-colonel von der Heydte, soumis aux attaques incessantes d'un adversaire surarmé et accrocheur, finissent par reculer. La plupart de leurs chefs tombent au combat. Les survivants essayent pourtant de contre-attaquer. Ce n'est pas sans mal qu'ils parviennent, après avoir perdu un peu de terrain, à reformer un front que des petits groupes de paras décidés s'efforcent, en pleine tempête, de verrouiller.

La situation va vite apparaître tout aussi grave sur leur droite, chez les grenadiers SS du régiment 37, dont la défense s'enracine de part et d'autre de la route nationale qui mène à Périers, par Sainteny et Raids.

La position la plus avancée de la défense allemande de ce secteur, vital entre tous, se trouve dans un petit hameau situé à trois kilomètres, tout au plus, au sud-ouest de la gare de Carentan. Les Allemands le nomment La Sadotterie. Sur les cartes d'état-major françaises, il figure sous le nom de La Galloterie et on le découvre juste à l'est du croisement où une route secondaire quitte la nationale pour rejoindre La Haye-du-Puits par Baupte, Saint-Jores et Lithaire.

C'est là où les Américains ont décidé d'enfoncer la défense allemande et de pousser ensuite le long de la grande route, en direction des Terres Rouges, puis du hameau de Culot et enfin du village de Sainteny, à neuf kilomètres de Carentan, sur la route de Périers.

Les quelques maisons en ruine sont enlevées dans un élan irrésistible et une percée « en doigt de gant » se dessine, pratiquement le long de l'axe routier. Tout de suite, la situation apparaît très grave pour les Allemands.

La 6e compagnie de l'Obersturmführer Tetzmann, appartenant au IIe bataillon Opificius, paraît la plus exposée. Son chef est blessé et les survivants ne cessent de diminuer. Bientôt, ils ne seront même plus cinquante.

Au poste de commandement du régiment 37, l'Obersturmbannführer Fick cherche avec quelle formation il va pouvoir boucher la dangereuse brèche qui est en train de s'ouvrir dans les lignes tenues par son unité. Il ne lui reste plus d'autre ressource que de lancer à la contre-attaque la compagnie de reconnaissance régimentaire du Hauptsturmführer Gröner.

Finalement, une ligne de front est rétablie, après de durs corps-à-corps. Mais La Sadotterie est perdue.

Une nouvelle brèche est ouverte dans le secteur tenu par la 10e compagnie, tard dans l'après-midi. Les grenadiers, qui ont été assez éprouvés depuis leur tardive arrivée au front à bicyclette, quelques jours auparavant, avec leur IIIe bataillon Zorn, n'ont jamais encore connu un tel assaut. Fantassins et blindés américains ne cessent de lancer des coups de boutoir. Il ne reste bientôt qu'une trentaine d'hommes encore en état de combattre. Leur chef, l'Obersturmführer Thomas, les installe en position défensive devant Culot, au nord de Sainteny. L'attaque ennemie a été si violente que la 10e compagnie a été obligée, en se repliant, de laisser en arrière ses blessés, sous la garde d'un sous-officier infirmier. Le lieutenant SS Thomas est alors blessé, mais les débris de son unité ne reculeront plus ce jour-là.

La percée américaine sera finalement colmatée au soir du 4 juillet. Mais les pertes sont lourdes dans les rangs allemands. Elles sont encore plus lourdes chez leurs adversaires qui ont réussi seulement à faire une demi-douzaine de prisonniers et n'ont pas gagné beaucoup de terrain.

Dans le crépuscule, deux régiments américains sont encore lancés à l'attaque, de part et d'autre de la route de Carentan à Périers. Ils se heurtent à une résistance farouche des grenadiers SS tapis au creux des haies qui leur disputent ce coin de terre normande, mètre par mètre.

La nuit tombe sur le secteur de Sainteny sans amener de décision.

***

Dans son poste de commandement de Lozon, le Standartenführer Baum écoute les rapports sur cette première journée de l'offensive américaine.

– Nos parachutistes ont perdu cinquante morts et deux cent cinquante blessés sur notre aile gauche, lui annonce le Sturmbannführer Conrad, son officier d'opérations. Et le régiment SS d'infanterie 37 compte trente morts et cent vingt blessés évacués. Mais les pertes sont plus lourdes en face.

– Combien ?

Le Sturmbannführer von Le Coq intervient :

– Selon nos estimations, un millier d'hommes devant les paras et quatre cents en face de nous. Nous avons fait soixante-quinze prisonniers.

– Et les blindés ennemis ?

– Les Américains en ont perdu une demi-douzaine. Au moins.

Le Standartenführer Baum semble alors se réjouir :

– La situation me paraît satisfaisante et la division *Götz von Berlichingen* a tenu. Cela ne commence pas si mal.

– Certes, Standartenführer, fait remarquer l'officier d'opérations. Mais la brèche ouverte près de La Sadotterie n'a pu encore être fermée. L'ennemi est maintenant au nord du hameau de Culot et menace le village de Sainteny.

– Nous contre-attaquerons avec nos deux bataillons de réserve.

L'opération ordonnée par le commandeur de la division aura lieu en pleine nuit. Il est onze heures du soir quand la 11e compagnie du régiment 38 intervient, sous les ordres de l'Obersturmführer Petschow. Il obtient quelques résultats mais, dans les heures qui viennent, sera blessé à quatre reprises et finalement fait prisonnier le surlendemain, sans pouvoir endiguer l'attaque américaine qui ne va pas tarder à reprendre avec encore plus de violence.

***

Dès l'aube du 5 juillet, les Américains reprennent leur offensive. Mais les Allemands, paras comme SS, se battent avec acharnement. Quelques canons d'assaut viennent soutenir les grenadiers et brisent les tentatives de percée des blindés ennemis. Dans les deux camps, les adversaires montrent un courage fantastique. Les Allemands sont un peu surpris du mordant des Américains qui lancent assaut sur assaut malgré les pertes. Les champs devant les haies deviennent de véritables cimetières jonchés de cadavres. Les rafales d'armes automatiques s'enchaînent à une cadence infernale. Les assaillants font intervenir toutes les pièces d'artillerie disponibles et le sol est labouré et relabouré par les obus qui tombent, dru comme grêle, sur les positions des parachutistes comme des grenadiers SS. Les Américains essayent de progresser de part et d'autre des prairies marécageuses de Gorges toujours inondées. A l'ouest, ils s'attaquent au village de Saint-Jores que tiennent des paras sans cesse menacés d'être submergés par les attaques lancées dans les champs entre le village et les marais.

Le plus dur de la poussée américaine semble pourtant se situer à l'est des prairies marécageuses de Gorges, au sud du village de Méautis. Là, les paras du lieutenant-colonel von der Heydte luttent avec acharnement, au nord du hameau de Raffoville, dans une vallée traversée par de profonds cours d'eau.

Juste à droite des paras, les grenadiers SS du régiment 37 s'efforcent de tendre un barrage de fer et de feu au nord du hameau de Culot, s'accrochant à chaque haie et à chaque clos, tenant bon, malgré la ruée des blindés qui attaquent en meutes redoutables.

Attaques et contre-attaques se succèdent, sans autre résultat que d'augmenter dans les deux camps le nombre des blessés et des morts. Personne ne va perdre ni gagner beaucoup de terrain, en ce second jour de l'offensive.

***

Le 6 juillet, l'attaque américaine va reprendre avec encore plus de violence. Ce troisième jour de l'offensive apparaît, dès l'aube, comme le plus terrible. Cette fois, c'est le Ier bataillon du régiment 37, que commande le Sturmbannführer Reinhardt, qui va recevoir de plein fouet le choc des assaillants.

– Ils attaquent !

Cette fois les Américains donnent l'assaut et utilisent les grands moyens. Leurs fantassins escortent des blindés qui ouvrent les haies avec un véritable soc d'acier soudé à l'avant de leur caisse. Le canon et les mitrailleuses de bord tirent sans arrêt. Le vacarme est infernal. Rien ne semble pouvoir résister à cette vague d'acier qui déferle sur les lignes tenues par les grenadiers de la division *Götz von Berlichingen.*

L'Untersturmführer Hüner, commandant depuis peu de la 2e compagnie, n'a que le temps de quitter son abri et de sauter dans le plus proche cratère de bombe, à moitié plein d'eau croupie. Il se cogne contre son occupant, un sous-officier armé de quelques panzerfausts qu'il a disposés tout autour de son nid. Le sous-lieutenant SS s'accroupit près de lui, le pistolet mitrailleur au poing, mais le feu ennemi est d'une telle densité qu'il ne peut sortir la tête de leur trou. Il entend le grondement des chars qui se rapprochent. Puis, des explosions de grenades. Les Américains balayent les uns après les autres tous les nids de résistance. Bientôt, ce sera le tour du chef de la 2e compagnie et de son compagnon.

– Je vous couvre avec mon arme, crie Hüner au sous-officier en épaulant son pistolet mitrailleur. Essayez de démolir un de leurs chars.

Le tireur fait signe qu'il a compris, saisit un panzerfaust et se dresse. On entend des rafales d'armes automatiques, et l'homme retombe en arrière, atteint en pleine poitrine. L'officier veut s'occuper de lui quand un arbre déraciné par un char tombe sur le trou. Le feuillage obscurcit tout le ciel. Le commandant de la 2e compagnie tente en vain de se dégager des branches qui l'étouffent. Il entend tout près de lui des hommes qui parlent en anglais. Puis un bruit de moteur. Les blindés se rapprochent encore. Le sous-lieutenant prend un panzerfaust, se hisse enfin au milieu du fouillis des branches, aperçoit un « Sherman » tout proche de lui. Il vise rapidement et tire. La charge creuse perce le blindage et le char américain, touché au cœur, commence à brûler. Hüner a compris qu'il n'a que quelques secondes pour décrocher. Il repère une haie un peu en arrière et bondit vers elle. A peine arrivé à l'abri, il découvre un autre Untersturmführer qui arrive vers lui, à quatre pattes, en tenant dans son poing un panzerfaust. Dès qu'il aperçoit son chef, il lui crie :

– Je viens vous chercher. Il faut décrocher.

– Où en est la compagnie ?

– Totalement disloquée. On ne peut plus rien faire.

Les deux officiers se replient rapidement.

La situation est tout aussi grave dans les unités voisines, tant à la 1re compagnie du Hauptsturmführer Schlebes qu'à la 3e compagnie de l'Obersturmführer Wagner. Débordés par l'assaut des blindés et des fantassins ennemis, les rares survivants du Ier bataillon refluent sous le choc des Américains, bien décidés à ouvrir une nouvelle brèche dans le front allemand.

Quand il apprend que ses positions sont enfoncées et ses trois compagnies de grenadiers disloquées, le Sturmbannführer Reinhardt n'a auprès de lui, dans son poste de commandement, aucun autre gradé à envoyer à la contre-attaque qu'un jeune sous-lieutenant SS, son officier adjoint, l'Untersturmführer Teimann.

– Vous partez tout de suite, lui ordonne-t-il.

– Mais avec qui, Sturmbannführer ?

– Avec tous ceux que vous trouverez. Le personnel de l'état-major, des isolés qui ont perdu leur unité, des paras même, si vous en trouvez. Je vais moi aussi me rendre vers nos camarades de ces compagnies de combat.

– Ma mission ?

Le commandeur du Ier bataillon du régiment 37 a un rire amer :

– Protéger les corps de vos camarades avant que les corbeaux ne viennent tout bouffer.

Voici un simple sous-lieutenant SS chargé de sauver la situation. Et avec quels débris ! Il ne sait même pas qui tient encore les lignes. Ni où elles se trouvent. Il espère tomber sur des parachutistes allemands et il arrive au milieu des fantassins américains. Il n'a que le temps de se dégager de quelques rafales de pistolet mitrailleur. Le voici tout seul, soudain. Plus personne n'a suivi si loin le jeune officier dans sa folle contre-attaque. Ni un para ni un SS. Alors qu'il se trouve dans un fossé, il s'entend interpeller en allemand. Mais l'accent lui semble bizarre. Il s'aperçoit qu'il n'a plus une seule balle dans le chargeur de son arme. Il ne lui manquait que cela ! Il change de chargeur tout en essayant de voir qui l'appelle de l'autre côté de la route. Il n'est pas long à découvrir un soldat américain. Il va lui envoyer une rafale, mais son adversaire est plus rapide. La Thompson crache une volée de balles avant le Schmeisser. L'officier est touché. La rafale lui a arraché son arme en lui coupant un doigt au passage. Il a aussi reçu un projectile dans l'épaule droite. Il n'a rien d'autre à faire que de quitter le plus vite possible un lieu aussi inhospitalier.

Mais où sont donc les Allemands ? L'Untersturmführer Tiemann va faire près de quatre kilomètres avant de retrouver des compatriotes. Ce sont des grenadiers SS de son Ier bataillon. Avec eux, quelques parachutistes.

– Où sont les autres ? demanda-t-il.

– Lesquels, Untersturmführer ?

– Ceux de la 1re, de la 2e et de la 3e compagnie de combat.

– Il n'en reste plus grand-chose... Il y a juste quelques servants de mortiers et de mitrailleuses lourdes de la 4e compagnie.

– Je dois aller rendre compte au commandeur Reinhardt.

– Si vous le trouvez vivant, ce sera dans un camp de prisonniers. Il a disparu.

La situation est si grave au régiment 37 que l'Obersturmbannführer Fick décide de fondre ensemble ce qui reste du Ier et du IIIe bataillon et de confier cette nouvelle unité au chef du IIIe, le Hauptsturmführer Zorn, dont l'unité est arrivée au front la dernière de son régiment. A lui de rameuter tous les hommes qui tiennent encore et d'essayer de constituer une ligne de défense sur l'aile gauche de la division *Götz von Berlichingen*. Ces grenadiers vont se battre durement au sud de Méautis. Des blindés américains réussissent une percée et arrivent jusque devant le poste de commandement du capitaine SS. Cinq seront détruits à quelques dizaines de mètres du commandeur, qui ne sait où donner de la tête sous la ruée des chars et l'attaque des avions. Plus un véhicule ne peut aller prendre les blessés graves et le Dr Wieser en est réduit à en porter quelques-uns sur son dos jusqu'à son poste de secours, vite débordé.

Le commandeur du régiment 37 lance aussi dans la bataille le IIe bataillon de son régiment, celui que commande le Sturmbannführer Opificius. De nombreux isolés des autres unités viennent s'intégrer dans les rangs de ses compagnies, en plein combat.

L'Untersturmführer Hüner se présente et rend compte des combats qui ont volatilisé sa 2e compagnie. L'officier-adjoint du IIe bataillon est un de ses camarades de l'école d'officiers, du nom de Stutzke. Il lui annonce :

– On va essayer de récupérer le maximum de tes gars, mais notre contre-attaque ne pourra aller bien loin.

– Surtout avec des chars en face. J'ai réussi à en descendre un au panzerfaust, mais il y en a trop pour les arrêter tous.

Les deux sous-lieutenants SS sont vite repris par la bataille, qui tourne de plus en plus au désavantage des Allemands.

***

Voyant le régiment SS d'infanterie 37 si durement éprouvé pendant cette journée du 6 juillet, le Standartenführer Otto Baum, commandeur de la division *Götz von Berlichingen*, ne voit pas d'autre solution que de le renforcer par un des trois bataillons du régiment 38. Justement, l'un d'eux se trouve en réserve de la division au sud de Tribehou, de l'autre côté de la Taute. Il n'aura que la rivière à franchir et quelques kilomètres à faire pour se trouver à pied d'œuvre, en pleine fournaise, au nord de Sainteny.

Le Sturmbannführer Bolte reçoit l'ordre de faire mouvement et de s'enterrer pour former une seconde ligne de défense dans la région de Sainteny, la plus menacée. Après avoir été dispersées et engagées tantôt avec des unités SS et tantôt avec des paras, ses quatre compagnies de combat sont désormais toutes rassemblées.

Le plus grave, pour le Sturmbannführer Bolte, comme pour tous ses camarades chefs de bataillon, c'est le manque de liaison. Il n'a pas de poste de radio et les lignes télépho-

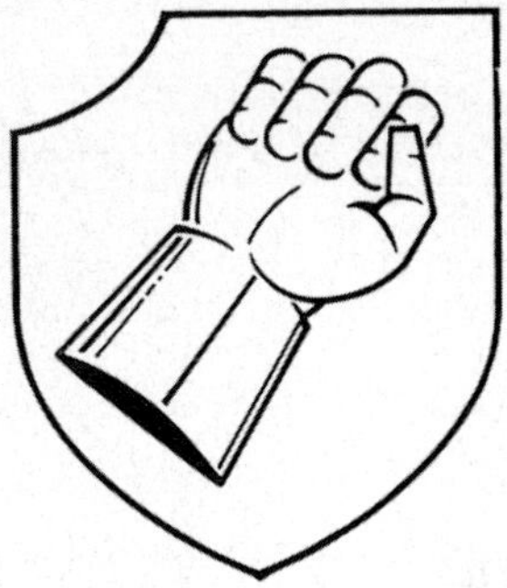

Ja sollt Ja sein
und
Nein sollt Nein sein.

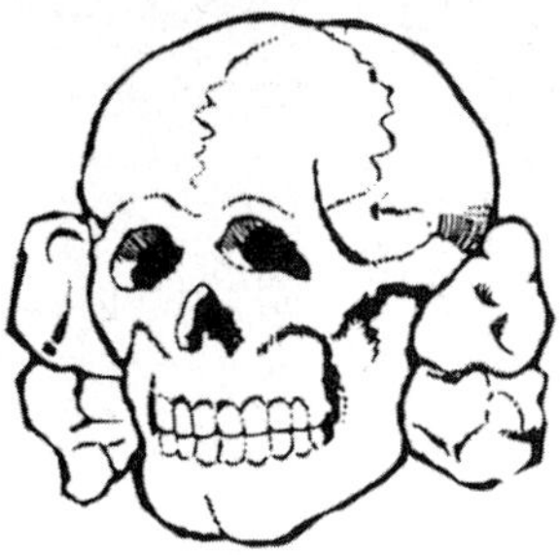

.e chevalier souabe Götz von Berlihingen (1480-1562), «patron» de la 7e division de la Waffen SS, lui a onné son nom, sa devise («Oui oit être oui et non doit être non») t son insigne (le poing-de-fer). Ci-ontre, le premier commandeur de la ivision, le Brigadeführer Werner)stendorff (1903-1945), alors qu'il veait de recevoir, commme Obersturmannführer et chef d'état-major du corps blindé SS, la croix de chevaer de la Croix de Fer (Photo ***Bundes rchiv***).

La division «Götz von Berlichingen» est inspectée par l'Obergruppenführer Sepp Dietrich (ci-dessus, Photo ***Stöber***). Le Reichsführer SS Himmler se rend également à Thouars, où il est reçu par le Sturmbannführer von Le Coq, officier de renseignements, et l'Obersturmbannführer Binge, commandeur du régiment d'artillerie (Photo ***Schneider***, collection ***Bender/Taylor***). Ci-contre, le Sturmbannführer Dr Conrad, officier d'opérations (Photo ***Stöber***), et, ci-dessous, les «Schwimmwagen» à l'entraînement (Photo ***Stöber***, collection ***Heimdal***).

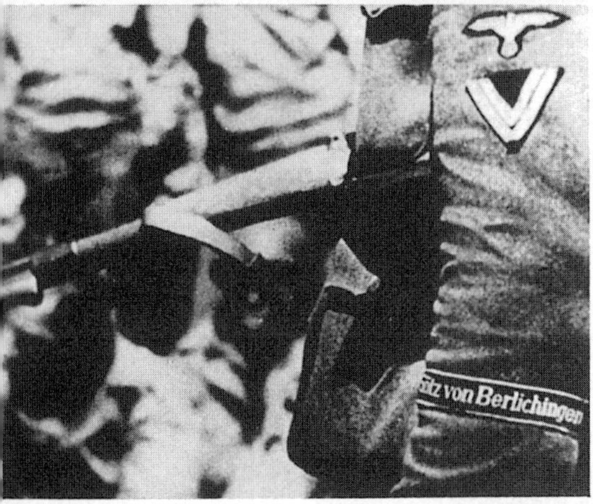

Après plusieurs mois d'instruction (Photo ***Signal***), c'est la montée vers le front. Au passage dans une bourgade normande, le curé se voit offrir un pain de munitions par un jeune SS (***Droits réservés***). Ci-contre, la bande de bras «Götz von Berlichingen» portée par tous les hommes de la 17e division SS (Photo ***Stöber)*** et ci-dessous, l'attaque d'un convoi allemand par les chasseur-bombardiers alliés (Photo ***Walther***).

Tandis qu'un grenadier solitaire s'apprête à engager le combat au pied d'une barrière normande (Photo ***Stöber***, collection ***Heimdal***), les chefs de l'armée allemande essayent d'enrayer l'avance des armées alliées. Ci-contre, à gauche, le maréchal Rommel, chef du front de Normandie (Photo ***Signal***), et, à droite, l'Obergruppenführer Hausser, chef de la 7e armée (Photo ***Munin***). Ci-dessous, les deux chefs du LXXXIVe corps d'armée: le général Marcks à gauche (collection ***Heimdal***) puis le général von Choltitz à droite (***Droits réservés***).

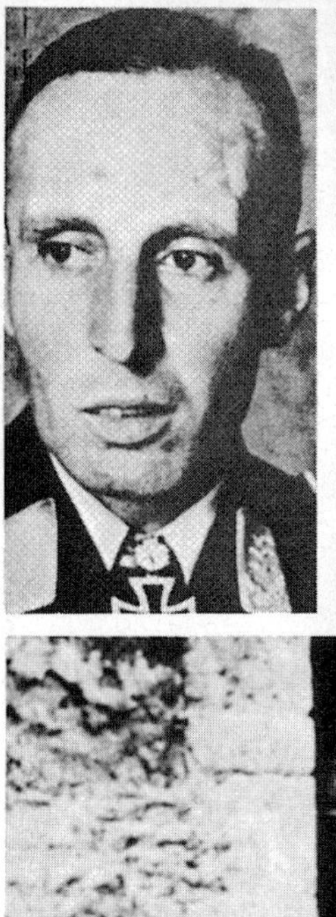

Paras et SS mènent désormais le combat côte à côte au sud de Carentan. En haut, une section de chasseurs parachutistes (Photo ***Stöber***, collection ***Heimdal***) et en bas, paras de la Lufwaffe devant un poste de secours (Photo ***Stöber***, collection ***Heimdal***). Ci-contre, le commandeur du 6e régiment de chasseurs parachutistes, le lieutenant-colonel comte von der Heydte (Photo ***Bundesarchiv***).

Le groupe de reconnaissance sera la première unité engagée de la division. Ci-dessus, l'Untersturmführer Günther et ses hommes (Photo ***Günther***, collection ***Heimdal***). Ci-contre, une auto-amphibie camouflée (Photo ***Günther***, collection ***Heimdal***). Ci-dessous, le Sturmbannführer Holzapfel (Photo ***Stöber***) et des éclaireurs dans la campagne normande (Photo ***Stöber***).

Ci-contre en haut, de gauche à droite: le général Meindl, chef du IIe corps d'armée parachutiste, le major von der Heydte, un officier d'ordonnance de la Luftwaffe et le Brigadeführer Ostendorff (Photo ***Stöber***). En dessous, l'Obersturmbannführer Kepplinger, commandeur du bataillon blindé (Photo ***Stöber***). Ci-dessous, les grenadiers SS partent à la contre-attaque vers Carentan, le 13 juin 1944. (Photo ***Stöber***). Ci-dessus, le Standartenführer Otto Baum, nouveau commandeur de la division «Götz von Berlichingen» (Photo ***Bender/ Taylor***).

Ci-dessus: l'Obersturmführer Bruno Hinz, commandant de la 12e compagnie du régiment 38, décoré des «feuilles de chêne» après la bataille de Normandie (Photo ***Bundesarchiv***). Ci-contre, des grenadiers au combat (Photo Der Adler, collection ***Heimdal***). Ci-dessous, des hommes se portent au secours d'un de leurs camarades blessé (Photo ***Stöber***).

Ci-dessus, L'Untersturmführer Hoffmann, chef d'un «Kampfgruppe» de la division à Rougeville et à La Varde (Photo ***Stöber***). Ci-contre, deux vues des grenadiers au combat dans les prairies marécageuses (Photos ***Stöber***, collection ***Heimdal***). Ci-dessous, un combattant de la division «Götz von Berlichingen» solitaire. (Collection ***Heimdal.***)

Panzerkampfabzeichen.

Ci-dessus, un des canons d'assaut de la division «Götz von Berlichingen» porte le nom d'un autre célèbre lansquenet du XVIe siècle: «Florian Geyer» (Photo ***Druffel Verlag***). Ci-dessous, à gauche, le Sturmbannführer Kepplinger, commandeur du bataillon blindé (Photo ***Der Freiwillige***) et, à droite le frein de bouche d'un canon d'assaut de 75 (Photo ***Walther***). Ci-dessous: les canons camouflés dans un chemin creux du Cotentin (collection ***Heimdal***).

Ci-dessus, à gauche: cadavre d'un mitrailleur SS (Photo U.S.I.S., collection ***Heimdal***) et à droite, le Brigadeführer Lammerding, commandeur de la division «Das Reich» (Photo ***Der Freiwillige***). Ci-dessous, un «Panther» allemand incendié dans le village de Sainteny, pivot de la résistance entre Carentan et Périers (Photo ***U.S.I.S.***, collection ***Heimdal***). Dès le 4 juillet des éléments de la division «Das Reich» sont venus renforcer paras du 6e régiment et SS de la division «Götz von Berlichingen».

Obersturmbannführer Weidinger, commandeur du régiment d'infanterie «Der Führer» (Photo Bundesarchiv)

Obersturmbannführer Tychsen, commandeur du régiment blindé «Das Reich» (Collection Heimdal)

Obersturmbannführer Wisliceny, commandeur du régiment d'infanterie «Deutschland» (Photo Schneider)

Ci-contre, à gauche: Obersturm bannführer Fick, commandeur du ré giment 37 (Photo ***Schneider***) e Sturmbannführer Fleischer, comman deur du 17e bataillon du génie (Phot ***Stöber***). Ci-dessous, pièce de 20 Fla en action (Photo ***Stöber***) et, en bas mitrailleuse MG42 (Photo ***Stöber***).

Sturmabzeichen (Pioniere).

Ci-dessus: grenadiers au combat dans un village de la vallée de la Taute (Photo ***Bunderarchiv***, collection ***Heimdal***). En haut, les servants d'un mortier en action (Photo ***Stöber***).

Ci-contre, à gauche, le Sturmbannführer Braune, commandeur du 17e bataillon Flak (Photo ***Stöber***) et, à droite, le Hauptsturmführer Wahl, officier adjoint du régiment 38 et chef d'un Kampfgruppe (Photo ***Schneider***).

Ci-dessus, un groupe d'officiers de la Waffen SS et un parachutiste faits prisonniers dans la poche de Roncey (Photo ***U.S.I.S.***, collection ***Heimdal***). Ci-dessous, des hommes de troupe de la division «Götz von Berlichingen» capturés par les Américains. Certains sont déjà âgés (Photo ***U.S.I.S.***, collection ***Heimdal***).

Ci-contre: le tête-à-tête d'un officier SS, blessé et captif, et d'un policier militaire américain (Photo ***U.S.I.S.***, collection ***Bender/ Taylor***). Ci-dessous, la tombe d'un combattant de la division «Götz von Berlichingen» (Photo ***U.S.I.S***, collection ***Heimdal***).

Ci-contre: un soldat américa en embuscade derrière une vo ture amphibie (Photo ***U.S.I.S*** collection ***Bender/Taylor***) et, dessous, un autre soldat amér cain devant la tombe du gren dier SS Jozef Heinz, (Pho ***U.S.I.S.***, collection ***Heimda*** Ci-dessus un lansquenet d l'époque de Götz von Berlichi gen et ci-dessous, le visage d'u soldat marqué par une dizair de semaines de combats inces sants (Photo ***Stöber***, collectic ***Heimdal***).

niques sont sans cesse coupées par les bombardements de l'artillerie ou de l'aviation alliées. Il ne reste donc que le plus vieux moyen de liaison du monde, des coureurs qui, au péril de leur vie, assurent la transmission des ordres.

Le 6 juillet, le IIIe bataillon attaque sur le village de Culot, sans aucun soutien d'armes lourdes. La 9e compagnie est d'un côté d'un chemin creux et la 10e, de l'autre. La liaison est vite perdue avec la 11e compagnie, tout à fait sur la droite. Quant à la 12e compagnie, celle des mitrailleuses lourdes et des mortiers, elle doit suivre derrière, si tout va bien.

Au début, les grenadiers parviennent à peu près à progresser. Mais les Américains ripostent et essayent de rejeter leurs adversaires de part et d'autre du chemin creux. Une brèche finit par s'ouvrir entre les deux unités.

– Il faut à tout prix liquider cette contre-attaque, lance le Sturmbannführer Bolte.

Mais avec quels éléments ?

En réunissant tous les isolés, on ne trouve finalement que bien peu de grenadiers. Ce sont les agents de liaison du poste de commandement qui forment le plus gros de cette troupe de choc improvisée. A leur tête, un simple adjudant, l'Oberscharführer Schöpflin.

– Avancez le long du chemin creux, lui ordonne le commandeur du IIIe bataillon. Liquidez tout ce qui se trouve devant vous. Foncez !

Le Sturmbannführer décide rapidement de se rendre sur place. Maintenant que le centre de son attaque a repris de la vigueur, il craint du flottement sur les ailes. Le manque de liaisons empêche tout mouvement concerté.

– La 9e et la 10e compagnie risquent de rester en arrière, dit-il. Il faut les prévenir que tout va bien. Je vais tirer une fusée.

L'adjudant Schöpflin lui fait alors remarquer :

– Certes nos grenadiers nous repéreront, Sturmbannführer. Mais aussi les fantassins ennemis.

– Tant pis, estime le commandeur du IIIe bataillon du régiment 38.

La fusée monte dans le ciel, éclate et redescend lentement,

en achevant de brûler. Presque immédiatement, les mortiers américains se déchaînent sur le chemin creux.

– Je vous l'avais bien dit, lance l'Oberscharführer à son commandeur.

Mais Bolte ne l'entend pas. Il vient d'être atteint d'un éclat d'obus en pleine tête. L'adjudant est touché au bras. Il parvient pourtant à traîner sur quelques mètres son chef vers un abri. Mais il est trop tard. Le Sturmbannführer Bolte est mort. Le IIIe bataillon n'a plus de chef.

Pourtant, les grenadiers des quatre compagnies de combat engagés sur le hameau de Culot vont tenir bon, malgré les pertes qui ne font que s'alourdir. Il est impossible de récupérer les morts. Les blessés eux-mêmes ne peuvent même pas être évacués, tant est forte l'intensité du feu ennemi.

Le bras sommairement pansé, l'Oberscharführer Schöpflin continue à avancer le long du chemin creux. Au crépuscule, il arrive jusqu'aux positions des mortiers américains et réussit à les réduire au silence, malgré la présence dans le secteur de plusieurs blindés.

Un peu en arrière, une ligne de défense se forme, sur les positions d'où était parti la nuit précédente, celle du 5 au 6, l'Obersturmführer Petschow, chef de la 1re compagnie et ses grenadiers.

Dans la nuit, l'adjudant Schöpflin se rend au poste de commandement du bataillon où le Hauptsturmführer Schwiekert a pris le commandement – il l'exercera trois jours avant d'être tué à son tour.

– La 11e compagnie n'a plus de chef depuis la disparition de l'Obersturmführer Petschow qui a sans doute été capturé. C'est vous, Schöpflin, qui allez en prendre le commandement.

– Et quels sont les ordres, Hauptsturmführer ?

– La contre-attaque reprend demain, 7 juillet. Le commandeur de la division nous a promis l'appui de quelques Panzers de la division *Das Reich*.

⁂

Par contre sur l'aile droite, pendant cette terrible journée du 6 juillet, tout reste encore calme. Le Ier bataillon du régiment 38, avec le Hauptsturmführer Ertl, qui tient les lignes au Port des Planques et à Graignes n'est pas plus inquiété que le IIe bataillon, qui reste pour l'instant en réserve dans la région d'Auxais, à l'ouest de la Taute, sous les ordres du Sturmbannführer Nieschlag. Le front au sud du canal de la Vire à la Taute semble épargné par l'attaque américaine – du moins pour l'instant.

La division *Götz von Berlichingen*, si elle a cédé un peu de terrain à l'ouest de sa ligne de front, n'a pas bougé à l'est. Le Standartenführer Baum constate que l'attaque vers Périers est pratiquement enrayée et que rien n'a bougé en direction de Saint-Lô. Mais les pertes dans les rangs allemands sont encore plus lourdes que la veille. Un chef de bataillon, Bolte, est tué et un autre, Reinhardt, porté disparu. Aucun renfort n'est prévu, si ce n'est le bataillon du génie de la division qui devrait enfin quitter sa base arrière de Saumur, sur la Loire.

***

Cette fois, c'est bien la grande offensive américaine vers le sud qui commence. Toutes les troupes allemandes disponibles doivent être lancées dans la bataille. Les motocyclistes partent dans la nuit pour porter les messages aux quelques unités placées en réserve.

Il n'y a plus qu'une seule unité disponible dans toute la division *Götz von Berlichingen*, c'est le groupe de reconnaissance, provisoirement au repos sur la lande de Lessay. Dans la nuit, le Standartenführer Otto Baum ordonne au Sturmbannführer Holzapfel de faire mouvement vers la route de Périers à Carentan et d'essayer de contenir la ruée des Américains vers le sud-ouest.

Dans la nuit du 6 au 7 juillet, l'ordre de marche arrive au Sturmbannführer Holzapfel.

– Départ immédiat, annonce le commandeur aux chefs de compagnie. Nous devons rejoindre Raids, au sud-ouest de Carentan. Nous passerons par Périers.

Le convoi roule rapidement dans les ténèbres. Puis il s'immobilise. Les moteurs s'arrêtent l'un après l'autre.

– A terre !

Chargés de leur paquetage de combat, les hommes du groupe de reconnaissance vont combattre comme fantassins. Ils se regroupent dans les fossés et attendent les ordres. Après ces quelques jours de repos, le retour au front donne à tous un étrange sentiment qui ressemble fort à de l'angoisse. Les éclaireurs se laissent tomber sur l'herbe. Certains essayent même de récupérer un peu du sommeil perdu.

L'Unterscharführer Graf, l'adjudant de compagnie de la 2ᵉ, est assis à côté de son camarade d'école l'Untersturmführer Günther, chef de la 1ʳᵉ section.

– Qu'en penses-tu, Helmut ? lui demande-t-il.

– Rien. Si ce n'est que la journée de demain sera sans doute rudement chaude. Et pas seulement à cause du soleil.

CHAPITRE XI

Il pleut. Une petite pluie fine, pénétrante, froide. En cette aube grisâtre du 7 juillet 1944, les Américains vont poursuivre leur attaque sur un front de quatre kilomètres de large, entre la vallée inondée de la Taute et les marécages de Gorges. Il leur faut de la ténacité et du courage, car ils ont subi de lourdes pertes la veille, devant les positions tenues par les grenadiers SS de la division *Götz von Berlichingen* et les hommes du 6e régiment de chasseurs parachutistes. Le lieutenant-colonel baron von der Heydte et l'Obersturmbannführer Fick sont des adversaires coriaces, qui s'accrochent à ce sol cotentinais et contre-attaquent sitôt qu'ils ont perdu du terrain. Le mauvais temps empêche tout appui aérien et ce ciel gris et vide apparaît comme un signe de salut pour les Allemands.

Au poste de commandement de Lozon, les officiers, penchés sur leurs cartes d'état-major, étudient les axes de la poussée ennemie.

– Sur notre aile gauche, il y a trois points directement menacés, expose le Sturmbannführer Conrad au Standartenführer Otto Baum. Le Mesnil, à l'est de la route de Carentan à Périers, le hameau de Culot non loin de cet axe, et enfin, à l'ouest de la route, Raffoville où combattent nos camarades paras.

– Le but de l'adversaire est clair, ajoute le Sturmbannführer von Le Coq. Les Américains vont essayer de nous pousser vers la région de Saint-Georges-de-Bohon et d'y encercler une partie de la division. Nous risquons de nous faire ainsi écraser, le dos à la vallée de la Taute. Bien entendu, l'axe essentiel de la poussée reste la route de Carentan à Périers.

– Je vais y envoyer notre seule force de réserve, le groupe de reconnaissance divisionnaire, décide le commandeur de la division *Götz von Berlichingen*. Le Sturmbannführer Holzapfel installera son poste de commandement au lieu-dit Les Forges, sur la route nationale, à la hauteur de Sainteny. Transmettez-lui immédiatement son ordre de marche.

***

En attendant l'intervention des éclaireurs, ce sont les grenadiers qui supportent seuls tout le poids des assauts ennemis.

Jamais contre-attaque n'a été menée avec autant de réticence que celle que le IIe bataillon du régiment 38 doit lancer pour soutenir l'action du IIIe bataillon, sérieusement éprouvé la veille et qui a vu tomber au combat son chef, le Sturmbannführer Bolte. Son camarade Nieschlag, le commandeur du IIe bataillon, ne se fait aucune illusion sur le sort qui attend aujourd'hui ses grenadiers.

– Cette attaque est insensée, dit-il. Un élève-officier qui imaginerait une telle manœuvre serait immédiatement foutu à la porte de l'école !

Mais le commandeur du régiment SS d'infanterie 38, l'Obersturmbannführer Horstmann, ne lui laisse pas le choix. Ses ordres se résument en un seul mot :

– Attaquez !

Le bataillon Nieschlag a été alerté l'avant-dernière nuit, alors qu'il se trouvait en réserve à Pont-Hébert. Il a passé la journée de la veille en marches forcées sous les attaques incessantes des chasseurs alliés et les bombardements de plus en plus précis de l'artillerie américaine. Chaque étape a été un calvaire, dans les explosions, la fumée, les hurlements. Les villages aperçus, lors de cette montée vers le front, Les Champs-de-Losque, Rémilly-sur-Lozon ou Marchésieux, ne sont plus que ruines sous l'orage incessant de fer et de feu. Traversant le hameau de La Varde, les grenadiers du IIe bataillon sont enfin arrivés dans la soirée sur la rive gauche de la vallée de la Taute, là où se déroulent depuis le 4 juillet de si terribles combats.

Le Sturmbannführer Nieschlag a reçu alors l'ordre de progresser vers la région située au nord du village de Saint-

André-de-Bohon et qui risque fort d'être déjà atteinte par la percée ennemie.

Le commandeur du IIe bataillon du régiment 38 a estimé qu'une telle manœuvre, en pleine nuit, dans une zone déjà atteinte par l'adversaire, équivaudrait à un véritable suicide. C'est pourquoi il décida d'attendre d'avoir au moins regroupé ses compagnies, dont toutes n'étaient pas arrivées de l'autre côté de cette large vallée inondée où coule la rivière Taute avant d'être rejointe par le Lozon. Et puis, il voulait en savoir davantage sur la situation. Le Sturmbannführer Nieschlag décida d'expédier un messager motorisé au poste de commandement de la division *Götz von Berlichingen* qui se trouvait à Lozon, juste au sud de la grande route de Périers à Saint-Lô.

En ce tragique 6 juillet, où le bataillon Bolte a vu tomber son commandeur et de nombreux grenadiers, son camarade Nieschlag n'obtient qu'une seule réponse :

– Confirmation de l'ordre précédent. Vous attaquez immédiatement.

Dans la nuit tombante, une troupe de reconnaissance, commandée par l'Unterscharführer Driffttann, de la 5e compagnie, est envoyée en avant pour essayer au moins de localiser les positions ennemies. Pas un seul des éclaireurs ne reviendra dans les lignes allemandes.

Le Sturmbannführer Nieschlag décide alors d'attendre quand même l'aube du 7 juillet pour lancer son attaque, avec la 5e et la 6e compagnie, tandis que la 7e couvrira son flanc droit. Contre toute attente, la nuit sera assez calme.

Dans la grisaille du petit matin, les grenadiers du IIe bataillon reçoivent l'ordre de se mettre en mouvement. Ils s'avancent en terrain découvert, progressant de haie en haie, de part et d'autre de la petite route qui mène du hameau du Pont, sur la Taute, jusqu'à celui du Mesnil, en passant par Saint-Georges-de-Bohon.

En face rien ne bouge, l'Obersturmführer Baldauf, chef de la 5e compagnie, s'avance pour reconnaître l'entrée d'un clos. Il est tué d'une balle en pleine tête et s'écroule. Le chef de sa section de commandement se précipite. Il est tué à son tour.

Un infirmier se dirige vers les deux gradés étendus sur l'herbe et reçoit à son tour une balle qui le tue net.

Les Américains disposent de redoutables « snipers » et ces tireurs d'élite, bien camouflés, bloquent complètement l'attaque de la 5e compagnie du régiment 38.

A la 6e compagnie, la situation devient rapidement aussi dramatique et son chef, l'Obersturmführer Tramontana, est, lui aussi, grièvement blessé par un sniper. Toutes les haies, en face des unités d'assaut du IIe bataillon semblent s'embraser au départ des coups de feu. Les rafales d'armes automatiques claquent et s'enchaînent. Mortiers et canons américains interviennent à leur tour. Sans cesse, des grenadiers tombent morts ou blessés. Le tiers de l'effectif est hors de combat.

Blessé au genou par un éclat, le Sturmbannführer Nieschlag, blotti dans un trou, ne peut guère bouger. L'un après l'autre des agents de liaison viennent lui annoncer des nouvelles désastreuses de ses compagnies de combat, qui ont dû refluer sur leurs lignes de départ.

– C'était à prévoir, grogne le commandeur du IIe bataillon. Cette contre-attaque est une stupidité criminelle.

Voici les survivants bloqués devant le hameau de La Meslerie, à un kilomètre au sud-est de Saint-Georges-de-Bohon.

***

Les grenadiers du IIIe bataillon du régiment 38, déjà fort éprouvés la veille, continuent à subir la pression des attaques américaines incessantes entre le hameau de Culot et le village de Sainteny, à l'est de la route de Carentan à Périers. Leur chef, le Hauptsturmführer Schwickert, qui remplace le commandeur Bolte tombé la veille, est blessé à son tour. Transporté à l'ambulance du château d'Auxais, ce capitaine SS y sera tué le surlendemain, lors d'une attaque aérienne des chasseurs-bombardiers alliés.

De son bataillon, à la fin de la matinée du 7 juillet, il ne reste pas grand-chose. La plupart des officiers, dont tous les commandants de compagnie, se retrouvent hors de combat. L'Obersturmführer Witt de la 10e, tué, l'Untersturmführer Schmidt de la 9e, blessé, le Hauptsturmführer Hübner de la

11e, disparu définitivement. L'officier adjoint du IIIe bataillon, l'Obersturmführer Salomon, compte aussi parmi les tués.

Les pertes sont aussi lourdes chez les plus jeunes officiers. Tous les sous-lieutenants SS vont tomber les uns après les autres. L'Untersturmführer Ott se retrouve soudain entre les lignes, avec quelques hommes et sera fait prisonnier, tandis que son camarade Medwetzky est tué.

Le IIIe bataillon du régiment 38 n'a plus aucun officier! Alors, c'est l'Oberscharführer Schöpflin qui prend le commandement. Avec moins de cent grenadiers, cet adjudant SS parviendra à se maintenir dans Sainteny jusqu'au 11 juillet.

Pendant quatre jours, la poignée de survivants du bataillon Bolte va souffrir et mourir dans ces ruines, à quelques centaines de mètres à l'est de la route de Carentan à Périers. Sainteny – ou Saint-Eny, selon l'orthographe traditionnelle – se trouve exactement à mi-chemin de ces deux grosses bourgades, au centre même de la poussée américaine.

C'est aussi de part et d'autre de cette route que se battent depuis l'aube de ce 8 juillet, au nord de Sainteny, les éclaireurs du groupe de reconnaissance de la division *Götz von Berlichingen*, ultime réserve disponible pour être lancée dans la bataille. Leur commandeur, le Sturmbannführer Holzapfel, a établi son poste de commandement dans le hameau des Forges, à l'ouest de la route, juste à la hauteur de Sainteny.

***

Une ultime réunion des commandants de compagnie a eu lieu peu avant l'aube. Les éclaireurs, après une nuit entière d'attente sur le terrain, vont enfin être engagés, pour essayer de venir en aide à leurs camarades grenadiers en pleine tourmente.

Le commandeur du groupe de reconnaissance divisionnaire manque encore de renseignements précis et annonce à ses cadres :

– L'ennemi a réussi une percée. On ne sait pas grand' chose d'autre. Ni combien il y a de monde en face, ni de quels moyens il dispose. La situation, nous la découvrirons sur le terrain.

Le Sturmbannführer Holzapfel a été obligé de laisser sa 1re compagnie, celle des blindés de reconnaissance, à Gorges. Il va contre-attaquer avec ses trois compagnies de voitures amphibies, dont les équipages marcheront à pied, la 2e compagnie de Schröder à droite de la route, la 3e compagnie de Buck à gauche et la 4e de Mumm en réserve.

Le jour gris et pluvieux est à peine levé que les éclaireurs, dispersés sur le terrain, commencent à progresser à la recherche de l'ennemi. Pour le moment on ne voit rien, si ce n'est quelques épaves, casques ou pièces d'équipement. Les grenadiers s'avancent de clos en clos, escaladant les haies pour sans cesse en découvrir d'autres, quelques dizaines de mètres plus loin.

En cette matinée du 7 juillet, tout semble étrangement calme aux abords du hameau de Culot où s'avancent trois des compagnies du groupe de reconnaissance de la division *Götz von Berlichingen*. Pas un Allemand. Pas un Américain. Rien que le vide, le silence, les haies. Le soleil tarde à se montrer et il tombe une petite pluie fine, du « crachin » comme disent les gens du pays. Il n'est pas possible que ce calme dure encore bien longtemps. D'une seconde à l'autre la bataille va se déclencher. Terrible.

Ça y est !

Toutes les armes ennemies semblent donner de la voix à la même seconde, fusils, mitrailleuses, mortiers. Et puis, très vite, les pièces d'artillerie entrent en action à leur tour. Prises à découvert, en pleine progression, les unités du groupe de reconnaissance subissent tout de suite de lourdes pertes. Balles et éclats sifflent dans tous les sens. Des hommes tombent, morts ou blessés.

L'Untersturmführer Günther a juste le temps de crier aux éclaireurs de sa 1re section de la 2e compagnie :

– Vite ! A la haie, là devant ! Vite !

Les SS bondissent vers l'abri, laissant encore quelques camarades en arrière, salement touchés pendant ce bond d'une trentaine de mètres où ils ont été littéralement « cueillis au vol ».

L'officier aperçoit une mitrailleuse dont le tireur vient d'être touché à mort. Il ramasse l'arme au passage et se met aussitôt en batterie sur la haie. Il découvre des soldats ennemis à une vingtaine de mètres devant lui et tire frénétiquement rafale sur rafale, jusqu'à ce qu'il ne lui reste plus une seule cartouche. Le sous-lieutenant SS est pris d'une sorte de folie guerrière. Il aperçoit alors, à quelques pas, le Sturmmann Helbing qui, lui aussi, sert une mitrailleuse légère. Plus loin, une nouvelle arme automatique allemande entre aussi en action. Ce véritable rideau de feu stoppe net l'avance des Américains.

Un tireur de mitrailleuse allemand, qui a été blessé à la jambe et a perdu son arme dans l'accrochage, rampe vers le chef de la 1re section et lui dit :

– Untersturmführer, donnez-moi cette MG. Je suis touché, mais je peux encore tirer.

L'officier accepte d'autant plus volontiers qu'il doit maintenant remettre de l'ordre dans sa section et faire l'appel des survivants. Les feux d'infanterie ennemis ont cessé, mais les mortiers et les canons ont pris la relève et la ligne que tiennent les compagnies du groupe de reconnaissance se voit soumise à un effrayant bombardement.

Parmi les blessés, la section Günther compte un chef de groupe, l'Unterscharführer Graf – l'homonyme de l'adjudant de compagnie – grièvement atteint.

Les blessés légers, regroupés derrière un mur, continuent à faire le coup de feu. Plus loin, leurs camarades, dont beaucoup sont touchés à mort, gisent sur l'herbe du clos. Certains se tordent de douleur, mais aucun ne laisse échapper un cri. Beaucoup n'ont que dix-sept ans.

Cette contre-attaque, qui a débouché trop tardivement, ne pouvait que se heurter à un ennemi déjà bien installé. Les Allemands du groupe de reconnaissance sont tombés dans un véritable piège. Maintenant leur commandeur, le Sturmbannführer Holzapfel, va essayer de les en sortir. Seulement, il a perdu en quelques minutes la moitié des hommes de ses compagnies de combat.

Les Américains occupent par surcroît une position dominante et parviennent par leur feu à totalement clouer au sol les SS terrés en dessous d'eux.

L'Untersturmführer Günther arrive tout juste à ramper pour aller voir, l'un après l'autre, ses blessés graves. Près de l'Unterscharführer Graf, les deux jambes déchiquetées, gît son mitrailleur, Tiefmann, qui est en train de se vider de son sang, l'artère fémorale sectionnée. L'officier sort un paquet de pansements et essaye d'arrêter l'hémorragie. Le blessé a le visage d'une effroyable pâleur. Blanc comme un linge il serre les dents pour ne pas hurler de douleur. Le combat continue.

– Ils attaquent !

L'Untersturmführer Günther doit bondir à nouveau vers la haie et commander le feu des survivants. Dans le clos, sous la mitraille, l'infirmier Rossberg va de l'un à l'autre des blessés en essayant de leur porter secours. Il parvient même à tirer à l'abri les plus gravement atteints, tandis que les autres rampent comme ils le peuvent vers un buisson ou un trou.

Sur la haie, les derniers hommes valides de la 1re section tiraillent toujours. Ils ne sont pas plus de douze autour de leur chef. Et encore, parmi eux se trouvent plusieurs blessés légers.

Günther a perdu le chef de son groupe de commandement, le Sturmmann Sander, et un de ses agents de liaison, le Sturmmann Haas, qui l'un comme l'autre ne l'avaient pas quitté d'une semelle depuis le début de la campagne. Il ne reste de cette petite équipe que le grenadier Hein.

Les autres sections de la 2e compagnie n'ont guère été plus épargnées, spécialement celle de l'Unterscharführer Pfeffer qui a vu tomber de nombreux éclaireurs. Même les servants de mitrailleuses et de mortiers de la section lourde, un peu en arrière, ont payé un lourd tribut en ce matin du 7 juillet, à commencer par leur chef l'Unterscharführer Jasjartschek, tué net par un éclat d'obus.

La 3e compagnie, de l'autre côté de la route, a autant souffert que la 2e. Mais les survivants de ces deux unités parviennent quand même à établir un bouchon sur la route qui mène de Carentan à Périers. Les Américains doivent ralentir leur attaque.

Durant toute la journée les combats vont faire rage, souvent au corps à corps. Mais le Sturmbannführer Holzapfel et les éclaireurs de son groupe de reconnaissance, privés de leurs véhicules de combat, ne s'en accrochent pas moins au terrain où ils souffrent et meurent comme n'importe quels fantassins de la division *Götz von Berlichingen.* Ils ne bougeront plus jusqu'au 12 juillet et vivront cinq jours d'enfer aux abords de Sainteny.

***

Pendant toute la journée, les assaillants tenteront d'élargir les premières brèches qu'ils ont réussi à ouvrir dans les lignes tenues par les grenadiers SS et les parachutistes. Sans cesse, des chasseurs-bombardiers alliés survolent les combattants et écrasent sous leur feu tout ce qui bouge et résiste chez l'ennemi. Les positions allemandes que les blindés ne réussissent pas à entamer sont prises à partie par les avions qui ne laissent pas les fantassins reprendre haleine un instant. Eclaireurs et grenadiers doivent se terrer dans leurs trous et sous les haies, matraqués par un déluge incessant de projectiles. Le fracas devient assourdissant. Trois volontaires de la 9e compagnie du régiment 37 réussissent, avec leur panzerfaust, à détruire chacun un char américain.

– Je les décore de la croix de Fer de 1re classe, décide le commandeur du bataillon, le Sturmbannführer Zorn.

– Mais ils n'ont pas encore la croix de fer de 2e classe, lui fait remarquer son officier adjoint.

– Aucune importance. Ils auront les deux en même temps.

Cette entorse au règlement importe peu au chef du IIIe bataillon du régiment 37 qui essaye de contenir à tout prix les poussées ennemies.

Il est d'heure en heure plus évident que cette journée du 7 juillet marque un incontestable succès pour les Américains. Ceux-ci ont réussi à ouvrir trois brèches dans le front tenu par les grenadiers SS et les parachutistes et à progresser par endroit de près de quatre kilomètres. Les deux bataillons de grenadiers du régiment 38, engagés à l'est de la route nationale, ont beaucoup souffert. Il reste moins de cent combattants au IIIe et le IIe est aussi fort éprouvé.

La situation n'est pas meilleure au régiment 37 dont les trois bataillons combattent à l'ouest de la route, où leur aile gauche rejoint les paras qui ferment le front jusqu'aux prairies marécageuses de Gorges. Dans ce secteur, toutes les unités sont au contact et il n'y a plus aucune réserve disponible. L'Obersturmbannführer Fick vit dans la crainte de voir son camarade Horstmann céder du terrain et découvrir son aile droite.

Les liaisons deviennent de plus en plus difficiles. On signale, un peu partout, que de petits groupes de SS et de paras se trouvent totalement encerclés. Leur seul espoir de percer est d'attendre la nuit.

La situation sur cet isthme d'à peine quatre kilomètres de large, entre deux zones inondées, apparaît fort confuse. Une seule chose reste certaine, les Américains, malgré les pertes subies, ont réussi à progresser vers le sud-est et menacent de faire sauter le « verrou » de Sainteny.

Les unités de la division *Götz von Berlichingen* comptent de nombreux tués et blessés, mais n'ont laissé que dix-sept prisonniers aux mains des assaillants.

Le seul point positif de la journée est la première intervention de quelques panzers du régiment blindé de la division *Das Reich*, engagés sur Hottot, près de Saint-Georges-de-Bohon.

Le Standartenführer Otto Baum participe lui-même à cette première intervention des Panzers IV sur le front confié à ses grenadiers. Désormais, le sort de sa division *Götz von Berlichingen* se trouve lié à l'appui des éléments de la division *Das Reich*, rameutés peu à peu vers ce secteur où les Américains tentent, depuis l'aube du 4 juillet, d'obtenir un résultat décisif.

***

Totalement isolés de leurs camarades, sur l'aile droite du front que tient la division *Götz von Berlichingen*, combattent quelques unités qui sont un peu comme « les enfants perdus » du Standartenführer Baum. Ils doivent défendre un secteur difficile, entre la Taute et la Vire, au sud du canal qui joint les deux rivières.

Là aussi, le paysage est semi-aquatique, avec ses prairies inondées, ses canaux d'irrigation, ses marécages. Dans ce pays d'eau croupie et de brouillard, où les hameaux semblent émerger de la nappe liquide comme des îles, souffrent et meurent des hommes appartenant aux armes les plus diverses. Les péripéties de la bataille les ont jetés là et ils s'accrochent à ce terrain difficile où toutes les unités sont souvent mélangées au hasard des accrochages, des pertes, des réorganisations hâtives sous le feu qui transforment les formations soigneusement constituées à l'instruction en groupes de combat improvisés qui prennent simplement le nom de leur chef.

Parmi ces guerriers des marais et des haies se battent les grenadiers du Ier bataillon du régiment SS d'infanterie 38, les paras du 13e régiment de chasseurs parachutistes, un Kampfgruppe[1] de fantassins de la Wehrmacht qui porte le nom de son chef Heintz, des élèves de l'école du Génie d'Angers et même quelques Waffen SS de la division *Das Reich.* Plus à droite encore, de l'autre côté de la Vire, combat la célèbre division blindée d'instruction de l'armée allemande *Panzer-Lehr.*

Cette région bocagère, entre la vallée de la Taute et la vallée de la Vire, offre aux Alliés un « couloir » d'attaque sans doute plus facile à forcer que l'isthme étroit entre la vallée de la Taute et les marais de Gorges. Les Américains le comprennent bien et estiment le moment venu de créer des têtes de pont, tant au sud du canal qui unit la Taute et la Vire qu'à l'ouest de cette dernière. Ce serait alors toute l'aile droite de la division *Götz von Berlichingen* qui menacerait d'être tournée par un adversaire progressant, d'est en ouest, vers la vallée du Lozon.

La situation est telle sur l'aile gauche, où la bataille de

1. *Kampfgruppe* : groupe de combat formé de plusieurs unités d'origine diverse et réunies selon les nécessités du moment. Leur force est très variable, allant de quelques dizaines d'hommes à quelques milliers.

Sainteny mobilise toutes les énergies, qu'elle ne permet pas au commandement d'envoyer des renforts sur l'aile droite. Enfants perdus, ces hommes sont également des soldats sacrifiés. Aussi, les combats dans ce secteur vont-ils se dérouler dans une atmosphère de gravité tragique et de solitude absolue.

Entre le 7 juillet, date du début de l'offensive américaine, et le 18 juillet, date de la prise de Saint-Lô, chef-lieu de la Manche, vont se dérouler une dizaine de jours d'atroces corps-à-corps, dans la monotonie, l'horreur et la confusion.

***

Dès le début de l'attaque, à l'aube du 7 juillet, le Kampfgruppe Heintz est si durement attaqué que les fantassins de la Wehrmacht voient s'ouvrir trois brèches dans leur ligne de front. Précédés d'un véritable rideau de feu, les Américains surgissent du brouillard qu'alourdit encore une petite pluie fine. Sur des canots de caoutchouc, ils parviennent à franchir la Vire près d'Airel, rétablissent le passage et font passer des colonnes de blindés sur la rive gauche, où une tête de pont de plus de deux kilomètres de profondeur s'enracine à l'ouest de Saint-Fromond.

Dans l'après-midi, d'autres assaillants, venus du nord, franchissent le canal de la Vire à la Taute et arrivent à Saint-Jean-de-Daye. La manœuvre se dessine clairement. Les deux colonnes uniront leurs forces pour pousser vers le sud-ouest, en direction du Dézert et de la vallée du Lozon.

Pour contre-attaquer, il n'y a rien. Ou presque.

***

A la nuit tombante, sur le front que tient la 2e compagnie du groupe de reconnaissance devant Sainteny, il n'est certes pas question de dormir. Les survivants du terrible accrochage qui a mis hors de combat la moitié des leurs veillent dans des trous, dissimulés par des feuillages et protégés par des haies.

Epuisés mais invisibles, ils se préparent à passer toute la nuit en alerte.

L'Oberscharführer Döbler, chef de la section de commandement de la 2e compagnie, va sur le terrain de groupe en groupe, pour rétablir la liaison entre tous les éléments éparpillés. Peu de temps après surgit le commandant de compagnie lui-même, l'Obersturmführer Schröder.

– Ça va ? demande-t-il à Günther.

– Pour ceux qui restent, oui, répond Günther.

– C'est partout pareil, avoue Schröder. Les pertes sont lourdes. Même à la section de commandement. Votre ami Graf, notre adjudant de compagnie, a eu une jambe arrachée en portant du ravitaillement vers les premières lignes.

Les deux sergents SS Graf n'auront pas eu de chance en ce terrible 7 juillet. Et, comme eux, des dizaines et des dizaines de leurs camarades sont tombés. Le chef de la 2e compagnie résume la situation générale du groupe de reconnaissance divisionnaire :

– On est vraiment dans la merde !

Il quitte la section Günther sur cette remarque peu encourageante. Au début de la nuit, l'Oberscharführer Döbler revient. Cette fois, l'adjudant SS apporte un cadeau pour la 1re section, une bouteille de calvados. Elle passe de bouche en bouche parmi la poignée de rescapés encore à peu près valides qui occupent quelques trous.

Vers minuit, le chef de la 1re section sort de son abri pour aller faire le tour de ses hommes. Comme ils ne sont qu'une douzaine, son inspection sera rapide. Les guetteurs veillent auprès des mitrailleuses.

– Tout est calme ?

– Tout est calme, Untersturmführer.

– Bien. Faites attention, dit Günther.

L'officier, quand il en a fini avec sa section, va vérifier la liaison avec la voisine, celle de l'Unterscharführer Pfeffer. Là aussi, tout va bien. Il revient alors à son poste et prévient l'Unterscharführer Gross, le seul chef de groupe encore debout.

– Je vais essayer de dormir un peu, lui dit le sous-lieutenant SS. A vous le commandement.

– A vos ordres, répond seulement le sous-officier.

Le chef de la 1re section n'arrive pas à trouver le sommeil. La proximité de l'ennemi, par contre, n'empêche pas de dormir le grenadier Hein qui, à quelques pas de lui, ronfle à réveiller tout le voisinage, Allemands et Américains.

Le reste de la nuit passera vite.

CHAPITRE XII

Attaquant sur Sainteny, à mi-chemin de Périers, franchissant le canal de la Taute à la Vire, créant une large tête de pont à Saint-Fromond, les Américains n'ont fait, au cours de la journée du 7 juillet 1944, que de remporter des succès. La réussite – même partielle et inférieure aux prévisions initiales – de cette attaque n'a guère surpris les plus lucides des responsables de la division *Götz von Berlichingen*. Parmi eux, le plus amer reste l'Obersturmbannführer Horstmann, commandeur du régiment SS d'infanterie 38, dont le pessimisme se vérifie. Hier, il a vu disloquer son IIIe bataillon et disparaître son chef, le Sturmbannführer Bolte. Aujourd'hui, il sait qu'il transmet à son IIe bataillon un ordre d'attaque-suicide qui ne peut qu'indigner son chef, le Sturmbannführer Nieschlag. Quant à son Ier bataillon avec le Hauptsturmführer Ertl, il risque tout simplement d'être isolé sur la presqu'île de Graignes et anéanti. Lui-même verra son poste de commandement avancé encerclé par les assaillants.

Le niveau de l'eau dans les prairies marécageuses de la vallée de la Taute a encore un peu baissé et toute cette zone devient praticable. Non pas pour des blindés, mais au moins pour des fantassins. Les Allemands qui s'accrochent sur la rive gauche, dans la région de Saint-André-de-Bohon et de Saint-Georges-de-Bohon, risquent d'être pris à revers, tandis que leurs camarades qui tiennent la rive droite, entre le cours de la Taute à l'est et le Canal à l'ouest, sont menacés d'encerclement.

Le commandeur du régiment 38 a donc décidé, au tout début de la journée du 7 juillet, de faire sauter un petit pont qui se trouve non loin du hameau du Port-Saint-Pierre, au nord-ouest de la presqu'île de Graignes. C'est un véritable coup de commando et il faut trouver un officier assez hardi – et assez chanceux – pour le tenter, dans une zone désormais contrôlée par l'ennemi.

Tous les commandants de compagnie et tous les chefs de section sont en plein combat et il n'en reste d'ailleurs plus beaucoup de valides. Alors le commandeur du régiment 38 pense que l'homme le plus capable de mener à bien une telle mission serait son propre officier d'ordonnance, l'Untersturmführer Hoffmann.

Ce sous-lieutenant SS se voit donc convoqué au poste de commandement de son régiment, qui se trouve aux environs du village de Tribehou, sur une sorte d'îlot au sud de la Taute, entre deux de ses affluents, la Terrette à l'est et le Lozon à l'ouest. C'est d'abord l'officier adjoint, le Hauptsturmführer Wahl, qui l'accueille. Il a la réputation de manier l'humour noir et annonce d'emblée au jeune officier :

– Notre commandeur a une mission pour vous. C'est une mission à attraper la croix... avec cercueil de chêne et épées [1].

L'Obersturmbannführer Horstmann surgit alors et donne aussitôt ses ordres au sous-lieutenant SS, un peu surpris de se voir confier une telle mission :

– Vous allez tout de suite rassembler un groupe de combat d'une quarantaine de grenadiers et de quelques sapeurs du génie. Quatre canons d'assaut vous soutiendront. Votre mission est de percer jusqu'à la Taute par Rougeville, puis de faire sauter le pont dans les marais à la lisière nord-est du bourg. Ensuite...

Le commandeur marque un temps d'arrêt. Puis il ajoute :

– Ensuite, vous reviendrez. Si vous avez de la chance.

Un coup d'œil sur la carte suffit à l'Untersturmführer Hoffmann pour découvrir qu'il ne lui est pas confié une tâche de tout repos. Le point où il doit se rendre se situe à une dizaine de kilomètres à l'intérieur de la région conquise par les Américains.

Le commandeur du régiment 38 conclut :

1. Allusion à la très rare décoration allemande de chevalier de la Croix de fer « avec feuilles de chênes et épées »...

– Je vous verrai avec vos hommes avant votre départ. Le pont doit être détruit d'ici ce soir. Avez-vous des questions ?

– Aucune, Obersturmbannführer.

Le sous-lieutenant SS n'a plus qu'à demander des volontaires. Il les trouvera au IIe bataillon, où il a servi pendant deux mois comme chef de section. Quant aux sapeurs, ils seront conduits par l'Unterscharführer Wittenbächer.

L'ultime inspection au poste de commandement du régiment 38 se déroule rapidement. Horstmann serre longuement la main de Hoffmann. Ils ne se reverront plus.

L'officier chargé de ce coup de main espérait bien profiter du brouillard. Mais il a à peine fait grimper ses volontaires sur les blindés qui les transporteront aussi loin que possible vers leur objectif, que les premiers rayons du soleil viennent crever la véritable couche de coton humide qui couvrait toute la vallée de la Taute. Les moteurs grondent, les patins des chenilles mordent dans la terre spongieuse, les lourds engins d'acier s'ébranlent dans une odeur d'huile chaude, avec une sorte de lourd balancement que provoquent les ondulations du terrain.

Après un début de parcours sans histoire, le char de tête s'immobilise sous le couvert d'une haie.

– Attention, voici la route, annonce le chef de bord à l'Untersturmführer Hoffmann qui se tient debout sur la caisse, accroché au blindage.

– Aperçu, dit-il. Tout le monde à terre !

Ses hommes sautent à bas des Panzers pour se mettre en file indienne, avec d'assez grands espaces entre chacun des volontaires. Leur chef vient prendre la tête et lance le signal du départ :

– En avant !

Hoffmann se méfie de chaque tournant de la route et de chaque mètre de haie. Les Américains peuvent s'y trouver tapis en embuscade. Mais il a dix kilomètres à parcourir rien que pour rejoindre son objectif et ne peut avancer en sûreté comme le voudrait la plus élémentaire des prudences.

– Allons, pressons ! lance-t-il en allongeant encore l'allure.

Cette marche-suicide devient à chaque minute plus angoissante. Le sous-lieutenant SS a l'impression qu'il entraîne ses hommes dans la gueule du loup. De toutes façons, il sera le premier à tomber en cas de mauvaise rencontre. Il aperçoit sur sa droite un petit bois. Entre les branches, on devine quelques toitures. Ce hameau ne lui dit rien qui vaille. Il s'arrête quelques secondes pour observer, mais ne décèle rien de suspect dans l'objectif de ses jumelles.

– En avant ! On continue !

La petite troupe s'approche du bois. Brusquement, l'officier qui marche en tête aperçoit des silhouettes de soldats en tenue kaki. Et au même moment claquent des coups de feu. Aux fusils américains répondent vite les canons des blindés. Les adversaires n'insistent pas et décrochent rapidement. La voie est libre.

Les Allemands s'avancent dans les fossés, toujours sous la protection de leurs blindés. Tout va bien. Mais l'Untersturmführer Hoffmann sait que le plus dur reste à faire. La « sonnette » ennemie placée en avant-poste va, sans aucun doute, donner l'alarme. D'une seconde à l'autre, les armes lourdes ennemies vont entrer en action.

Un bruit infernal. Et les obus se mettent à pleuvoir sur la petite troupe qui subit un matraquage comme aucun des volontaires n'en a encore connu. Les artilleurs américains ont repéré les points de passage et le chemin creux se trouve au centre même d'une tornade de feu et d'acier brûlant. Les SS se sont jetés à plat ventre et essayent de se planquer le plus possible dans les fossés et au creux des haies. Cinq minutes se passent, qui leur semblent cinq heures. Puis les canons s'arrêtent brusquement... pour être relayés par des mortiers lourds. Des éclats continuent à voltiger et à cisailler tout le paysage où se terrent les Allemands.

– On va essayer de gagner l'autre côté de la route, décide le chef du petit groupe.

Ses hommes viennent d'être durement éprouvés. Onze d'entre eux ont été atteints par le bombardement, mortellement pour la plupart. Un des rares blessés encore vivant est l'Unterscharführer Wittenbächer, le chef des sapeurs. Mais il a eu un bras arraché et ruisselle de sang. Tout le monde le croit perdu. Pourtant, il parviendra à rejoindre les lignes allemandes par ses propres moyens...

L'Untersturmführer Hoffmann rassemble les survivants du bombardement dans un repli de terrain, remet un peu d'ordre dans sa troupe et donne l'ordre de continuer.

A nouveau des obus prennent à partie le petit groupe.

Il faut laisser passer l'orage avant de pouvoir reprendre la route. Sur l'arrière, les quatre canons d'assaut tirent de temps à autre un coup de 75, pour « donner de l'air » aux fantassins qu'ils doivent appuyer.

A force de marcher, on a encore fait un bon kilomètre depuis le premier bombardement. Le but se rapproche. Le chef du groupe aperçoit un petit bois tout proche et décide d'y regrouper ses hommes avant l'assaut. Tout va bien. Il peut reprendre la marche et s'avance en reconnaissance, à la tête de tout son monde. Le chemin fait un coude vers l'est, puis un coude vers l'ouest. Il est assez étroit, mais les blindés peuvent quand même suivre. On entend le grondement de leurs moteurs comme un bruit rassurant dans tout ce paysage hostile.

Brusquement, à un nouveau coude, l'officier aperçoit un canon anti-char sous les arbres. Il ne peut certes s'agir d'une pièce allemande. Il n'a même pas besoin de prévenir le premier blindé qui le suit. En deux obus, le canon d'assaut règle son compte à cet adversaire. La voie est libre à nouveau.

Voici la petite troupe dans un terrain assez touffu aux environs de Rougeville. L'objectif n'est plus qu'à deux ou trois kilomètres. Le sous-lieutenant SS expédie quelques éclaireurs reconnaître le terrain. L'un d'eux revient en courant, l'air très surpris :

– Untersturmführer, j'ai vu des drapeaux avec des croix rouges.

– Surtout, ne tirez pas. Je vais voir ce qui se passe. Trois volontaires avec moi.

Méfiants, les quatre hommes s'approchent d'un bivouac. C'est bien une ambulance de campagne, installée sous des tentes. Un médecin major américain sort de l'une d'elles et dit en assez bon allemand à Hoffmann :

– Ici, il n'y a que des blessés. Soyez humains.

– Il ne se passera rien si vous restez tranquille, lui répond le chef de la patrouille.

Puis Hoffmann demande :

– Y a-t-il des soldats allemands parmi eux ?

– Aucun. Ils ont déjà été transportés à l'arrière.

L'Untersturmführer visite les tentes, où il découvre effectivement des formes allongées sur des brancards. Au chevet de ces malheureux se tiennent quelques infirmières américaines fort peu rassurées. Rien ne paraît suspect. Un peu plus loin, dans une clairière, le sous-lieutenant SS repère une dizaine de véhicules sanitaires. Une idée germe aussitôt dans son esprit et il se tourne vers le major.

– Je réquisitionne les véhicules, lui annonce-t-il. Faites venir leurs chauffeurs.

– Vous n'en avez pas le droit, lui dit le médecin. La convention de Genève vous l'interdit.

– Oui, je sais... Mais j'en ai absolument besoin. Alors, je vais quand même vous en laisser deux, en cas de nécessité.

Et Hoffmann ajoute, d'un ton plus sec :

– Pressez-vous. Je veux être parti dans deux minutes.

Et comme l'officier américain veut encore protester, Hoffmann lui lance :

– *Be quiet and shut up !*

Ce qui peut se traduire par « Restez tranquille et bouclez-la »... [1].

Voici maintenant le petit groupe chargé du coup de main installé à bord de véhicules militaires américains. Quel meilleur camouflage rêver. Et avec d'immenses croix rouges, de surcroît !

Maintenant, la nuit commence à tomber. Hoffmann décide de s'abriter dans un manoir désert qu'il vient de repérer. Les chauffeurs américains prisonniers sont enfermés dans les communs, pendant que leurs véhicules restent dans la cour.

Tandis que grenadiers et sapeurs SS s'installent, un des

1. Cette entorse aux dispositions de la Convention de Genève vaudra à l'Untersturmführer Hoffmann de comparaître après la guerre devant un tribunal militaire américain à Washington. Il sera alors acquitté.

guetteurs placé dans le hameau de Rougeville arrive en courant :

– Untersturmführer, il y a une jeep qui arrive !

– J'y vais !

Le sous-lieutenant SS se précipite et aperçoit le véhicule qui roule tranquillement sur la route, à moins de cent mètres des premières maisons.

– Ne tirez pas, ordonne-t-il aux hommes qui l'entourent. Laissez-la venir.

Quand le véhicule s'immobilise, il est aussitôt entouré de SS en armes. Le chauffeur ne bouge pas, mais l'homme qui est assis à côté de lui, sans doute un officier, dégoupille une grenade et s'apprête à la lancer.

Un Unterscharführer s'approche, la lui prend des mains et l'expédie un peu plus loin dans un arbre où elle éclate. L'Untersturmführer Hoffmann s'aperçoit alors que son prisonnier porte au col une feuille d'érable d'argent qui indique son grade de lieutenant-colonel. Près de lui, dans la jeep, Hoffmann découvre une sacoche avec des cartes renseignées, des croquis et des ordres d'opérations. Voilà qui va être rudement utile au Sturmbannführer von Le Coq, l'officier de renseignements de la division *Götz von Berlichingen.* Encore faut-il revenir de cette périlleuse expédition à l'intérieur des lignes américaines.

Le lieutenant-colonel américain est conduit dans une pièce du manoir. Il semble furieux d'avoir été capturé, rouspète fort mais ne livre aucune autre information. Qu'importe, il y en a bien assez dans la sacoche.

Dès que la nuit est tombée, quelques ombres quittent le bâtiment et se dirigent à travers les prairies marécageuses vers le pont de Port-Saint-Pierre. Les sapeurs du génie s'affairent, posent leurs charges, placent les détonateurs...

Ils reviennent vers leurs camarades grenadiers.

– Dépêchez-vous de décrocher, leur disent-ils. Tout va bientôt sauter.

Une gigantesque explosion. Mission accomplie.

Il ne reste que le retour. Et cela risque d'être le plus dur. Dans le manoir de Rougeville, l'Untersturmführer Hoffmann prépare le convoi :

– En tête deux véhicules américains, puis nos quatre canons d'assaut et enfin le reste des ambulances ennemies. Tout devrait bien se passer... Avec un peu de chance.

– Dans quel véhicule montez-vous, Untersturmführer?

– Dans le second. Je pourrais avoir la liaison avec la voiture de tête et aussi avec notre premier blindé.

Avant l'aube du 8 juillet, le convoi se met en route. Hoffmann emprunte d'abord des petits chemins. Puis, ne rencontrant rien de suspect, il s'engage sur la route qui mène vers la vallée.

Le «Kampfgruppe Hoffmann» arrive sans encombre dans les lignes allemandes et son chef reçoit l'ordre de continuer sa route jusqu'au poste de commandement de la division à Lozon.

Jamais le Sturmbannführer von Le Coq n'a vu lui tomber du ciel autant de renseignements. Le lieutenant-colonel américain, de plus en plus furieux de s'être laissé prendre, est dirigé vers un camp de prisonniers. La guerre est finie pour lui.

En arrivant à l'état-major, l'Untersturmführer Hoffmann voit sa joie d'avoir réussi sa difficile mission quelque peu ternie par un drame qui concerne son commandeur de régiment, l'Obersturmbannführer Horstmann.

Le Standartenführer Baum, commandeur de la division *Götz von Berlichingen*, estime que si effectivement l'ordre général de contre-attaque du 6 et 7 juillet a été donné par lui, le chef du régiment 38 est responsable de sa mauvaise exécution. Le lieutenant-colonel SS, convoqué à Lozon, se verra longuement interrogé sur les «opérations-suicides» menées par le bataillon Bolte puis par le bataillon Nieschlag, l'avant-veille et la veille.

– Il est possible que vous soyez déféré devant un tribunal militaire, déclare le Standartenführer Baum. De toute façon, je préviens l'Obergruppenführer Hausser, le chef de la 7e armée allemande, de la situation.

Un tribunal militaire! La même menace avait plané sur le major van der Heydte, quand ses parachutistes avaient été obligés d'abandonner Carentan. Après enquête, il avait été totalement blanchi. Mais l'Obersturmbannführer Horstmann ne supporte pas d'être seulement soupçonné. Il appelle le médecin de son régiment, qui est un de ses amis personnels et lui dit :

– Voici une lettre pour ma femme. Et voici, pour vous, mon étui à cigarettes.

Il serre la main du médecin puis va se tirer une balle dans la tête.

Le régiment SS d'infanterie 38 n'a plus de commandeur. Mais peut-on encore parler de régiment ? Il est séparé en deux. Le Ier bataillon sur la rive droite de la Taute et les IIe et IIIe – du moins ce qu'il en reste – sur la rive gauche. Le Sturmbannführer Nieschlag bien que blessé n'en reçoit pas moins le commandement théorique de l'ensemble. L'officier adjoint, le Hauptsturmführer Wahl, formera un Kampfgruppe avec les restes du IIe et du IIIe bataillon du régiment 38. Le commandement en sera assuré par deux sous-lieutenants SS, l'Untersturmführer Hoffmann, qui a magnifiquement réussi le coup de main de Rougeville, et son camarade Lorenz. Ils vont recevoir rapidement leurs ordres :

– Tenez la rive gauche de la Taute et poussez, à partir du hameau du Port, vers Saint-André-de-Bohon. Quelques panzers de la division *Das Reich* viendront vous soutenir dès que possible.

***

Pendant toute la journée du 8 juillet, les grenadiers survivants des deux bataillons du régiment 38 de la rive gauche ne cesseront de subir attaque sur attaque. Le plus grave pour eux, c'est qu'elles viennent de trois côtés à la fois et que l'infanterie américaine parvient à s'infiltrer dans les prairies marécageuses de la basse vallée de la Taute. Maîtres de Saint-André-de-Bohon, les grenadiers des sous-lieutenants SS Hoffmann et Lorenz constituent aussi un bouchon vers le nord, de part et d'autre de la route menant à Saint-Georges-de-Bohon.

Dans ce secteur, l'avance américaine se stabilise.

Malgré la mort volontaire de leur commandeur, les survivants du régiment SS d'infanterie 38 continuent à mener de durs combats défensifs et s'accrochent aux collines qui dominent le marécage, dont ils aperçoivent l'immense étendue, à l'est de leurs positions, immobile et miroitante sous le soleil de ce début juillet qui perce et tape dur entre quelques averses.

CHAPITRE XIII

La journée du 8 juillet 1944 sera tout aussi dramatique que celle de la veille pour les grenadiers de la division *Götz von Berlichingen.* Plus que jamais, le centre des combats se trouve dans la région de Sainteny que les Américains cherchent à tourner par l'est, en lançant attaque sur attaque vers le hameau de Boisgrimot. Quelques rares panzers de la division *Das Reich* appuient de leurs feux les grenadiers du régiment SS d'infanterie 37 qui s'accrochent au terrain.

L'Obersturmbannführer Fick a confié pour cette nouvelle journée de combats acharnés la tâche la plus rude à son IIe bataillon, celui du Sturmbannführer Opificius.

Dans le centre de l'isthme, entre les marais de Gorges et la vallée de la Taute, le pays, avec ses haies, ses chemins creux, ses couverts, se prête assez bien à la défense. Mais les Allemands qui se battent autour du pivot de Sainteny – dont les ruines sont toujours entre leurs mains – sentent qu'ils sont irrésistiblement débordés par des adversaires courageux et bien armés.

Pour soutenir les trois compagnies de combat de grenadiers du bataillon Opificius, l'Obersturmführer Henning, commandant de la 8e compagnie, ne peut pas faire grand-chose avec seulement ses mortiers et ses mitrailleuses lourdes contre la ruée des chars américains. Les haies sont trop hautes pour pouvoir utiliser les canons de 75 Pak. Il lui reste cependant quelques pièces de 76,2 récupérées sur les Soviétiques et que les Allemands nomment « ratschboum ». Seulement, il est à court de munitions. Comme il lui manque aussi les tables de tir, le pointage se révèle imprécis.

– Je vais essayer de faire des calculs, lui dit l'Untersturmführer Wunsche, mathématicien dans le civil.

Il n'aura pas le temps de terminer ses opérations qu'il sera tué au cours d'une reconnaissance.

Le IIe bataillon du régiment 37 ne sera donc appuyé que par ses mortiers.

La concentration de l'artillerie adverse devient épouvantable. Le Sturmbannführer Opificius tombe, frappé en pleine tête. Un officier et deux hommes se précipitent pour le secourir. Ils s'écroulent aussitôt, déchiquetés par les éclats qui sifflent dans tous les sens, au milieu d'un fracas infernal.

Le IIe bataillon du régiment 37 se trouve sans chef. Le Hauptsturmführer Hennings en prend le commandement, puis le transmet à son camarade Ullrich.

Dès que l'artillerie se calme un peu, c'est l'aviation qui prend le relais. Les « Jabos » ne font que survoler les lignes et vrombissent comme des guêpes en furie. Tout ce qui bouge est bombardé ou mitraillé.

Le Hauptsturmführer von Seebach, qui commande la compagnie Flak du régiment 37, essaye en vain de riposter. Ses pièces sont muselées l'une après l'autre et lui-même est tué dans son poste de commandement, installé pourtant dans un chemin creux recouvert de feuillage.

A l'ouest de la route de Carentan à Périers, au sud du hameau de Raffoville, que les parachutistes ont été obligés d'abandonner à leurs adversaires américains, les deux autres bataillons du régiment 37 connaissent des heures difficiles. Si le IIIe du Hauptsturmführer Zorn n'est pas encore trop éprouvé, le Ier du Sturmbannführer Reinhardt vit des heures dramatiques. Blessé, son commandeur est sans doute prisonnier et nul ne le reverra. Son adjoint, l'Untersturmführer Tiemann, est lui aussi blessé, mais parvient à regagner les lignes allemandes. Là tiennent encore quelques grenadiers, totalement épuisés, depuis cette attaque du 4 juillet, voici quatre jours et quatre nuits, qui a marqué le début de l'enfer.

La poussée américaine continue le long de la route de Carentan à Périers. La brèche en forme de poire qui s'ouvre dans les lignes allemandes s'étend sur deux à trois kilomètres et la profondeur atteint par endroits cinq kilomètres.

Rien ne semble devoir arrêter les assaillants. Les liaisons sont vite rompues entre les grenadiers exténués et les quelques panzers qui devraient les appuyer. Les artilleurs de la division *Götz von Berlichingen*, presque toujours à court de munitions, sont surclassés par leurs adversaires qui pilonnent toutes leurs positions de batterie, vite repérées par l'aviation alliée maîtresse du ciel sans partage.

Chaque homme, totalement perdu dans un paysage hostile, a l'impression d'être seul, voué à l'encerclement, à la capture ou à la mort. Pourtant, les débris des unités disloqués par les coups de boutoir incessants de l'adversaire tiennent encore. Et l'on voit même une unité nouvelle de la division *Götz von Berlichingen* gagner enfin le front. C'est le bataillon du génie du Sturmbannführer Fleischer, enfin arrivé de la région de Saumur et dont le commandement va lancer les trois compagnies de combat dans la bataille. Les sapeurs commenceront par se battre comme tous les grenadiers et les éclaireurs, disputant chaque haie à un adversaire toujours aussi accrocheur.

***

Depuis l'aube de ce 8 juillet, le groupe de reconnaissance du Sturmbannführer Holzalpfel a contribué à tenir ses positions et à repousser plusieurs attaques.

Là où combat la 2e compagnie du groupe de reconnaissance, de part et d'autre de la route de Périers, juste au nord de Sainteny, c'est la section de l'Unterscharführer Pfeffer qui reçoit le premier choc. Des coups de feu claquent brusquement. Puis des rafales d'armes automatiques. Très vite, le bruit devient infernal. Le sergent SS essaye de résister, mais que peut-il contre les blindés qui s'approchent en grondant de tous leurs moteurs ? Ses hommes commencent à refluer. L'un d'eux, le grenadier Merkel, arrive jusqu'à la section voisine, celle de l'Untersturmführer Günther. Il crie :

– Notre chef de section est blessé !

– Et tes camarades ?

– Je ne sais pas. Les Américains sont déjà dans nos lignes.

– Va prévenir l'Obersturmführer Schröder, au poste de commandement de la compagnie.

Le jeune sous-lieutenant SS se dirige aussitôt vers les positions que tenait la section Pfeffer. Il récupère au passage deux éclaireurs de cette unité qui se repliaient, complètement « sonnés ». Eux aussi ne peuvent que répéter la même chose :

– Notre chef de section est blessé ! dit l'un.

– Les Américains sont là ! ajoute l'autre.

On les voit bien. A quelques dizaines de mètres. Alors, l'Untersturmführer Günther se fâche et crie :

– Mais qu'est-ce que vous attendez donc tous les deux, les bras ballants, à ne rien faire ?

Et il ajoute aussitôt :

– Toi, tu tires dedans avec ta mitrailleuse. Et toi, tu leur balances des grenades.

Lui-même expédie en direction de l'ennemi quelques rafales de pistolet mitrailleur. Les Américains semblent surpris de cette résistance inattendue. Leur attaque semble flotter quand on entend de nouveaux coups de feu. Au bruit, il s'agit d'une arme allemande. C'est l'Unterscharführer Wihr qui, sans attendre d'ordre, a couru « au canon ».

Seulement, la 2e section n'a plus de chef. Alors l'Oberscharführer Döbler, qui surgit toujours dans les moments difficiles, dit seulement :

– Je prends le commandement.

L'adjudant SS commence aussitôt à rallier les éclaireurs et leur crie :

– On contre-attaque ! Tous derrière moi !

Il a peine lancé cet ordre qu'il tombe en arrière, mortellement frappé. Lui qui rêvait tant de conduire une unité au feu n'aura commandé la 2e section que pendant exactement trois minutes...

Un simple caporal-chef, le Rottenführer Brunner, lui succède et commence à diriger le tir d'une mitrailleuse qui expédie bande sur bande vers l'ennemi. Cette fois, les Américains semblent stoppés.

– Tu prends le commandement de la 2e section, dit l'Untersturmführer Günther à l'Unterscharführer Wihr. Moi, je retourne à ma 1re.

Tout va mal pour les Allemands. Leurs pièces d'artillerie restent étrangement silencieuses. Nul chez les éclaireurs n'a vu encore les panzers qui devaient arriver en renfort. Quant aux avions à croix noire, il y a longtemps qu'ils ne sont plus qu'un souvenir.

Pourtant, en face, les Américains lancent attaque sur attaque. Pour la seule journée du 8 juillet, ce sera par six fois qu'ils vont s'élancer sur les positions tenues par le groupe de reconnaissance, de part et d'autre de la route de Carentan à Périers, au nord de Sainteny.

Les adversaires sont tellement proches les uns des autres que les chasseurs-bombardiers alliés ne peuvent pas intervenir sur la ligne même du front. Plus on est au contact de l'ennemi et moins on risque les coups de son aviation et de son artillerie. Alors, c'est à quelques mètres et même au corps à corps que les éclaireurs SS préfèrent se battre. En face, les Américains montrent un courage égal au leur et ne cessent de relancer leurs fantassins contre des positions solidement tenues et bien camouflées.

Sans soutien direct de blindés, les assaillants ne pourront pas enfoncer les lignes allemandes. Et quand ils vont enfin engager des chars sur la route, alors le combat deviendra encore plus acharné et plus impitoyable. Des hommes, poitrine nue et armés seulement d'un panzerfaust, vont affronter les blindés ennemis dans des duels à mort.

***

Maintenant, les Américains lancent des chars contre les survivants des compagnies du groupe de reconnaissance de la division *Götz von Berlichingen*, en position de part et d'autre de la route de Carentan à Périers.

Dans leurs trous, les Allemands se préparent à supporter le choc. Les commandants de compagnie, Schröder, Buck et Mumm, envoient des agents de liaison vers les premières lignes avec un seul message :

– Il faut tenir à tout prix !

Les chars américains s'avancent rapidement.

– Là ! hurle l'Unterscharführer Gross à son chef de section. Il y en a un qui arrive juste sur nous !

Le blindé surgit à une soixantaine de mètres de la position qu'occupe l'Untersturmführer Günther. Le sous-lieutenant

SS aperçoit l'engin qui avance sur un mur de terre parallèle à la ligne de feu et essaye de le franchir. Quelques soldats américains entourent le blindé qui n'arrive pas à triompher de l'obstacle et expédie plusieurs coups de canon en direction des Allemands avant de se replier, moteur hurlant.

Les éclaireurs SS ne vont pas laisser repartir une si belle cible. L'Oberscharführer Hieke est dans le secteur avec sa pièce de Pak. Il ne perd pas de temps, vise, tire et met le blindé hors de combat au premier coup de canon. Cette victoire encourage les camarades, armés simplement d'un panzerfaust ; ils découvrent qu'un char si impressionnant n'est pas pour autant invulnérable. Les haies peuvent servir à abriter les tireurs et un homme seul risque d'être encore plus efficace que les pièces de Pak de la 5e compagnie du groupe de reconnaissance qui ne savent plus où donner de la voix.

***

Au soir du 8 juillet, le Sturmbannführer Holzapfel peut rendre compte que les positions tenues par son groupe de reconnaissance au nord de Sainteny tiennent encore. Mais il précise :

– Cela ne pourra pas durer. Il nous faut des panzers. Absolument.

– Ceux de la division *Das Reich* sont en route.

– Mais quand arriveront-ils ?

– Demain, peut-être.

Demain, demain, mais toute la ligne risque d'être enfoncée avant qu'une nouvelle journée de combat ne se termine ! Les unités sont à bout de forces. Saignées à blanc. A la 1re section de la 2e compagnie, par exemple, il ne reste plus que huit hommes autour de leur chef, l'Untersturmführer Günther.

Les Américains ne cessent de lancer des attaques. La 1re section de la 2e compagnie de reconnaissance se trouve à nouveau sous un feu intense d'armes d'infanterie. Les assaillants semblent surgir de partout devant leurs positions. Les Allemands ripostent avec une mitrailleuse, des grenades, tout ce qui leur tombe sous la main. Maintenant, ils en sont à se battre à coups de baïonnette, à coups de pelle de tranchée, à coups de crosse. C'est un corps à corps farouche où les adversaires finissent par se prendre à la gorge. Une demi-douzaine d'éclaireurs de la 2e section surgissent comme des diables pour renforcer leurs camarades de la 1re. Les Américains finissent par lâcher prise et refluent de quelques dizaines de mètres. Les SS leur expédient alors des grenades incendiaires.

L'Untersturmführer Günther demande aux nouveaux venus :

– Où est le reste de votre section ?

– Tous morts ou blessés.

– L'Unterscharführer Wihr aussi ?

– Non, il est resté sur la route pour observer ce qui se prépare en face.

– Retournez avec lui !

La situation devient de plus en plus dramatique. Le sous-lieutenant SS appelle le dernier rescapé de sa petite équipe d'agents de liaison :

– Hein, tu vas apporter ce message au commandant de compagnie.

L'éclaireur s'élance aussitôt vers l'arrière en courant à perdre haleine. Il est à peine parti que les Américains lancent un nouvel assaut. Cette fois, ils ont cinq blindés avec eux.

L'Untersturmführer Günther se demande vraiment comment il pourra les arrêter. Pour l'instant les chars, entourés d'une nuée de fantassins, avancent très lentement. Mais ils avancent. Inexorablement.

A ce moment, l'agent de liaison Hein revient et annonce à son chef :

– Le poste de commandement de la compagnie est vide.

– Et aux environs ?

– Personne, Untersturmführer.

– Quelle saloperie !

Le sous-lieutenant SS ne perd pas de temps à se lamenter et ordonne à nouveau à son agent de liaison :

– Hein, tu retournes au poste de commandement de la compagnie et tu regardes bien s'il n'y a vraiment personne. Dans ce cas, tu fonces à toute allure au poste de commandement du bataillon et tu racontes au Sturmbannführer Holzapfel ce qui se passe ici.

Et le chef de la 1re section – réduite à huit hommes – ajoute :

– Tu diras au commandeur que dans moins d'une demi-heure, les chars américains seront chez lui s'il ne fait rien pour nous aider.

– Bien compris, Untersturmführer.

– Pars vite !

L'agent de liaison disparaît aussitôt. Son chef réalise alors qu'il est maintenant entouré par les Américains de trois côtés à la fois et qu'il n'a plus grand espoir de s'en sortir. Il regarde les blindés ennemis. Ils se sont arrêtés. Mais c'est pour ouvrir le feu avec leur canon et leurs mitrailleuses de bord. Puis ils repartent. Maintenant, ils sont à l'intérieur même des lignes allemandes. Un des chars passe à quelques mètres du sous-lieutenant blotti dans un trou, bien camouflé par du feuillage. La position tenue par la 1re section est dépassée. La seule manière de rétablir un semblant de défense, c'est de se replier vers un nouvel abri.

Günther repère une haie à une cinquantaine de mètres derrière lui. Elle doit sûrement longer un chemin creux. On pourrait peut-être s'y établir et attaquer les chars avec un panzerfaust ? Il en reste encore trois. Il appelle son dernier chef de groupe :

– Gross, tu files avec tes hommes jusqu'à la haie.

– Et vous, Untersturmführer ?

– Je vous suis.

L'Unterscharführer rassemble les quelques éclaireurs survivants et bondit, couvert par son chef, qui tire quelques rafales de pistolet mitrailleur sur les fantassins américains. Près de lui se trouve son fidèle Wihr. Le sous-officier lui crie :

– A votre tour de décrocher.

– On y va !

Les deux Allemands bondissent vers la haie. Un des chars américains expédie un obus qui éclate à l'endroit même où ils se trouvaient quelques secondes auparavant. L'ancienne position disparaît dans un geyser de boue.

L'officier se retrouve dans le chemin creux, derrière la haie, entouré des quelques survivants de la 1re et de la 2e section de sa compagnie. Il leur dit seulement :

– On continue à tenir.

Partout, sur le front devant Sainteny, se battent ainsi des petits groupes d'hommes. Il ne reste que quelques îlots de résistance, menacés à chaque instant d'être dépassés et submergés.

En plein milieu du combat, un homme de la 4e section, celle des mortiers et mitrailleuses, où il ne reste plus un seul gradé survivant, surgit près de Günther avec une gamelle pleine de cidre.

– Avez-vous soif, Untersturmführer ? lui demande-t-il calmement avec un inimitable accent frison.

– Où as-tu trouvé ça ?

– Il y avait un tonneau dans une maison en ruine. Je me suis servi au passage.

Ce calme en plein combat impressionne fort le sous-lieutenant qui demande au nouveau venu :

– Comment t'appelles-tu ?

– Stemmermann. Artur Stemmermann.

– Bien. Tu vas rester avec nous.

– A vos ordres, Untersturmführer, répond le Frison aussi calmement que dans la cour d'une caserne.

L'officier décide alors d'attaquer les chars américains immobiles près de sa position. Il saisit un panzerfaust et dit à l'Unterscharführer Gross :

– Tu prends l'autre. A toi le char de droite et à moi celui de gauche. Que le Sturmmann von Stein aille avec toi.

– Et qui ira avec vous ?

– Stemmermann.

– Qui est-ce ?

– Ce gars de la 4e section.

– Ah oui, le type à la gamelle de cidre. Il a l'air d'un sacré débrouillard.

Les deux équipes se mettent en route aussitôt. On entend alors un bruit de chenilles. Mais cette fois, c'est dans le chemin creux.

– Ce n'est pas possible ! lance l'Untersturmführer Günther. Ils ont déjà dépassé notre position !

Sur le blindage, il distingue vite une croix noire. Le jeune officier fait signe des deux bras pour bien se faire reconnaître. Il ne manquerait plus que de se faire allumer par un panzer allemand ! Le premier qu'il voit depuis longtemps.

Le monstre d'acier, avec son long canon de 75 s'avance lentement : C'est un « Panther » du régiment blindé de la 2e division de la Waffen SS *Das Reich.*

Son chef de bord, un Oberscharführer en tenue noire apparaît et se penche vers Günther. Celui-ci lui crie seulement :

– Rentrez vite dans votre tourelle ! Il y a un « Sherman » juste à côté.

Il a à peine lancé ce cri qu'un obus ennemi vient frapper contre le blindage à quelques mètres de lui. Une gigantesque déflagration. L'Untersturmführer Günther se sent soulevé en l'air comme par une vague gigantesque et perd connaissance. Il retombe, après un bond de plusieurs mètres, juste devant les chenilles du panzer. L'éclaireur Stemmermann n'a que le temps de se précipiter pour éviter que son chef ne soit écrasé par le « Panther ». Il le tire à l'abri, tandis que le blindé allemand entame un duel à mort avec un « Sherman ». Dès le premier coup, le char américain est touché de plein fouet et se met à brûler.

Criblé d'éclats et les tympans crevés, le sous-lieutenant SS est évacué et ne reprendra vraiment conscience qu'à l'hôpital du Mans, après quarante-huit heures de coma. Il apprendra alors qu'il n'est atteint d'aucune blessure sérieuse et qu'il pourra rapidement reprendre sa place au combat, après quelques jours de repos. On le reverra sur le front de Normandie. Et plus tôt que les médecins ne l'y autorisent !

***

A l'aile gauche du front, à l'ouest de la route de Carentan à Périers, les attaques américaines ont encore redoublé de violence au cours de la journée du 9 juillet, surtout dans l'après-midi, où le temps plus dégagé permet l'intervention massive des chasseurs-bombardiers.

Les assaillants espèrent atteindre le hameau de La Maugerie, près des prairies marécageuses de Gorges, et encercler ainsi les parachutistes du 6e régiment ainsi que les éclaireurs du groupe de reconnaissance de la division *Götz von Berlichingen*. Sont aussi menacés d'être emportés dans ce vaste coup de filet les grenadiers SS survivants du Ier bataillon Reinhardt, privés de chef depuis la disparition, durant la journée de la veille, de leur commandeur, et du IIIe bataillon Zorn, jusqu'ici le moins éprouvé.

SS et paras, attaqués par des blindés qu'accompagnent des nuées de fantassins américains menacent d'être submergés et le seul espoir de les sauver reste l'intervention des panzers de la division *Das Reich*, jetés dans la bataille d'un bout à l'autre du front, au fur et à mesure que l'adversaire parvient à ouvrir des brèches dans les positions allemandes.

La situation évolue sans cesse. Les Américains gagnent finalement peu de terrain et perdent beaucoup de monde. Mais ils peuvent recevoir des renforts, alors que leurs adversaires, réduits à la défensive, s'usent de plus en plus, sans pouvoir combler les pertes.

Les parachutistes du lieutenant-colonel baron von der Heydte reçoivent l'ordre de décrocher au crépuscule du 9 juillet, pour s'établir un peu en retrait sur une nouvelle ligne de défense. Elle part des marais de Gorges à l'ouest, non loin du village de Bléhou, pour rejoindre à l'est la route de Carentan à Périers, près du hameau des Forges, où se trouve encore le poste de commandement du groupe de reconnaissance de la division *Götz von Berlichingen*. Parachutistes et éclaireurs réduits au tiers de leur effectif vont plus que jamais se battre, souffrir et disparaître ensemble, pris dans cette tourmente d'acier et de feu. Pourtant, ils vont tenir encore quelques jours leurs positions, accrochés sur les ondulations de ce damier de haies et sentiers, de part et d'autre du ruisseau du Douit Jean.

A l'arrière immédiat des lignes, les médecins et les infirmiers, installés au château d'Auxais, sont débordés par l'arrivée des blessés, dont la plupart sont touchés par des éclats de bombe ou d'obus. Parachutistes et grenadiers SS, dans leur tenue de camouflage boueuse et sanglante, sont littéralement déchiquetés par la mitraille. Ceux qui restent encore en ligne savent que leur tour viendra, inéluctable. Alors, sur toutes les positions, retentit toujours la même demande, de plus en plus exigeante :

– Panzers ! *Schnell !* Panzers !

Les compagnies du régiment blindé de la division *Das Reich* perdent des hommes et des chars, mais elles parviennent à colmater les brèches les plus menaçantes pour la sécurité du front allemand, entre les marais de Gorges et la vallée de la Taute, sur cette bande de terre dont la largeur varie entre quatre et six kilomètres et dont Sainteny est une sorte de capitale des ruines, du courage et de l'épouvante.

Maintenant, au combat d'infanterie s'ajoute un duel de blindés qui va l'emporter en horreur sur tout ce qu'a connu jusqu'ici le secteur de Sainteny. Obus perforants qui percent les blindages comme des feuilles de papier. Obus explosifs qui ravagent l'intérieur des caisses d'acier. Munitions de bord qui explosent. Hommes d'équipages criblés d'éclats d'acier, brûlés vifs, anéantis dans une horrible odeur d'huile chaude, de poudre, de chair brûlée. Les cadavres noircissent, se recroquevillent jusqu'à n'être pas plus grands que des corps d'enfant. Les hommes des blindés, Américains et Allemands confondus dans un même courage et une même horreur, vont connaître l'angoisse, la douleur atroce, la mort qui efface tout. Ou bien la victoire quand votre obus atteint le cœur même du blindé ennemi qui s'embrase soudain comme une boîte d'allumettes avec de grands éclairs rouges auquel succède un lourd et âcre nuage de fumée noire. « Panthers » et « Shermans » vont se chercher, s'apercevoir, se détruire. Au détour d'une haie, au bout d'un chemin creux, au hasard d'un clos en herbe, c'est la victoire ou la mort. Et de toutes les morts, la plus atroce.

Une brèche colmatée, les panzers de la *Das Reich* doivent repartir pour en boucher une autre. Jamais ne s'arrête leur combat, jusqu'au coup au but qui, à leur tour, les expédie au royaume des flammes et de la nuit éternelle.

CHAPITRE XIV

Le 9 juillet 1944, en fin de journée, le Hauptsturmführer Hennings, commandant la 8e compagnie lourde du régiment 37, reçoit l'ordre de se porter à la rencontre des Américains qui viennent de disloquer plusieurs sections du groupe de reconnaissance. Les quelques blindés envoyés en renfort n'ont jamais reparu.

– Nous ne savons plus où sont les nôtres, lui dit avant le départ en patrouille le Hauptsturmführer Ullrich, qui a succédé au Sturmbannführer Opificius à la tête du IIe bataillon du régiment 37. Et nous savons encore moins où sont les Américains. A vous de les trouver et de les bloquer.

Les Américains ? Les premiers qu'aperçoivent les grenadiers de la 8e compagnie n'ont certes pas l'air de s'attendre à rencontrer à nouveau l'ennemi. Ils s'avancent à travers la campagne en colonnes par un, le casque sans jugulaire rejeté en arrière, le fusil à la bretelle pointant vers le sol. La plupart fument tranquillement une cigarette. Même des chasseurs en quête de lapins mettraient plus d'ardeur à se camoufler. Il est vrai qu'après les bombardements de l'artillerie et de l'aviation, plus personne ne devrait se trouver encore en vie dans les lignes allemandes. Quelques blindés roulent, nonchalants, au milieu des fantassins-promeneurs.

– Laissez passer les chars et les premiers groupes, ordonne le Hauptsturmführer Hennings. Les autres n'en seront que plus surpris.

La seconde vague américaine arrive maintenant près des positions où se camouflent les SS de la 8e compagnie. Alors, les grenadiers bondissent comme des diables en criant :

– *Hands up !*

Surpris, leurs adversaires laissent tomber leurs armes et

lèvent les mains en l'air. Ces damnés Allemands ne sont donc pas tous morts ! Sans tirer un coup de feu, les SS de la compagnie Hennings ont réussi à faire une quinzaine de prisonniers.

Un agent de liaison arrive alors vers l'officier qui dirige cette étrange reconnaissance et lui annonce :

– Hauptsturmführer, vous devez rejoindre la 6e et la 7e compagnie du IIe bataillon dès le crépuscule.

Les rejoindre ? Mais où ? Le capitaine SS Hennings n'a plus aucune liaison avec des troupes amies, ni à sa droite ni à sa gauche. Il sait seulement que des éléments américains ont pénétré sur ses arrières et qu'une nouvelle vague d'assaillants risque de lui arriver dessus d'une heure à l'autre. Il décide d'envoyer des patrouilles pour essayer de rétablir le contact. En vain.

La campagne normande paraît étrangement vide. La nuit va bientôt tomber. Alors, le Hauptsturmführer Hennings ordonne à ses hommes de se replier. Il connaît bien cette région qui a été perdue la veille au cours de furieux combats corps à corps et repasse devant ce qui fut pendant longtemps un poste de commandement allemand. Toujours personne. Si ce n'est les cadavres de deux camarades, gisant à l'endroit même où ils sont tombés.

– Enterrez-les, ordonne Hennings à quelques-uns de ses hommes. Faites vite. Nous allons repartir dès que la nuit sera plus noire.

Au cours de sa progression vers l'endroit où devraient maintenant se situer les nouvelles lignes allemandes, l'officier entend des voix.

– Restez là, dit-il à ceux qui le suivent. J'y vais.

– Tout seul, Hauptsturmführer ?

– Mais oui. Je ferai moins de bruit.

L'officier s'éloigne, une grenade dans la main gauche et son pistolet dans la main droite. Il s'engage dans un chemin creux. Un homme vient vers lui. Il devine à peine sa silhouette dans l'obscurité nocturne que les feuillages rendent encore plus dense, noire. Voici les deux combattants face à face. En étendant le bras, ils pourraient se toucher. Un mouvement brusque. Sous la très pâle lueur de la lune, le capitaine SS reconnaît à la forme de son casque qu'il est en face d'un soldat américain. Il tire un coup de pistolet et décroche, après avoir lancé sa grenade au jugé. Une explosion. Tout le paysage nocturne s'illumine. Hennings retrouve vite son chemin et rejoint ses grenadiers.

– On va poursuivre notre route, dit-il. Mais par un autre chemin.

Quand le jour se lèvera, des silhouettes apparaîtront non loin de là. Ce sont des grenadiers de la 6e et de la 7e compagnies qui ont également réussi à échapper à tous les pièges de la nuit.

Les SS du IIe bataillon du régiment 37 vont pouvoir rétablir les liaisons et s'installer sur de nouvelles positions de défense.

***

Dans la nuit du 9 au 10 juillet, les Américains relancent une nouvelle attaque et parviennent à s'infiltrer entre le village de Sainteny et le château de Bois-Grimot. Le front allemand menace d'être crevé. Les grenadiers SS sont débordés. Les quelques panzers de la division *Das Reich* ne cessent d'aller et venir pour tenter de rétablir la situation, un peu partout à la fois. Le commandeur de leur régiment, l'Obersturmbannführer Tychsen, le visage maigre labouré par une profonde cicatrice, qui lui dévore tout le menton, parcourt le front pour rameuter ses blindés. Une ligne de défense est rétablie tant bien que mal dans une grande confusion. Mais les Allemands ont perdu du terrain. La nouvelle arrive à l'état-major :

– Le village de Saint-André-de-Bohon est tombé aux mains des Américains.

Ce point haut sur la rive gauche de la vallée de la Taute reste une des clés de la défense des troupes du Reich dans ce secteur.

– Il faut reprendre Saint-André, décide le Standartenführer Baum.

– Je m'en charge, lui annonce Tychsen.

– Bonne chance, lui souhaite seulement Otto Baum.

Il faudra deux heures de combats acharnés aux hommes

des panzers et à quelques grenadiers de la division *Götz von Berlichingen* pour se rendre à nouveau maîtres de Saint-André. Tout un bataillon américain est anéanti lors de cette contre-attaque. Mais les Allemands ont payé cette victoire locale au prix fort. Pourtant, avec l'arrivée des premiers panzers de la division *Das Reich*, ils croient encore possible de tenir leur ligne de défense.

A deux kilomètres au nord-ouest, Saint-Georges-de-Bohon, par contre, doit être abandonné sans combat, car ses défenseurs risqueraient d'être encerclés et anéantis.

***

A trois heures du matin, le 10 juillet, l'Oberscharführer Stettner, qui commande quatre canons d'assaut de la 1re compagnie du bataillon blindé de la division *Götz von Berlichingen*, fait route vers le front. La veille au soir, son commandant de compagnie, l'Obersturmführer Dedelow, lui a ordonné :

– Vous allez renforcer les parachutistes du 6e régiment et les éclaireurs de notre groupe de reconnaissance qui se trouvent sur la gauche de la route de Périers à Carentan, à la hauteur de Sainteny. La situation semble assez confuse. Bonne chance.

Maintenant, les blindés allemands sont lancés dans la bataille et envoyés au point le plus chaud. Encore faudrait-il, dans les ténèbres, retrouver les troupes amies. Les quatre canons d'assaut s'engagent dans un chemin creux et progressent lentement. Peu avant l'aube, le contact est pris. D'un côté, les parachutistes, et de l'autre, les éclaireurs SS. Stettner répartit trois de ses blindés dans la nature, avec des champs de tir bien dégagés, et choisit pour le sien un bel emplacement d'embuscade. Ses hommes s'affairent à camoufler avec des feuillages le redoutable engin, dissimulé au pied d'un grand chêne. Les canons d'assaut ont légèrement dépassé l'infanterie dont les positions se trouvent à une cinquantaine de mètres en arrière. Devant la pièce de l'Oberscharführer Stettner, le terrain est dégagé sur plus de deux cents mètres. Il n'y a qu'à attendre les blindés américains.

L'attaque ennemie débute par une fantastique concentration d'artillerie. Vers huit heures du matin, les Allemands se trouvent au milieu d'un véritable ouragan de feu. Stettner, vieux routier de tous les fronts, estime la puissance ennemie à une soixantaine de batteries. Les obus pleuvent sans discontinuer. Les minutes semblent des heures sous cet orage qui paraît n'en plus finir. Le bombardement dure depuis une heure quand un adjudant de parachutistes arrive près du canon d'assaut de Stettner et annonce :

– J'ai encore une douzaine d'hommes avec moi. Nous serons votre protection d'infanterie.

Le vacarme est tel que le sous-officier doit hurler pour se faire entendre sous la mitraille. Ses hommes ont l'air très éprouvés par ce feu d'enfer qu'ils ont subi depuis l'aube, terrés au fond de leur trou. Leur chef leur donne un ordre et les paras vont se répartir autour du blindé, camouflés dans les buissons.

L'attaque américaine ne débouche pas. Le commandement ennemi espère tout écraser sous un véritable tapis d'obus avant de lancer ses fantassins à l'assaut.

Les heures passent. A l'abri du blindage des canons d'assaut, les hommes d'équipage commencent à se sentir à bout de nerfs. Chaque fois qu'un coup tombe un peu près, leur blindé titube et se penche, sur la droite ou sur la gauche, en avant ou en arrière. A l'intérieur, on a l'impression de se trouver dans un sous-marin soumis à un roulis et à un tangage incessants. La tête rentrée dans les épaules en attendant la prochaine salve, les canonniers craignent à chaque instant le pire, ce coup au but qui percerait le blindage et ferait exploser les munitions dans une grande gerbe d'acier, de poudre et de feu. De temps en temps, quand l'artillerie ennemie semble marquer une pause, l'adjudant SS Stettner ouvre l'écoutille supérieure et observe le terrain au télémètre. Il est vide, terriblement vide. Les fantassins allemands sont invisibles, essayant de ne plus faire qu'un avec le sol spongieux qui frémit, s'ouvre, se soulève comme si un fantastique tremblement de terre ravageait toute la région entre les prairies marécageuses de Gorges et la route nationale de Carentan à Périers.

Parfois, des branches d'arbres s'abattent sur le canon d'assaut, cisaillées net par un éclat. Souvent c'est un éclat lui-même qui vient frapper contre le blindage, le faisant résonner comme une cloche.

Cet enfer ne va pas durer moins d'une dizaine d'heures! Les Américains décidément ne lanceront leur attaque qu'à coup sûr, quand tout le terrain devant eux aura été labouré et relabouré, jusqu'à ne plus laisser un seul être vivant dans les sillons que creuse le soc d'acier des explosions continuelles.

***

Le 10 juillet, au nord-est de Sainteny, il ne reste du IIe bataillon du régiment 37 qu'une soixantaine de grenadiers totalement épuisés.

Soudain, un bruit incroyable se répand:

– Les panzers allemands arrivent!

En réalité, ici, c'est seulement un char solitaire du régiment blindé de la division *Das Reich*. Le Hauptsturmführer Hennings bondit vers le monstre d'acier, grimpe sur la plage arrière et se concerte avec l'Oberscharführer chef de bord. Un plan est vite établi. Le «Kampfgruppe» va attaquer vers le nord, par un chemin creux parallèle à la route de Périers à Carentan. L'avance ne va pas durer bien longtemps. Les Allemands aperçoivent à moins de quatre cents mètres des fantassins américains entourant un char qui est en train d'éventrer une haie avec son soc d'acier et se fraye un passage. La brèche ouverte, le blindé s'engage dans un pré bien dégagé. Puis trois autres le suivent. Un cinquième apparaît. L'adjudant qui commande le char de la *Das Reich* a attendu ce moment pour ouvrir le feu. Du premier coup de canon, il fait voltiger la tourelle du cinquième char. L'engin prend feu aussitôt et s'immobilise dans la brèche, en plein milieu de la haie. Voici les autres chars prisonniers du clos où ils viennent de s'engager. Il ne reste qu'à les tirer l'un après l'autre, avec le long canon de 75 du «Panther».

Cette intervention brutale a sauvé les survivants du IIe

bataillon du régiment 37. Ils vont s'enterrer sur place et tenter de résister encore quelques heures, quelques jours.

***

Le château d'Auxais devient un des centres nerveux de la résistance. Dans les bâtiments encore indemnes et sous les arbres du parc, se trouvent plusieurs postes de commandement et un poste de secours où les blessés amenés de Sainteny, à deux kilomètres seulement d'ici, reçoivent les premiers soins.

– On ne peut pas les garder aussi près des premières lignes, décide le médecin responsable. Il faut les évacuer.

Les plus grièvement atteints sont chargés dans un camion sanitaire. Au moment où le véhicule s'ébranle, surgit un chasseur-bombardier qui pique aussitôt sur cet objectif. Le camion explose dans une immense gerbe de flammes. Pas un de ses occupants n'en réchappera. Parmi les tués se trouve le Hauptsturmführer Schwiekert, blessé l'avant-veille alors qu'il commandait depuis deux jours le IIIe bataillon du régiment 38, après la mort du Sturmbannführer Bolte.

D'autres avions surgissent et s'en prennent au château. Les explosions se succèdent. La Flak réagit. Un tireur réussit même à abattre un des appareils ennemis avec une mitrailleuse MG 42. L'attaque n'en continue pas moins, brutale et rapide. Cet assaut des chasseurs-bombardiers ne calme pas la colère du Sturmbannführer Kepplinger, commandeur du bataillon blindé de la division *Götz von Berlichingen.* Bien au contraire.

Jamais, même aux pires moments du front de l'Est, cet Autrichien, qui compte parmi les meilleurs officiers supérieurs de la Waffen SS, n'a connu une telle situation : ses derniers canons d'assaut encore capables de combattre et de soutenir grenadiers et éclaireurs à bout de forces, sont immobilisés et impuissants. Il n'a plus un obus et plus un litre d'essence. Le bataillon blindé de la division est tout simplement hors de combat au moment où l'on aurait le plus besoin de lui !

Pourtant, les services de ravitaillement ont promis qu'un

convoi devait gagner la base arrière du bataillon blindé. Ce convoi va arriver au château d'Auxais au moment précis où les bâtiments se trouvent sous le feu des chasseurs-bombardiers ! Ce sont des auxiliaires russes, accompagnés de leur femme et de leurs enfants qui conduisent les charrettes à cheval où sont entassés caissons d'obus et fûts d'essence ! Le ravitaillement vers les premières lignes arrive avec des moyens archaïques, mais il arrive quand même... Seulement, les conducteurs de la Steppe sont absolument terrorisés par ces avions qui ne cessent de faire hurler leur moteur, de lâcher leurs bombes, de tirer de toutes leurs pièces. Ils sautent à bas de leur siège, récupèrent leur famille et se sauvent par tous les chemins creux. Les Allemands ont beau tempêter et menacer, pas un Russe ne reviendra prendre les rênes. Alors le Sturmbannführer Kepplinger doit récupérer tous les hommes disponibles et même les blessés légers pour conduire en lieu sûr le carburant et les munitions. Il ne reste plus qu'à les faire parvenir aux canons d'assaut, presque tous en panne sèche, réservoirs et soutes vides.

Les premiers canons d'assaut à se remettre en route ne se dirigeront pourtant pas vers le front, mais vers l'arrière... Ayant mis leur canon de 75 au berceau et arborant de grands drapeaux blancs avec des croix rouges, ils évacuent les blessés du poste de secours du château d'Auxais vers un lieu moins exposé où l'on tentera de les sauver.

Les observateurs américains qui aperçoivent cet étrange convoi de blindés allemands signalent qu'il s'agit, sans nul doute, d'une évacuation sanitaire. Aussi ni l'artillerie ni l'aviation ennemies ne vont attaquer ces quelques canons d'assaut durant tout le trajet.

Leur mission humanitaire terminée, ils ne sont pas longs à rebrousser chemin et à se diriger vers les points du front où ne cessent de s'ouvrir de dangereuses brèches. Les agents de liaison qui parviennent, à bout de souffle, des premières lignes, sans cesse soumises aux attaques des blindés américains, ne peuvent que répéter le même message, sur un ton de plus en plus dramatique :

– Nous ne tiendrons plus sans panzers !

Hors les canons d'assaut du bataillon blindé de la division

Götz von Berlichingen, le dernier espoir reste l'intervention rapide dans tous les endroits menacés des panzers de la division *Das Reich.* Le Sturmbannführer Kesten, qui commande tout un bataillon de chars de type « Panther », installe son poste de commandement au château d'Auxais. Lui aussi, c'est un « battant » et ses équipages vêtus de noir sont prêts à tous les sacrifices.

Voici maintenant de nouveaux panzers dans la bataille. Mais il est tard, trop tard pour les Allemands qui essayent désespérément de s'accrocher à la route de Carentan à Périers.

Sous le bombardement incessant de l'artillerie et de l'aviation, toutes les unités de première ligne de la division *Götz von Berlichingen* sont disloquées. Les compagnies, réduites à quelques dizaines d'hommes – moins du quart de leur effectif en général – sont fondues dans des « Kampfgruppen » improvisés, dont le dernier gradé survivant prend la tête.

Et chaque Kampfgruppe se forme « en hérisson ». Plus de contact ni à droite ni à gauche. Et plus de liaison avec l'arrière. La seule issue – paradoxalement – sous ce véritable tapis d'obus, de bombes et de mitraille, c'est dans l'assaut qu'ils vont la trouver. De furieuses contre-attaques, qui les mènent au corps à corps avec leurs adversaires, obligent aviateurs et artilleurs ennemis à cesser leur matraquage, de peur d'atteindre leurs propres troupes.

***

Il est près de cinq heures du soir, lors de ce terrible 10 juillet, quand l'Oberscharführer Stettner entend taper contre le blindage de son canon d'assaut. Il ouvre prudemment l'écoutille latérale, pistolet au poing, et découvre, debout dans l'herbe couchée par la tempête, l'adjudant des paras, le visage ruisselant de sang.

– Nous ne sommes plus que trois, dit-il. Et tous les trois blessés. Que faire ?

Comment répondre à cette question ? Le chef de la section de canons d'assaut ne peut que hurler une évidence :

– Quand l'artillerie américaine cessera, l'infanterie attaquera. Et il faudra bien l'arrêter. A tout prix.

– Mais avec qui? hurle l'adjudant para. Et avec quoi?

L'Oberscharführer Stettner lui crie seulement:

– Vous avez reçu le même ordre que moi: tenir à tout prix. Chez les paras comme chez les SS, on sait ce que ça veut dire. Non?

L'adjudant ne répond pas et retourne vers ses deux camarades. Nul ne les reverra jamais vivants.

Après une brève accalmie, l'artillerie et les canons ennemis reprennent leur matraquage. Une heure encore. Puis une autre, pendant lesquelles les éclats frappent comme des coups de marteau contre le blindage du canon d'assaut, tapi sous son chêne aux branches déchiquetées.

Il est sept heures du soir quand l'artillerie américaine se calme brusquement. L'attaque est imminente.

– Vite, ordonne Stettner à son équipage, il faut remettre le panzer en état.

Ses hommes s'affairent, tout comme doivent s'affairer leurs camarades des trois autres canons d'assaut non loin de là. S'ils sont encore de ce monde.

– Tout va bien, constate l'adjudant.

Les éclats d'obus ont percé, brisé ou arraché beaucoup d'accessoires extérieurs de son blindé. Mais aucun organe vital ne semble touché.

Maintenant, la bataille d'infanterie commence dans ce secteur. On entend des bruits de combat sur la droite. Ils proviennent de plus en plus de l'intérieur des lignes allemandes. Les fantassins américains avancent!

En face du canon d'assaut toujours blotti sous son chêne, ne règnent que le vide et le silence.

– On ne sert à rien ici, Oberscharführer, dit le tireur à son chef.

– C'est évident. On va déménager, essayer de rejoindre les trois autres et se lancer dans la bagarre.

L'adjudant SS qui commande la section de canons d'assaut n'a qu'un seul réflexe, celui de « marcher au feu » et de diriger ses blindés vers le point le plus chaud, maintenant sur l'arrière de sa position d'embuscade.

– Moteur en marche !

Le lourd engin s'ébranle et traverse le champ de bataille où parachutistes et éclaireurs ont subi pendant plus de dix heures le feu de l'artillerie ennemie. Même sur le front de l'Est, où il a pourtant été blessé cinq fois, l'Oberscharführer Stettner n'a jamais vu un tel spectacle d'horreur. Partout des cadavres gisent sur l'herbe des prés, dans l'attitude où la mort les a frappés. Près de chacun, une Tellermine ou un panzerfaust, inutiles. Ils n'auront même pas eu le temps d'engager leurs duels mortels contre les blindés ennemis, poitrine nue contre acier. Non, ils sont là, déchiquetés par les éclats, immobiles et rigides dans leur camouflage de guerre, casqués pour une dernière parade funèbre. Plus un arbre qui soit encore debout et branchu, plus une haie qui ne soit bouleversée, plus une étendue d'herbe qui ne soit brûlée. Le canon d'assaut solitaire traverse un paysage d'horreur absolue, où plus rien n'est vivant. L'homme a disparu de ce paysage d'enfer où la nature elle-même semble avoir vomi son âme.

Ce qui importe désormais, pour l'Oberscharführer Stettner, c'est de retrouver les trois autres canons d'assaut de sa section. Il finit par en apercevoir un, puis un autre. Mais ils ont été touchés par l'artillerie ennemie et ont brûlé. Il n'en reste que des carcasses d'acier rougeoyantes. Les équipages ont disparu, comme a disparu le troisième et dernier canon d'assaut de la section, totalement introuvable dans ce paysage de cauchemar.

La situation est grave pour l'unique blindé survivant. Les Américains ont percé le front et lui coupent la retraite. Il faudrait essayer de passer à travers champs. Mais il y a les haies et leur haut talus. Ces terribles haies normandes sont infranchissables à un véhicule s'il n'est pas équipé d'un appareil spécial pour les éventrer. Alors, l'équipage du canon d'assaut semble voué à une inéluctable capture.

– Dites donc, les gars, leur demande leur chef, ça vous dit d'aller couper du bois au Canada ?

– Pas question, Oberscharführer, répond le tireur.

– Je ne comprends même pas pourquoi vous nous demandez ça, ajoute le chargeur.

– On continue ! lance le radio.

– Quelle direction, Oberscharführer? demande le conducteur.

L'adjudant SS réfléchit un moment, puis décide:

– Pour le moment, droit devant toi et roule doucement.

Le canon d'assaut n'a guère fait plus de trois cents mètres que le chef de bord repère deux silhouettes en tenue camouflée de la Waffen SS. Dès qu'ils aperçoivent le blindé allemand, ces hommes se dirigent vers lui. Ils sont blessés et doivent s'appuyer l'un sur l'autre. De près, on distingue au col les insignes de grade de l'un d'eux. C'est l'Obersturmführer Buch qui commande la 3e compagnie de reconnaissance et son agent de liaison.

– Nous sommes les seuls survivants de la compagnie, annonce l'officier.

– Grimpez vite sur la plage arrière au-dessus du moteur, Obersturmführer. On va essayer de se tirer de là, lui dit le chef de bord.

Le blindé continue à rouler. Son chef espère, dans toute la confusion de ce crépuscule de bataille, retrouver quelques compatriotes isolés, encore accrochés à un point d'appui. Son canon d'assaut progresse lentement, prudemment. Au bout de quatre cents mètres, l'Oberscharführer Stettner aperçoit quelques silhouettes à la lisière d'un bois et reconnaît la forme caractéristique des casques allemands.

– Surtout, ne tire pas, dit-il au radio-mitrailleur.

Il espère que les gars d'en face ne vont pas prendre son canon d'assaut pour un blindé américain. Couvert de feuillage, le lourd engin s'avance vers les couverts. On distingue mieux maintenant les fantassins. Ce sont des parachutistes et des éclaireurs SS, mélangés. Ils semblent tous à bout de force.

– Qu'est-ce qui se passe ici? leur demande Stettner.

Arrive justement le Sturmbannführer Holzapfel, commandeur du groupe de reconnaissance, qui ordonne à l'équipage du canon d'assaut:

– Planquez-vous sous les arbres et que votre chef me raconte ce qui s'est passé.

L'Oberscharführer Stettner fait un compte-rendu rapide de cette infernale journée de bombardement. Holzapfel lui annonce alors:

– Nous sommes sans doute encerclés et formons un « hérisson » à l'intérieur des lignes américaines. J'ai avec moi trois officiers et une quarantaine de paras et d'éclaireurs. Tous savent ce que signifie un ordre du Führer.

L'adjudant SS le sait aussi. Et depuis longtemps. C'est en Russie qu'il a appris qu'on doit traduire « ordre du Führer » par « tenir à tout prix », dans un esprit de total sacrifice.

– Vous restez chez nous avec votre canon d'assaut, lui dit alors le Sturmbannführer Holzapfel. Arrive que pourra. Vous partagerez notre sort. A la vie et à la mort.

L'Oberscharführer Stettner a l'impression que cela risque fort d'être à la mort. Il demande à son équipage d'installer le blindé en position de tir et de le camoufler avec du feuillage. Et il ne manque certes pas de branches coupées dans ce secteur.

La nuit ne va pas tarder à tomber. Cette journée du 10 juillet a été épouvantable. Se pourrait-il que demain soit pire ?

CHAPITRE XV

Au soir du 10 juillet 1944, l'état-major de la division *Götz von Berlichingen*, toujours installé à Lozon, au sud de la route de Périers à Saint-Lô, ne peut que se montrer fort pessimiste. Le rapport journalier des pertes apparaît, une fois de plus, effrayant.

Les unités au combat sont réduites désormais à moins du quart de l'effectif lors de la montée en ligne. Plus de trente officiers sont déjà tombés. Le commandeur du régiment 38 s'est suicidé. Parmi ceux qui commandaient les six bataillons d'infanterie, on compte un tué, un disparu et deux blessés, qui avaient tous le grade de Sturmbannführer. Il ne reste encore indemnes que les deux capitaines SS : Ertl au régiment 38 et Zorn au régiment 37. Les bataillons sont réduits à une moyenne de cent vingt hommes chacun. L'ensemble des grenadiers des deux régiments ne dépasse plus maintenant un millier de combattants – soit un bataillon normal...

Dans cet affrontement, chaque jour plus dur, les pertes sont provoquées à 88 % par l'artillerie et l'aviation. L'infanterie des deux camps joue tragiquement le rôle de « chair à canon ».

De plus, le régiment d'artillerie de la division *Götz von Berlichingen*, dont les batteries sont réparties à l'arrière du front, de part et d'autre de la route de Carentan à Périers, manquent de munitions et sont soumises à des attaques incessantes des chasseurs-bombardiers alliés, dans un pays où pas un avion allemand n'apparaît dans le ciel.

– A part le bataillon du génie, qui se regroupe dans la région de Hauteville-la-Guichard, nous n'avons plus aucune réserve, conclut le Sturmbannführer Conrad.

– Notre seul espoir est l'intervention des grenadiers de la

division *Das Reich* entre les marais de Gorges et le village de Sainteny. Leurs Panzers ont déjà fait du bon travail, ajoute le commandeur de la division *Götz von Berlichingen.*

Le Standartenführer Otto Baum et les officiers réunis autour de lui ne peuvent que se montrer fort inquiets de la menace qui se précise, à l'aile droite de leur secteur, dans la région située à l'ouest de la Vire et que tiennent différents éléments de la Wehrmacht, placés sous la haute responsabilité du chef de la division *Götz von Berlichingen.* Le rapport journalier n'engendre certes pas l'optimisme. Le Sturmbannführer Conrad commente la situation sur la carte et son crayon esquisse le vaste «coup de faux» qui se dessine:

– Maintenant, les Américains qui ont franchi le canal de la Vire à la Taute et enlevé Saint-Jean-de-Daye ont fait leur jonction avec ceux qui avaient établi une large tête de pont à Saint-Fromond, sur la rive gauche de la Vire, à l'ouest d'Airel. Ils continuent à progresser vers l'ouest.

– Quels sont les derniers renseignements? demande le commandeur de la division *Götz von Berlichingen* au Sturmbannführer von Le Coq.

– L'intention de l'ennemi est certes d'atteindre le cours du Lozon. Pour l'instant, les Américains se sont emparés des ruines du village du Dézert et atteignent même la corne sud-est du bois du Hommet, au nord, et les abords du hameau d'Esglandes, au sud. Cela devient inquiétant pour les défenseurs de Graignes et de Tribehou, Standartenführer.

Après un bref instant de méditation, le commandeur de la division *Götz von Berlichingen* demande brusquement:

– Et sur notre aile gauche, dans la région de Sainteny, est-ce que nos garçons parviennent à tenir?

– Ils reculent pied à pied et le village lui-même reste encore entre les mains d'un Kampfgruppe formé de grenadiers du régiment 37 et du régiment 38 totalement mélangés. Vers l'ouest, les parachutistes tiennent encore Bléhou, à l'embouchure de la Sèves, sur le marais de Gorges. Et à l'est nous nous maintenons à Saint-André-de-Bohon, au-dessus de la vallée de la Taute.

Le Sturmbannführer Otto Baum se penche sur la carte d'état-major et constate:

– Sur ce front de huit kilomètres à vol d'oiseau, il est évident que la poussée principale reste sur cette seule route droite et bien praticable aux blindés. Il faut renforcer le bouchon que nous tenons, exactement au milieu de l'itinéraire, à neuf kilomètres de Périers et à neuf kilomètres de Carentan.

– Les plus durs combats se déroulent en ce moment juste à l'est de la route, à Sainteny, et surtout près de Boisgrimot. Nous devons garder une large bande de terrain entre nos premières lignes et la route qui longe la vallée marécageuse de la Taute, conclut le Sturmbannfuhrex Conrad.

– Evidemment, rétorque Otto Baum. Il faut tenir à tout prix cet itinéraire.

Cette petite route sinueuse qui suit la vallée, depuis Saint-Sébastien-de-Raids, près de Périers, jusqu'à Saint-André-de-Bohon, passe par des hameaux aux noms évocateurs de ce pays semi-aquatique. A un kilomètre au sud du château d'Auxais, où se trouve à l'intérieur des terres le poste de secours du Dr Delitz, le médecin du régiment 37, le hameau du Canal s'étend le long de la route «côtière». Vient ensuite l'église d'Auxais, dont il ne reste, sur une hauteur dominant la vallée de la Taute, qu'un clocher ruiné. Puis la route descend jusqu'à un petit pont au lieu-dit le Moulin. Là, près d'un étrange manoir à demi ruiné qui ressemble à un décor de théâtre médiéval, une route en surplomb franchit la rivière et les marais pour rejoindre au sud le village de Marchésieux, en passant par le hameau de la Varde. Le Moulin est donc capital pour la défense, tout comme à moins de deux kilomètres en aval, toujours le long de la Taute, le lieu-dit Le Pont. Ensuite la route continue vers Saint-André-de-Bohon, limite du front tenu par les Allemands.

C'est au Pont que se trouve le dernier passage viable sur la Taute, une route qui file entre des saules rabougris à travers le marais du Fresnay, franchit la Taute et arrive au hameau de l'Isle, juste à l'entrée du village de Tribehou. Ses ruines apparaissent perchées sur une véritable péninsule, entre le cours de la Taute et celui de son affluent la Terrette.

Ces deux kilomètres de route en plein marais sont la seule liaison entre les IIe et IIIe bataillons du régiment 38, qui se battent sur la rive gauche, et le Ier bataillon qui tient toujours la rive droite et a été relativement peu éprouvé jusqu'ici.

***

Un coup d'œil sur la carte montre à l'évidence que la région de Tribehou et surtout son prolongement, la presqu'île de Graignes, forment un véritable piège naturel dont les défenseurs risquent de se voir irrémédiablement encerclés à la première attaque sérieuse de l'ennemi. A l'ouest, les prairies marécageuses où coule la Taute, de plus en plus large à mesure qu'elle se rapproche de Carentan et de la baie des Veys. Au nord, le canal de la Vire à la Taute, que les Américains ont franchi en plusieurs endroits lors de leur attaque-éclair à l'aube brumeuse du 4 juillet. A l'est, les marais de Penême qui s'étendent de chaque côté du Canal. Au sud, le bois du Hommet. A sa corne sud-ouest, les Allemands tiennent encore le village des Champs-de-Losque mais au sud-est, à deux kilomètres, ce sont les Américains venant du Dézert qui sont arrivés au village du Hommet-d'Arthenay.

Pourtant, sur cette aile droite de la division *Götz von Berlichingen*, les premières lignes de défense ne sont pas encore entamées et les grenadiers du Ier bataillon du régiment SS d'infanterie 38 tiennent encore, à l'extrême nord, le port des Planques, sur le Canal, là où se trouve le passage débouchant de la véritable île de Saint-Martin-en-Graignes, au sud de la route de Carentan à Isigny.

A la tête de ce bataillon se trouve un simple capitaine SS, le Hauptsturmführer Ertl. Il a confié la partie la plus septentrionale et la plus dangereuse de son secteur à la 2e compagnie de l'Obersturmführer Hinz, avec mission d'interdire aux Américains la traversée du Canal, des marais et de la Taute, dans cette zone stratégique entre toutes où la vallée s'élargit et où des infiltrations de fantassins pourraient prendre à revers les défenseurs allemands de Saint-André-de-Bohon.

Ceux qui tiennent Graignes tiennent en quelque sorte la « clef » de la vallée de la Taute. Ils ont à leur tête un chef qui est peut-être le meilleur officier subalterne de toute la division *Götz von Berlichingen*. Ce simple lieutenant SS porte au col la décoration de chevalier de la croix de Fer, gagnée sur les bords du Dniepr, dans les rangs de la division de volontaires germaniques *Wiking*, au cours de l'hiver précédent[1].

Peu de chefs ont une telle réputation guerrière et Bruno Hinz, qui n'a pas trente ans, a déjà toute une légende derrière lui.

Il est né dans le comté de Hohenstein lors de la Première Guerre mondiale, en 1915. Fils d'un paysan, il fut pendant huit années de sa jeunesse apprenti, puis compagnon d'un ébéniste à Nordhausen. A l'issue de son stage obligatoire au Service du Travail en Haute-Bavière, il entra comme volontaire au régiment SS *Deutschland* à Munich, alors qu'il venait d'avoir vingt et un ans. Ce qui l'intéressait alors, ce n'était pas tant l'armée que le sport. Il sera désormais de toutes les campagnes de son unité, de l'annexion de l'Autriche à l'occupation de la Bohême-Moravie. Blessé pendant la campagne de 1940 sur le front de l'Ouest, il est alors nommé Unterscharführer et envoyé à l'école d'officiers de Brunswick. Promu Untersturmführer, il mènera une section de volontaires hollandais et flamands du régiment *Westland*, depuis la frontière soviétique jusqu'aux monts du Caucase. Lors des combats de l'automne 1943, encerclé à la tête d'une compagnie, il a tenté une percée de la dernière chance. La folle entreprise réussit et les survivants gagnèrent les lignes allemandes. Mais le sous-lieutenant SS était atteint au poumon. Les médecins jugèrent la blessure mortelle et Bruno Hinz dut subir à quatre reprises des opérations désespérées. Pris en main par un célèbre chirurgien militaire, le professeur Sauerbruch, il séjourna six mois à l'hôpital.

N'importe quel autre aurait été réformé. Hinz, promu Obersturmführer, demanda à retourner dans une unité combattante. Le commandement lui confia alors la 2e compagnie de grenadiers du régiment SS d'infanterie 38. A lui d'en faire une troupe d'élite. Ce n'est pas un hasard si elle se trouve aujourd'hui à un des endroits les plus difficiles de tout le front tenu par la division *Götz von Berlichingen*.

1. Voir du même auteur, *La Panzerdivision SS Wiking*, 1981.

Dans la presqu'île de Graignes, il n'est qu'une seule route de repli. Elle rejoint Tribehou, en traversant les marais de la Terrette. Que les Américains venus du Dézert atteignent Le Mesnil-Angot, et c'est la fin – inéluctable – de la 2e compagnie.

En attendant, l'Obersturmführer Hinz tient ses positions de Graignes. Sa grave blessure à la poitrine le fait toujours souffrir, mais il n'en montre rien et continue à commander ses grenadiers qui gardent une confiance absolue pour ce lieutenant dont la croix de chevalier étincelle sur le col de sa tenue camouflée.

Tous, pourtant, pressentent le drame qui se prépare. Les Américains progressent dans les prairies marécageuses de la basse vallée de la Taute, qui s'étend, avec ses canaux et ses étangs, sous les yeux brillants de fièvre des guetteurs de la 2e compagnie. Les assaillants risquent aussi, à chaque instant, de surgir dans leur dos, avec les chars venus du Dézert, solidement tenu désormais par les Américains.

Bruno Hinz, lui, reste silencieux et imperturbable. Il pense seulement que, depuis le début de l'offensive du 4 juillet, cela fera bientôt près d'une semaine que sa compagnie reste relativement à l'écart des combats qui font rage, de l'autre côté de la Taute, près de cette église de Saint-André-de-Bohon, dont il aperçoit le clocher surgissant des hauteurs verdoyantes, à moins de quatre kilomètres du poste de commandement, de l'autre côté de ce marais désormais sillonné par des patrouilles de fantassins américains.

***

Au matin du 9 juillet, un agent de liaison arrive au poste de commandement de la 2e compagnie près de l'église et annonce :

– Je devais rejoindre le bataillon, Obersturmführer, et je n'ai pas pu passer. Les Ricains sont en train de nous encercler !

La décision du lieutenant SS est vite prise. Tout, plutôt que de tomber aux mains de l'ennemi. Il donne aussitôt ses ordres :

– Nous allons essayer de nous replier sur le village de Graignes, annonce-t-il. Rassemblement immédiat de tous les hommes valides. On emmène aussi les blessés.

Avec quelques isolés qui se sont joints à elle, sa compagnie de grenadiers se monte à environ cent vingt hommes. Cela fait même deux cents combattants, avec le groupe de sapeurs et une section d'éclaireurs de la 16e compagnie de reconnaissance régimentaire, que commande l'Unterscharführer Schaffrath.

– Les sapeurs progresseront en tête, ordonne l'Obersturmführer Hinz.

Dès qu'ils arrivent au croisement de Graignes, les premiers éléments de la compagnie Hinz sont pris sous le feu de quelques blindés américains. Ils voient tomber premiers morts et premiers blessés. Le décrochage promet de ne pas être facile. Bruno Hinz réunit les chefs de section et une rapide discussion s'engage.

– Les Américains occupent déjà Graignes, dit l'officier. Les chars ennemis y rôdent et tiennent sous le feu de leurs armes de bord les prairies. Nous ne passerons jamais par là.

– Alors nous sommes perdus, Obersturmführer ?

– Pas obligatoirement. On peut essayer de passer à travers les marais inondés de la vallée de la Taute.

– C'est impossible !

– Non. C'est seulement difficile. Très difficile.

Et l'Obersturmführer Hinz ajoute :

– Bien entendu, nous devons attendre la nuit.

Il lui reste à donner ses derniers ordres avant le départ :

– Que vos hommes en profitent pour se reposer. Vérifiez l'état des blessés. Tous ceux qui peuvent marcher marcheront. Les autres seront emmenés dans des toiles de tente, si leur état le permet.

Le chef de la 2e compagnie conclut :

– Nous formerons deux groupes. Je prendrai la tête du premier et l'Unterscharführer Schaffrath, celle du second. Allez vous préparer.

Une douzaine de blessés graves, dont un sous-lieutenant de la Wehrmacht, se rendent compte que leur transport va considérablement entraver la marche de leurs camarades.

Alors, ils préfèrent se suicider plutôt que de les retarder. Pas un n'a songé à tomber vivant entre les mains de l'ennemi.

Dans le crépuscule, on entend quelques coups de feu. Puis d'autres détonations. Elles proviennent des positions tenues par les Américains, mais ils semblent tirailler un peu au hasard et ne paraissent pas vouloir s'engager dans les marais. La voie est libre.

Dans les ténèbres, la marche devient vite très difficile à travers les prairies inondées. Parfois, l'éclaireur ou le grenadier qui marche en tête s'enfonce brutalement jusqu'à la taille. C'est une tranchée de drainage, invisible sous la surface de l'eau noire. Brusquement, les SS de la compagnie Hinz se trouvent devant un véritable canal d'irrigation, très large et assez profond. Ils n'ont pas pied et certains ne savent pas nager. Et puis, il y a les quelques blessés qui marchent tant bien que mal avec la colonne.

Deux volontaires se mettent à l'eau et vont porter jusqu'à l'autre rive une sorte de cordage fabriqué avec des toiles de tente. En s'y accrochant tous parviendront à franchir l'obstacle. Même les blessés légers s'aident les uns et les autres. Le suicide de leurs camarades avant le départ se trouve tragiquement justifié. Jamais il n'aurait été possible de les brancarder sur l'autre rive.

La marche dans les marais se poursuit, coupée de haltes chaque fois qu'il faut franchir un passage difficile ou que le chef de la petite expédition essaye de s'orienter. L'Obersturmführer Hinz voudrait surtout savoir où peuvent bien se trouver les positions ennemies et amies. Le village de Tribehou, sur son éperon au-dessus des eaux, est-il encore entre des mains allemandes ? L'officier expédie deux volontaires dans cette direction.

– Qu'ils envoient une patrouille à notre rencontre, demande l'officier. Ce sera dur de nous tirer de ces marais seuls avec nos blessés.

Les deux hommes disparaissent dans la nuit. Elle approche d'ailleurs de sa fin. Déjà, le ciel s'éclaircit vers l'est. Il va bientôt faire jour. Maintenant, le lieutenant SS Hinz vit dans la crainte de faire repérer sa colonne, en plein terrain découvert.

– Il faut nous planquer le plus vite possible, décide-t-il. Ses hommes se disséminent dans les hautes herbes du marécage et se camouflent de leur mieux. Ils vont passer ainsi, immobiles, toute la journée du 10 juillet, complètement trempés par l'eau des marais et brûlés par les rayons d'un soleil qui frappe dur ce paysage dénudé. Ils n'ont plus rien à manger et plus rien à boire. Et l'interdiction de fumer demeure absolue. C'est une question de vie ou de mort pour les fugitifs que le moindre détail ferait repérer.

A la nuit tombante, la marche reprend vers Tribehou. Voici maintenant, à nouveau, un large et profond canal qui rejoint la Taute et qu'il faut franchir. Les rescapés de la presqu'île de Graignes commencent à se désespérer. Leur chef, la poitrine bandée, grelottant de fièvre, épuisé par cette progression dans les marécages et par cette journée immobile dans la fournaise humide, craint de ne pouvoir faire franchir à ses hommes ce dernier obstacle. Des éclaireurs envoyés en reconnaissance finissent par revenir en annonçant une bonne nouvelle :

– Obersturmführer, on a trouvé une passerelle !

– Gardée ?

– Personne.

– On y va !

Ce dernier cours d'eau franchi, les SS de la compagnie Hinz vont encore devoir marcher presque toute la nuit. A l'aube du 11 juillet ils surgissent, couverts de boue et épuisés, devant des positions tenues par des grenadiers de leur bataillon, le Ier du régiment 38.

Ils sont sauvés et gagnent le village de Tribehou, où Hinz raconte son équipée au Hauptsturmführer Ertl.

– Je croyais ne plus vous revoir, dit celui-ci. J'accorde trois jours de repos à l'arrière pour tous ceux qui se trouvaient avec vous. Qu'ils gagnent leurs cantonnements. Quant à vous, il faudra quand même aller voir le médecin pour vous faire soigner.

– Me faire soigner ? dit Hinz. Peut-être. Mais me faire évacuer ? Alors, certainement pas, Hauptsturmführer.

Quelques jours plus tard, le commandant de la 2e compagnie du régiment 38 prendra la tête d'un nouveau Kampfgruppe de rescapés de la division *Götz von Berlichingen.*

CHAPITRE XVI

Ceux qui se battent dans le bocage normand, sans arrêt, jour et nuit, depuis le 4 juillet 1944, sommeillant quelques minutes au creux d'une haie, se nourrissant de quelques pommes vertes et d'un quignon de pain, accueillant une bouteille de calvados comme un trésor et un moment d'accalmie comme un séjour au paradis, finissent, sous le dur soleil de juillet et l'acier de la mitraille, par perdre toute notion du temps. Les unités se mélangent de plus en plus, au hasard des combats et plus personne ne sait quel est ce jour et quelle est cette nuit. Peut-être dans la minute suivante seront-ils déchiquetés par la gerbe d'éclats d'un obus bien précis ou la rafale d'une mitrailleuse invisible. Alors, le calendrier... Les témoignages se chevauchent et se contredisent. Il semble pourtant que l'on en soit, déjà, à la nuit du 10 au 11 juillet. Où donc ? Personne ne le sait très bien à quelques centaines de mètres près. Sans doute à l'est de Bléhou et à l'ouest de Sainteny dont les derniers défenseurs vont être submergés aujourd'hui.

De temps à autre, un obus tombe sur le bois où s'est réfugié le Kampfgruppe d'éclaireurs, de grenadiers et de parachutistes rassemblés dans la journée d'hier par le Sturmbannführer Holzapfel. L'Oberscharführer Stettner qui les a rejoints avec son canon d'assaut, unique rescapé de sa section du bataillon blindé de la division *Götz von Berlichingen*, attend l'aurore avec le calme d'un vieux soldat. Il pense surtout qu'il commence à avoir rudement faim. Un des éclaireurs arrive alors près du blindé et donne un morceau de pain à chacun des membres de l'équipage.

L'adjudant SS sait bien qu'il ne va guère dormir cette nuit-là et se contente de somnoler, assis sur son siège, tandis que les heures coulent lentement, presque calmes. Arrivent alors près de son canon d'assaut deux parachutistes, un lieutenant et un adjudant.

– Nous allons retourner près de nos anciennes positions, dit l'officier. Peut-être y retrouverons-nous quelques-uns de nos paras encore vivants.

Stettner les regarde s'éloigner dans la campagne silencieuse. Une demi-heure plus tard, on entend des éclatements de grenades pendant près d'un quart d'heure. Puis des bruits suspects. Le sous-officier, le pistolet mitrailleur au poing, saute de son canon d'assaut et s'avance. Il découvre alors l'officier para qui arrive en titubant. La poitrine ouverte par un éclat d'acier.

– Où est votre compagnon, Herr Oberleutnant?

– Mort.

– On va s'occuper de vous.

Etendu sur une toile de tente, à l'abri du blindé, l'officier est pansé tant bien que mal à la lueur d'une lampe de poche. Son torse, où se creuse une plaie profonde, ruisselle de sang qu'il paraît impossible d'étancher. Il s'affaiblit de minute en minute et ne peut plus parler. Pourtant, il fait toujours le même geste, comme s'il voulait prendre quelque chose dans la poche de son pantalon de saut. L'Oberscharführer Stettner l'aide à en sortir une carte. Le lieutenant para désigne alors de son doigt la position occupée sans doute par le Kampfgruppe et qu'il a marquée d'une croix rouge. Puis il suit une ligne, toujours tracée en rouge, qui indique à travers champs et bois un itinéraire vers un chemin creux. Sans conteste, c'est une voie de repli qu'il a ainsi repérée. Quelques minutes plus tard, l'officier meurt sans avoir toujours articulé un seul mot. Le chef de la section de canons d'assaut met la carte dans sa poche et regagne son blindé où il va finir la nuit, tandis que les hommes d'équipage creusent une fosse pour le lieutenant para.

***

A l'aube du 11 juillet, le Kampfgruppe Holzapfel se trouve toujours sous les couverts. Le commandeur a la désagréable impression d'être totalement encerclé avec la quarantaine d'éclaireurs SS et de parachutistes qui sont encore avec lui. Heureusement, il a récupéré un canon d'assaut. Pour l'instant, il décide de ne pas bouger et d'attendre que l'un des deux camps manifeste sa présence. Alors, il avisera. Les canons ennemis continuent à tirer de temps à autre, mais trop long.

Il est neuf heures du matin quand le feu se déclenche. Ce sont des mitrailleuses allemandes qui ont commencé. Mais, tout de suite, on entend les coups de canons des chars américains. Un Unterscharführer du groupe de reconnaissance se précipite vers le canon d'assaut en courant.

– Oberscharführer, dit-il à Stettner, des blindés ennemis nous arrivent de la gauche.

– Je vais aller voir, dit l'adjudant SS en sautant à terre.

Il n'a que quelques pas à faire en compagnie du sous-officier pour découvrir seize blindés américains qui avancent à environ quatre cent mètres, sur une seule file, l'un derrière l'autre. Le premier possède un soc d'acier avec lequel il éventre les haies et ouvre le passage aux suivants. Autour des chars, on aperçoit des fantassins et même quelques jeeps.

Stettner n'est pas long à comprendre ce qu'il doit faire. Il retourne à toute vitesse vers son canon d'assaut et lance à ses hommes :

– Embarquez ! Moteur en route ! On y va !

Il prend son poste de combat et donne ses ordres au conducteur et au tireur. Son blindé vient s'embusquer derrière une haie, juste à l'endroit où une brèche lui permet de passer le bout de son canon.

– Laissez passer le char avec son soc. Tirez sur le second. Feu !

Le bombardement de la veille a déréglé les appareils de visée et l'obus arrive à une quarantaine de mètres de son objectif.

– Vite, un second obus. Feu !

C'est déjà mieux.

– Troisième obus. Feu !

But ! Touché, le char américain explose. Maintenant, le pointeur a rectifié son tir. Un second char est détruit, puis un troisième. Ils commencent à brûler avec de lourds panaches de fumée noire. Les autres blindés américains accélèrent et vont se dissimuler derrière un rideau d'arbres.

– Encore quelques obus ! ordonne le chef de bord.

– Mais, Oberscharführer, on ne les voit plus.

– Tirez au jugé. On ne sait jamais...

Cette brusque attaque contre les chars a fait du même coup refluer les fantassins américains qui disparaissent dans la nature. Mais ils ne sont pas loin. Quelques minutes plus tard, l'Unterscharführer du groupe de reconnaissance vient annoncer au chef du canon d'assaut que le Kampfgruppe Holzapfel est attaqué.

– J'y vais, dit seulement Stettner. Moteur en route.

Le blindé fonce en direction de l'infanterie ennemie qui, surprise par l'attaque de ce char allemand surgi à l'improviste, reflue à toute allure. Une dizaine d'Américains tentent de se réfugier dans les ruines d'une maison. Un obus explosif, en plein dans leur refuge, fait d'effroyables ravages.

Le chef du canon d'assaut ordonne à l'équipage de tirer à cadence rapide, pour disperser les assaillants avant qu'ils n'aient le temps de se reprendre. Son chargeur se bouscule tellement à enfourner obus après obus qu'au moment où il va retirer une douille, le tireur fait feu. Le chargeur, la main écrasée entre la douille et la culasse, pousse un hurlement de douleur. Des larmes de souffrance lui jaillissent des yeux et ruissellent sur son visage.

– Sommer, lui dit le chef de bord, tu dois tenir le coup. Personne d'autre que toi peut faire ton boulot. Et si le canon s'arrête de tirer, nous sommes tous fichus.

L'engagement terminé, le canon d'assaut revient en arrière par un chemin creux, très étroit et entièrement recouvert de feuillage. Stettner guide le conducteur et fait attention de ne pas accrocher les deux haies de chaque côté de son blindé. Ce ne serait vraiment pas le moment de décheniller !

Les tirs d'infanterie ont repris. Allemands ou Américains ? La confusion et la densité de feu ne permettent même plus de savoir d'où viennent toutes ces rafales d'armes automatiques. Toujours grimaçant de douleur, Sommer se débarrasse des douilles vides qu'il jette par la lucarne latérale. Au dessus de lui, le chef de bord essaye de se repérer. A un croisement, son canon d'assaut n'est plus camouflé par le feuillage du chemin creux et il est découvert par un avion d'observation américain volant en rase-mottes au-dessus du champ de bataille. La riposte de l'artillerie ennemie ne va pas tarder.

L'Oberscharführer Stettner et son équipage arrivent alors à rejoindre le Kampfgruppe Holzapfel, où ils sont accueillis par le même Unterscharführer qui assurait la liaison. Il se trouve avec cinq de ses éclaireurs et n'a pas de bonnes nouvelles :

– Les Ricains nous ont dépassés à droite et à gauche. Il faut se replier.

– Ecartez-vous de moi, lui crie Stettner. Mon blindé a été repéré par un avion et je ne vais pas tarder à me retrouver au milieu d'un tir d'artillerie.

Bientôt tombent les premiers obus. L'un d'eux explose juste derrière le canon d'assaut, le soulève du sol et lui arrache ses deux tuyaux d'échappement. Les éclats ont atteint tous les éclaireurs qui gisent près du blindé, déchiquetés. Seul l'Unterscharführer vit encore, mais il a les deux jambes pratiquement coupées en dessous des genoux. Les hommes d'équipage le récupèrent, l'installent juste sous le canon et vont rejoindre un abri, à deux cents mètres plus loin, où le blindé s'arrêtera quelques instants, le temps de poser des garrots aux deux jambes déchiquetées du sergent SS.

Ce petit groupe d'éclaireurs est le seul rencontré par l'Oberscharführer Stettner. Le Kampfgruppe Holzapfel semble avoir totalement disparu dans le paysage. Les Américains sont partout désormais.

– Il faut percer et rejoindre nos lignes, annonce le chef de bord à ses hommes. Il n'y a plus un seul camarade ici.

Il doit choisir un itinéraire de repli. Surtout pas l'étroit chemin creux qui semble mener droit vers des positions ennemies. L'Oberscharführer Stettner se souvient alors de la carte que lui a remise avant de mourir le lieutenant de paras. Il n'a qu'à suivre l'itinéraire de repli indiqué en rouge ! Après avoir été encore accompagné un moment par l'avion d'observation et escorté par des salves d'obus, le canon d'assaut s'engage dans un nouveau chemin, sous des couverts où il disparaît. L'équipage a pu apercevoir tout au long de sa route les cadavres de nombreux soldats allemands, victimes de l'artillerie.

Brusquement, de part et d'autre du blindé couvert de feuillage apparaissent des soldats ennemis, visiblement persuadés que cet engin ne peut qu'être des leurs. Ils saluent l'équipage en levant leurs fusils.

– Feu à volonté ! hurle le chef de bord.

Quelques obus explosifs à droite et à gauche ouvrent un chemin sanglant au milieu des fantassins américains. Soudain, l'Oberscharführer Stettner, juste à la sortie d'un tournant, aperçoit un canon anti-char. Cette fois, cette pièce de Pak bien camouflée ne peut qu'être allemande. L'adjudant SS sort le buste hors de l'écoutille et fait de grands gestes pour faire repérer son uniforme camouflé. Trois paras surgissent des couverts. Ils reconnaissent un de leurs compatriotes et lui lancent :

– Vous avez de la chance. On allait tirer !

– Mais oui, explique un sergent. De là d'où vous veniez, il ne pouvait y avoir que des Ricains.

Et le para ajoute aussitôt :

– Ce canon appartient à votre division. Ses servants ont été blessés et vous les trouverez dans un poste de secours à deux cents mètres d'ici.

– Est-ce que je peux récupérer cette pièce de Pak ?

– Elle est à vous.

L'équipage l'accroche aussitôt derrière le canon d'assaut qui, après avoir chargé les SS blessés, aussitôt regroupés sur la plage arrière, continue son chemin vers l'est à travers des pâturages.

– Encore des Ricains, Oberscharführer !

– Je les ai vus, dit Stettner. On leur fonce dedans.

Avec sa grappe humaine de blessés et de paras accrochés au blindage, le canon d'assaut expédie quelques obus explosifs. Les fantassins ennemis semblent tellement surpris de cette attaque qu'ils ne réagissent même pas et se dispersent, cherchant quelque abri.

Peu après, le blindé de la division *Götz von Berlichingen* rencontre sur une route de campagne qui mène vers l'axe Carentan-Périers une file de camions chargés de grenadiers

SS. Sur leurs véhicules on reconnaît le signe tactique de la division *Das Reich*. Voici enfin des renforts d'infanterie que le commandement allemand va lancer à la contre-attaque dans ce secteur.

L'Oberscharführer Stettner met son canon d'assaut à l'abri sous des couverts et réussit à trouver un motocycliste de son unité qui va le conduire au poste de commandement du bataillon blindé dont il dépend. Dans la cour, se tient le commandeur par intérim, le Hauptsturmführer Grams.

– On m'a dit que vous étiez tous disparus dans la bataille, dit-il au chef de la section de canons d'assaut.

– J'ai en effet perdu trois blindés, Hauptsturmführer. Mais je ramène le mien. Et il n'y a qu'un seul blessé dans mon équipage.

– Venez au poste de commandement, rétorque Grams. Vous me raconterez tout cela en détails.

***

Dans le même petit château se trouve aussi le poste de commandement du régiment parachutiste du lieutenant-colonel baron von der Heydte. Celui-ci, les traits tirés par la fatigue, le visage encore plus maigre, la peau tendue sur les pommettes, les joues creuses, est en train de préparer une contre-attaque avec un revenant, le Sturmbannführer Holzapfel. Dans son uniforme noir, lui aussi le visage ravagé par l'épuisement, il ressemble à un fantôme resurgi de quelque enfer.

On ne sait par quel miracle, il a réussi à regagner son poste de commandement, situé dans un groupe de fermes à La Guillotterie, à l'est de la grande route à mi-chemin de Sainteny et de Raids. Le commandeur du groupe de reconnaissance de la division *Götz von Berlichingen* n'a plus qu'une quarantaine de ses éclaireurs avec lui et sa 1re compagnie a perdu tous ses blindés de reconnaissance. C'est à pied que ses hommes combattent désormais. Comme il en a reçu l'ordre depuis quelques jours, Holzapfel doit mettre ce dernier carré de combattants à la disposition du lieutenant-colonel von der Heydte.

Les deux officiers, en cette journée du 11 juillet, étudient la possibilité d'une contre-attaque. Ils vont même avoir le soutien de deux canons d'assaut que commande l'Unterscharführer Böckmann, de la 3e compagnie du bataillon blindé *Götz von Berlichingen*. Ce sergent SS désire cependant, avant de participer à l'opération, se faire amputer, à l'ambulance des paras, d'un doigt de la main gauche, qu'un éclat vient de lui déchiqueter irrémédiablement.

– Dès que notre médecin, le Dr Husemann, m'aura opéré, je vous assure que je remonte sur mon blindé, dit-il posément.

– Impossible de vous accorder le temps nécessaire à l'intervention, lui dit von der Heydte. Nous allons mener notre contre-attaque tout de suite.

Parachutistes et éclaireurs SS, entourant les deux canons d'assaut, se glissent à travers un terrain assez couvert, où ils sont dissimulés aux vues des avions d'observation américains.

Dès qu'ils débouchent des lisières, les Allemands sont aussitôt localisés et un terrible feu d'artillerie s'abat sur eux. Canons et mortiers expédient des milliers de projectiles.

Les paras ne s'en engagent pas moins sur le terrain dégagé, où ils subissent aussitôt des pertes effroyables. Ils vont tous périr, criblés d'éclats. Resté sur la lisière avec ses deux canons d'assaut, l'Unterscharführer Böckmann observe ce carnage.

– Il faut faire quelque chose pour eux, lance le sergent SS à ses hommes d'équipage.

Il ne voit qu'une seule issue, attirer sur lui le feu ennemi et détourner du même coup l'attention de sur les paras éparpillés au milieu de ce terrain découvert. Par radio, le sergent SS ordonne au chef du second canon d'assaut :

– On sort des lisières et on s'avance d'une cinquantaine de mètres.

– Mais ils vont nous prendre pour cibles !

– Justement.

Pour Böckmann, les blindés, sous la mitraille, risquent moins que des fantassins. Sous les gerbes de mitrailleuse et les tirs de mortiers lourds, les deux blindés allemands s'avancent, à cent mètres l'un de l'autre. Ils entament alors un véritable ballet, changeant sans arrêt de vitesse et de direction. Aucun pointeur d'artillerie n'arrive à les prendre dans sa ligne de mire avec toutes ces évolutions fantaisistes.

Quand il estime qu'il a assez « amusé » les Américains, l'Unterscharführer Böckmann ordonne à son coéquipier :

– Maintenant, c'est fini de jouer. On se replie par la petite route entre la Guillotterie et la Roserie.

Ces deux hameaux sont situés de part et d'autre de la route de Carentan à Périers. Les deux canons d'assaut doivent la traverser à toute allure. On se bat désormais à mi-chemin de Sainteny et de Raids, où se trouve la base avancée du bataillon blindé de la division *Gotz von Berlichingen* que commande le Hauptsturmführer Grams, l'adjoint du Sturmbannführer Kipplinger.

***

Même si la contre-attaque des parachutistes et des éclaireurs a échoué, l'aile gauche de la division *Götz von Berlichingen* parvient à contenir à peu près les assauts américains, surtout depuis l'intervention des panzers de la division *Das Reich* et de ses deux bataillons d'infanterie SS, l'un du régiment *Deutschland* et l'autre du régiment *Der Führer*, qui combattent désormais à l'ouest de Sainteny.

Au centre, les rescapés du régiment 37 tiennent la région d'Auxais jusqu'au Moulin, où ils gardent le contact avec leurs camarades du régiment 38, qui s'avancent jusqu'au-delà du Pont, sur la route de Saint-André-de-Bohon, le long de la vallée de la Taute, sur la rive gauche.

La situation est de plus en plus grave sur l'aile droite. Les Américains attaquent à partir du Mesnil-Angot, arrivent jusqu'au hameau du Glinel et parviennent même à s'emparer du village de Tribehou, sur la rive droite de la Taute. Qu'ils franchissent la rivière et continuent à progresser vers l'ouest, toutes les positions tenues par les grenadiers de la division *Götz von Berlichingen*, les paras du 6e régiment, les panzers de la division *Das Reich* et les deux bataillons d'infanterie SS, tout juste jetés dans la bataille, seront irrémédiablement encerclés au nord-est de Périers.

– Si l'ennemi réussit une telle avance sur notre droite, lance le Standartenführer Baum, c'est que tout commence à craquer au nord de Saint-Lô.

Et le commandeur de la division *Götz von Berlichingen* confie aux officiers de son état-major :

– Sans une contre-attaque sur le flanc des Américains qui ont franchi, depuis une semaine maintenant, le Canal et la Vire, nous sommes perdus.

Cette contre-attaque, le commandement allemand y songe. Après bien des hésitations et des retards, elle est confiée à la célèbre *Panzer-Lehr*, la division blindée d'instruction de la Wehrmacht qui est arrivée sur le front de Normandie avec la réputation d'être la plus formidable unité militaire du IIIe Reich. Après avoir combattu dans le secteur de Caen, elle se trouve rassemblée depuis le 7 juillet dans la région de Pont-Hébert, sur la Vire, au nord de Saint-Lô. Son chef, le général Bayerlein, est à la fois fonceur et prudent. Ce n'est qu'aujourd'hui, 11 juillet, qu'il lance ses panzers à la contre-attaque.

Le but de l'opération est de couper de leurs arrières les forces américaines qui ont franchi le Canal et la Vire. La *Panzer-Lehr* peut encore aligner pour cette opération deux régiments de grenadiers blindés, le 901e et le 902e, trois douzaines de chars, dont un tiers de type « Panther », et un renfort de la division *Götz von Berlichingen*. Il s'agit du Kampfgruppe de l'Untersturmführer Hoffmann [1] de la 3e compagnie du bataillon Pak. Outre sa compagnie de canons anti-chars automoteurs, il a sous ses ordres deux groupes de grenadiers SS.

En face, les Américains alignent trois divisions. Les Allemands vont se battre à un contre quatre. Ils n'ont qu'un privilège : choisir le lieu, le jour et l'heure. Et aussi bénéficier

1. Ne pas confondre cet Hoffmann avec les deux autres... Il y a en effet au moins trois officiers du nom de Hoffmann à la division *Götz von Berlichingen*. Tous les trois ont le grade d'Untersturmführer, c'est-à-dire de sous-lieutenant SS. L'un commande la 11e compagnie du régiment d'infanterie 37. Le second, après avoir été officier d'ordonnance du commandeur du régiment 38, a pris la tête d'un Kampfgruppe (c'est lui qui a fait sauter le pont de Port-Saint-Pierre). Le troisième enfin sert dans la 3e compagnie du bataillon Pak divisionnaire (chasseurs de chars équipés de canons automoteurs de 75). C'est de ce dernier dont il s'agit lors des opérations du 11 juillet, avec la division *Panzer-Lehr* de la Wehrmacht.

de la brume de l'aube et du temps couvert. A six heures et demie du matin, la pointe avancée de la division Panzer-Lehr se trouve déjà à trois kilomètres à l'intérieur des lignes américaines. Deux postes de commandement de bataillon sont enlevés et on compte de nombreux prisonniers. Cette brusque contre-attaque sur leur flanc semble avoir totalement surpris les Américains. Dans leurs panzers, les chefs de bord s'interpellent à la radio :

– Ça marche !

Voici les blindés allemands dans la région du Dézert, cette plaque tournante du dispositif ennemi à l'ouest de la Vire. Toute l'aile droite du secteur occupé par la division *Götz von Berlichingen* et les Kampfgruppen de la Wehrmacht qui s'y rattachent va enfin être soulagée.

Seulement ce terrain de bocage, avec ses collines, ses chemins creux, ses haies, est favorable à la défense – sans cela, les Allemands n'auraient jamais tenu comme ils ont tenu depuis le 6 juin.

Rapidement, la supériorité ennemie s'avère écrasante. Le commandement américain rameute ses blindés contre la trentaine de panzers qui ouvrent le chemin à la contre-attaque du général Bayerlein.

Le commandeur de la plus célèbre division de la Wehrmacht, sans cesse sur la brèche depuis les premières heures du débarquement allié, ne commande plus qu'une unité réduite au tiers de sa force initiale.

Il n'y a plus qu'un atout dans le jeu du général allemand : le temps couvert. S'il persiste, l'aviation alliée ne pourra intervenir. Mais le ciel va lui refuser la victoire. Dès onze heures du matin, les lourds nuages se dissipent, des éclaircies apparaissent et surgissent alors les terribles chasseurs-bombardiers.

– *Achtung !* Jabos *!*

Ce cri, depuis cinq semaines, a toujours été l'annonciateur des catastrophes. En quelques minutes, vingt panzers sont détruits et un demi-millier de grenadiers tués ou blessés. Le capitaine Philipps, qui avait pris la tête de cette charge « à la hussarde », est fait prisonnier. La contre-attaque de la *Panzer-Lehr* se solde par un échec, mais elle n'en a pas moins calmé l'adversaire et l'oblige à reprendre haleine sur ses positions conquises.

⁂

Lors de cette opération vouée à l'insuccès, la coopération n'a pas toujours été impeccable entre les soldats de la Wehrmacht et ceux de la Waffen SS. Un incident significatif s'est même déroulé avec un sous-officier du Kampfgruppe Hoffmann.

L'Oberscharführer Braun, chef de section à la 3e compagnie du bataillon blindé de la division *Götz von Berlichingen*, reçoit l'ordre de se présenter à un état-major de la Wehrmacht. L'adjudant SS n'est pas peu surpris d'y être accueilli par un général en personne. Celui-ci toise le sous-officier SS avec un air un peu méprisant et lui dit :

– Vous allez mener une contre-attaque avec votre canon d'assaut et quelques soldats de la Wehrmacht.

– C'est une mission sans espoir, Herr General. Et de plus, notre sacrifice ne servira à rien.

Le général bondit et se met à hurler :

– Vous osez discuter mes ordres !

– Je vous fais seulement remarquer qu'ils sont impossibles à exécuter...

Le général devient aussi cramoisi que la large bande d'étoffe qui orne sa culotte d'équitation. Il se met à vociférer :

– C'est un refus d'obéissance en présence de l'ennemi ! Et une attitude injurieuse envers un supérieur ! Vous allez immédiatement me remettre votre livret militaire et je vais vous faire traduire en conseil de guerre. Je pense que vous savez ce que cela vous coûtera ?

L'adjudant SS se contente de répondre :

– Votre mission-suicide, je vais l'exécuter. Et si j'en reviens, un seul homme pourra me juger, le commandeur de ma division. Vous n'avez qu'à transmettre votre plainte à l'officier de justice de la division *Götz von Berlichingen*.

Le général empoche le livret militaire d'un air furieux, tandis que Braun salue et quitte rapidement cet état-major de la Wehrmacht où il a l'impression d'avoir été accueilli comme un chien.

Quelques instants plus tard, Braun se met en route vers l'ennemi à bord de son canon d'assaut. Comme il l'avait prévu, à la première riposte américaine, les fantassins de la Wehrmacht, qui formaient l'infanterie d'accompagnement, se débandent et disparaissent dans la nature. Voici l'adjudant SS tout seul avec son équipage.

Un coup fantastique fait vibrer tout le blindage. Le canon d'assaut est atteint de plein fouet par un obus ennemi. C'est désormais une épave qui peut prendre feu d'une seconde à l'autre.

– Evacuation ! ordonne Braun.

Ses hommes sautent à terre et courent chercher un abri. L'Oberscharführer Braun se retrouve seul avec le conducteur qui se prénomme Peter. Quelques fantassins américains surgissent alors et font les deux Allemands prisonniers.

– Ne vous en faites pas, Oberscharführer, parvient à lui dire son compagnon, j'ai toujours mon pistolet glissé dans la ceinture de mon pantalon.

Les deux captifs sont conduits vers une jeep, dont le chauffeur a l'ordre de les conduire à l'arrière pour y être interrogés.

La petite automobile vient à peine de quitter le poste de commandement américain que Peter sort son pistolet et ordonne au chauffeur de faire demi-tour.

– Direction, les positions allemandes ! s'exclame joyeusement l'Oberscharführer Braun.

Entre les lignes, dans le no man's land, les deux Allemands aperçoivent un blindé américain des transmissions. Il semble être seul en pleine campagne et ne bénéficie d'aucune protection d'infanterie.

– On le prend à l'abordage ! s'exclame Braun !

– Avec notre seul pistolet, Oberscharführer ?

– Mais oui, Peter. Il faut tenter le coup.

Les transmetteurs n'en reviennent pas d'être attaqués par deux SS à bord d'une jeep américaine, conduite de surcroît par un de leurs compatriotes. Ils acceptent de se rendre et de suivre le petit véhicule vers les lignes allemandes.

Ce blindé des transmissions, orné de quelques croix noires

à la place des étoiles blanches, servira désormais de poste de commandement au bataillon blindé de la division *Götz von Berlichingen.*

Il reste un problème à régler, la plainte du général de la Wehrmacht contre l'Oberscharführer Braun. Deux jours après son retour dans les lignes allemandes, le sous-officier est convoqué à l'état-major de la division.

– Ordre de vous présenter au Standartenführer Baum.

L'adjudant et le colonel SS sont de vieux camarades de combat qui se connaissent depuis 1941. Ils vont rédiger ensemble un rapport destiné à l'échelon supérieur et qui innocente totalement l'Oberscharführer Braun. Mieux, son équipée dans les lignes ennemies, assortie de la capture d'une jeep et d'un blindé, lui vaudra une citation.

Quant au général de la Wehrmacht il ne lui restait plus qu'à déclarer à qui voulait l'entendre que, décidément, ces hommes de la Waffen SS étaient tous des soldats impossibles, brouillés avec la discipline militaire.

CHAPITRE XVII

A l'aile gauche du front tenu par la division *Götz von Berlichingen*, les parachutistes du lieutenant-colonel von der Heydte reçoivent l'ordre de se replier légèrement vers l'ouest et d'ancrer leur défense sur la Sèves, une rivière qui se jette dans les marais de Gorges, près du manoir de Bléhou.

Les Américains poursuivent leur offensive. Ils avancent beaucoup plus lentement qu'ils ne l'avaient prévu dans leur plan initial et leurs pertes dépassent les prévisions les plus pessimistes. Mais ils grignotent du terrain et font lentement tache d'huile...

Les assaillants progressent à la charnière des positions tenues par les parachutistes et par les éclaireurs du groupe de reconnaissance du Sturmbannführer Holzapfel. Complètement disloquée au cours de la matinée, cette unité, déjà très éprouvée par la contre-attaque de la veille, se voit pratiquement anéantie. Pourtant, pendant encore quelques heures, des petits groupes vont lutter désespérément pour essayer de retarder l'avance des Américains. Ceux-ci essayent de percer vers Raids, étape indispensable avant d'arriver à Périers, qui est encore à une bonne demi-douzaine de kilomètres au sud-ouest.

Vers midi, ce 12 juillet, le Sturmbannführer Holzapfel arrive au poste de commandement du 6e régiment de chasseurs parachutistes.

– Herr Oberstleutnant, dit-il au lieutenant-colonel von der Heydte, je n'ai plus un seul véhicule. Pourriez-vous me confier un blindé sanitaire ?

– Pour quoi faire ?

– J'ai repéré un groupe de blessés, paras et SS, entre les lignes. Je voudrais aller les chercher.

– Alors notre médecin, l'Oberfeldarzt Roos, vous accompagnera.

Le blindé avec les deux officiers supérieurs à son bord s'éloigne rapidement du poste de commandement des paras. Le chemin à parcourir n'est pas long pour rejoindre l'endroit où gisent les hommes gravement atteints lors de la contre-attaque de la veille et qui ont passé la nuit entière sur le terrain, gémissant de douleur ou tremblant de fièvre.

Au moment de l'évacuation, des Américains surgissent et capturent tout le monde.

Personne ne saura au juste ce qui se passera alors. Selon certains témoignages, le Dr Ross aurait été fusillé. La raison? Il portait sur sa poitrine la décoration de la croix allemande en or qui comporte en son centre une immense croix gammée. Cette distinction militaire l'aurait fait prendre par ceux qui l'avaient capturé pour un « officier politique national-socialiste ». Quant au Sturmbannführer Holzapfel, il portait sur sa tenue noire les deux runes SS alors qu'il se trouvait, sans doute armé, dans un véhicule blindé sanitaire. Selon un témoignage, il aurait été grièvement blessé avant d'être emmené dans une captivité dont il ne reviendra jamais. Il portait sur lui une sacoche avec des cartes renseignées qui vont se révéler fort utiles aux artilleurs américains.

***

Désormais, il n'y a plus de combattants de la division *Götz von Berlichingen* à l'ouest de la route de Carentan à Périers, ni sur cet axe lui-même. La relève est assurée par un Kampfgruppe de la division *Das Reich* que commande l'Obersturmbannführer Weidinger et qui rassemble avec des grenadiers des régiments *Deutschland* et surtout *Der Führer*, des éclaireurs, des pionniers et quelques panzers de son camarade l'Obersturmbannführer Tychsen, commandeur du régiment blindé. Ces deux lieutenants-colonels SS organisent la défense de part et d'autre de la route. Maintenant que Sainteny est perdu pour les Allemands, c'est à Raids que va s'ancrer la défense avancée de Périers

Plus au centre, vers le cours de la Taute, on se bat toujours à l'est du hameau de Boisgrimot et à l'ouest du château d'Auxais. Mais les unités de grenadiers de la division *Götz von Berlichingen*, réduites désormais à moins d'un millier de combattants, sont irrésistiblement poussées vers la vallée et ses prairies marécageuses. Le dos à la Taute, totalement épuisés par huit jours de combats incessants, les survivants des compagnies de combat des deux régiments SS d'infanterie de la division font pourtant face. Garder les deux passages sur la rivière reste vital.

Les débris du régiment 37, avec le Kampfgruppe Ullrich et le Kampfgruppe Zorn, tiennent encore le hameau du Canal et l'église d'Auxais. A leur nord-est, le long de la rive gauche de la vallée de la Taute, se battent les hommes du Kampfgruppe Lorenz et du Kampfgruppe Hoffmann, presque tous anciens du régiment 38. Ils s'efforcent de garder à tout prix le contrôle du hameau du Moulin, d'où part la route pour Maréchésieux, et du hameau du Port, d'où une digue rejoint le village de Tribehou, dressé sur un éperon de la rive droite.

Les deux commandeurs de régiments se trouvent encore parmi leurs hommes. L'Obersturmbannführer Fick est indemne mais son camarade, le Sturmbannführer Nieschlag, blessé au genou le 8 juillet, semble de plus en plus handicapé.

***

Sur l'autre rive de la Taute, aux abords de Tribehou, une nouvelle unité de la division *Götz von Berlichingen* vient enfin de faire son apparition sur le champ de bataille.

Le bataillon du génie de la division *Götz von Berlichingen* dont le commandeur, le Hauptsturmführer Fleischer, vient d'être nommé Sturmbannführer depuis quelques jours, n'a quitté Saumur que le 10 juillet, pour gagner le front de Normandie dans la région de Hauteville-la-Guichard, au sud de la route de Saint-Lô à Périers. Cette unité arrive à un moment où la situation devient particulièrement critique pour les forces allemandes. Le bataillon n'est d'ailleurs pas au complet et ne comprend que trois compagnies de combat de sapeurs, soit six cent cinquante combattants. Les pontonniers sont pour l'instant maintenus sur les bords de la Loire. Dans la nuit du 11 au 12 juillet, le bataillon rejoint Gournay, entre Tribehou à l'ouest et le bois du Hommet à l'est. Le village se trouve sur la Terrette, un affluent de la Taute, qui coule dans des prairies marécageuses encore bien gorgées d'eau.

– Quels sont mes voisins ? demande le Sturmbannführer Fleischer en prenant les ordres à l'état-major.

– A droite, des parachutistes et à gauche des grenadiers SS du Kampfgruppe Ertl.

C'est ainsi que l'on nomme désormais l'ancien Ier bataillon du régiment 38, auquel se sont joints un certain nombre d'isolés.

– Puis-je espérer quelque appui ?

– Une section de Flak légère de la Wehrmacht et une petite pièce de Pak. Ce sera tout. Vous aurez aussi avec vous un observateur d'artillerie de la division *Das Reich* qui pourra régler quelques tirs à votre profit.

– Mission ?

– Tenir. Un point, c'est tout.

A peine arrivés sur leurs positions, les sapeurs doivent y accomplir les travaux de leur spécialité. Ils détruisent les ponts sur la Taute entre Le Port et Tribehou, comme entre Le Moulin et La Varde. Et puis ils posent des mines. Des centaines, peut-être des milliers de mines. Les hauteurs qui dominent la vallée du Lozon doivent devenir une solide ligne de défense, au nord-est du cours de cette rivière.

Dès le 12 juillet, au début de l'après-midi, une patrouille de la 2e compagnie du génie Eggert s'engage dans le bois du Hommet. Les sapeurs s'avancent sous les couverts, s'attendent à chaque instant à être accueillis par un feu d'enfer venant d'ennemis bien dissimulés dans les broussailles. Mais tout semble désert et les patrouilleurs regagnent leurs positions, presque désappointés de cette première mission trop facile...

Pourtant, les Américains ne sont pas loin. Ils vont se manifester en lançant une première attaque sur Gournay, peu après quatre heures de l'après-midi. Les sapeurs tiennent bon mais des reconnaissances après l'accrochage tombent dans le vide. Leurs voisins paras ont été obligés de reculer, dégarnissant leurs positions.

– Les Américains attaquent à nouveau sur Gournay !

Cette fois, c'est beaucoup plus sérieux. Un premier assaut est repoussé à cinq heures de l'après-midi mais, une heure plus tard, les assaillants parviennent à ouvrir une brèche

– La 2e compagnie d'Eggert et la 3e compagnie de Müller contre-attaquent immédiatement, ordonne le Sturmbannführer Fleischer.

Ce seront deux échecs. Sanglants. Plutôt que de laisser encercler et massacrer tous ses sapeurs, le commandeur du bataillon du génie décide en fin de journée d'abandonner Tribehou. Il entend alors, tout près de lui dans les lignes allemandes, deux fortes déflagrations.

Dans le crépuscule, à l'approche de deux blindés ennemis, un sous-lieutenant de la Wehrmacht vient de faire sauter une pièce de 75 Pak et un canon de 88, sans avoir tenté de tirer avec eux un seul coup. Les SS et les paras que ces bouches à feu devaient soutenir apprécient peu...

La situation s'aggrave rapidement. Le Sturmbannführer Fleischer demande un soutien d'artillerie et commence à organiser son propre poste de commandement pour une défense « en hérisson », car il est coupé de ses trois compagnies au combat. Il est sept heures du soir quand l'encerclement devient évident. Dans la nuit même qui suit son arrivée au front ! Le commandeur du bataillon du génie de la division *Götz von Berlichingen* n'attend pas longtemps pour prendre sa décision. Tout peut être une question de minutes désormais.

– On va percer, ordonne-t-il, puis rétablir la liaison avec nos camarades.

Par trois fois, les assauts des sapeurs du poste de commandement échoueront. Il est près de minuit quand le Sturmbannführer Fischer décide :

– On va reformer le hérisson et envoyer des patrouilles.

Ce ne sera qu'à trois heures du matin que le commandeur du bataillon du génie parviendra à rétablir la liaison avec ses sapeurs et ses paras, qui essayaient de le dégager à partir des Champs-de-Losque, en essayant de progresser vers le nord.

Maintenant qu'il a rassemblé tout son monde et renoué les liaisons avec ses voisins, le Sturmbannführer Fleischer décide :

– L'attaque aura lieu à six heures du matin.

Une heure avant les Allemands, ce seront les Américains qui lanceront un violent assaut sur les paras et les sapeurs SS. Cette fois, toutes les liaisons sont rompues tant avec les artilleurs qu'avec les grenadiers du Kampfgruppe Ertl.

– Tant pis, décide Fleischer. J'ai décidé d'attaquer et j'attaque. La 2e et la 3e compagnie en avant. La 1re de Schleichert en réserve.

Cet assaut furieux des sapeurs va se heurter à une vive résistance. Les ponts sur la Taute ont certes été détruits, mais les Américains les ont remis en état presque aussitôt. Eux aussi s'y connaissent en génie d'assaut.

Pour le Sturmbannführer Fleischer, qui rassemble les rescapés de ses trois compagnies de combat du génie, il n'y a plus d'autre issue que de se replier par ordre sur la ligne de résistance du Lozon. En deux jours de combat, les sapeurs du bataillon du génie de la division *Götz von Berlichingen* comptent une douzaine de morts, près de soixante-dix blessés et surtout une centaine de disparus.

Leur baptême du feu aura été aussi rude que celui de leurs camarades des compagnies d'éclaireurs ou de grenadiers.

***

A l'aile droite du front de la division *Götz von Berlichingen* interviennent d'autres éléments de la division *Das Reich.* Il s'agit du Kampfgruppe de l'Obersturmbannführer Wisliceny, qui comprend des grenadiers du régiment *Deutschland,* des sapeurs du génie SS et quelques canons d'assaut appartenant à la division *Panzer-Lehr* de la Wehrmacht.

Se battent également dans ce secteur de l'aile droite, des chasseurs du 13e régiment de parachutistes qui vont montrer autant de mordant que leurs camarades du 6e régiment von der Heydte, sur l'aile gauche.

***

Panzers allemands et blindés américains ne cessent de se livrer des duels impitoyables. Les chars sautent et brûlent.

Les équipages souffrent et meurent. Partout flambent des épaves que surmontent de noirs panaches de fumée. Les grenadiers, épuisés, s'accrochent à leurs tranchées et à leurs trous. Tout le paysage semble s'embraser.

Le hasard des combats mélange les unités. Si les blindés à croix noire n'ont plus d'infanterie d'accompagnement, les grenadiers SS doivent se battre sans le soutien des panzers. Toutes les liaisons sont rompues. Les fantassins subissent les assauts les plus durs, refluent, se reprennent et partent à la contre-attaque. Les rescapés du IIe bataillon du régiment 38 arrivent à libérer une soixantaine de leurs camarades prisonniers et à s'emparer de deux canons d'infanterie. Mais ce n'est qu'un sursaut avant un nouveau recul.

Le long de la vallée marécageuse de la Taute, les grenadiers SS de l'Obersturmbannführer Fick et du Sturmbannführer Nieschlag, que sa blessure va contraindre à abandonner dès le lendemain son commandement, sont inexorablement repoussés vers le sud-ouest. Après des combats acharnés au corps à corps, ils perdent le hameau du Port et ne contrôlent plus la route vers Tribehou, désormais aux mains des Américains. Toute la défense se concentre maintenant autour du hameau du Moulin, de la hauteur d'Auxais et de la presqu'île de La Varde, entre les cours de la Taute, à l'ouest, et du Lozon à l'est. Au-delà de cette rivière, la situation devient si grave que le commandement envisage, pour la nuit du 13 au 14 juillet, un repli sur ce que l'on nomme « la ligne des eaux ». Les Allemands encore en ligne sont totalement épuisés.

L'Untersturmführer Hoffmann – ce sous-lieutenant SS qui a réussi le coup de main sur Port-Saint-Pierre à partir de Rougeville – voit son Kampfgruppe réduit à une cinquantaine de grenadiers, armés seulement de quatre mitrailleuses. Une patrouille envoyée en reconnaissance vers l'ouest ne revient pas. Finalement, toute l'unité est disloquée et les Américains s'infiltrent entre les petits groupes. Les mitrailleuses allemandes se taisent l'une après l'autre, tandis que les survivants sont pris sous un déluge d'obus de canon et de mortier. Maintenant, ce sont les fantassins américains qui arrivent au contact. Des rafales d'armes automatiques cinglent les dernières positions que tiennent encore les Allemands, non loin du village perdu de Saint-André-de-Bohon.

– En arrière ! s'écrie l'Untersturmführer Hoffmann.

Quand il donne cet ordre, l'ancien officier d'ordonnance du régiment 38 n'a plus avec lui que son agent de liaison et un seul grenadier ! Toutes les routes, à commencer par celle qui longe la rive gauche de la Taute, sont entre les mains de l'ennemi. Les trois rescapés du Kampfgruppe Hoffmann doivent alors se glisser à travers les hautes herbes des prairies marécageuses, pour essayer d'échapper à l'inéluctable capture. Quand ils arrivent à la hauteur du pont sur la Taute entre Le Port et Tribehou, ils aperçoivent dans le crépuscule des silhouettes sur l'ouvrage.

– Des Ricains ! Nous sommes perdus.

Heureusement pour eux, la nuit tombe et ils parviennent à trouver une digue qui semble rejoindre Tribehou, sur la rive droite. C'est pour découvrir que le village est, lui aussi, occupé par les Américains.

– Il n'y a qu'une solution, décide le sous-lieutenant SS. Nous allons remonter le cours de la Taute, jusqu'à rencontrer nos camarades.

Les deux hommes qui le suivent croient de plus en plus qu'ils n'ont plus aucune chance de s'en sortir. Mais leur chef garde confiance. Pataugeant dans le marécage, il se dirige vers la presqu'île de La Varde, entre la Taute et le Lozon. Ce serait bien le diable si les Allemands ne tenaient plus ce point fort, qui forme la pointe septentrionale de la « ligne des eaux ».

Les trois silhouettes se glissent dans la nuit. Voici enfin un peu de terre ferme, une haie, un clos, une autre haie, quelques pans de murs qui indiquent l'emplacement de l'ancien hameau.

– *Wer da ?* crie une sentinelle.

– *Kampfgruppe Hoffmann !* répond le sous-lieutenant SS.

Les trois hommes s'avancent et se font reconnaître. Surgit alors le Haupsturmführer Ertl, l'ancien commandeur du Ier bataillon du régiment 38. Hoffmann se présente à lui.

– Nous arrivons de Saint-André-de-Bohon, Hauptsturmführer.

Le capitaine SS semble stupéfait que trois hommes aient réussi ainsi, à la faveur de la nuit, à s'échapper de la rive gauche et à rejoindre devant La Varde le confluent de la Taute et du Lozon.

– J'ai une mission pour vous, Hoffmann, lui dit son chef. Vous allez prendre le commandement d'un nouveau Kampfgruppe. Il rassemble une cinquantaine d'hommes. Presque tous viennent de la compagnie d'état-major et des services. Il faudra qu'ils se battent comme les autres.

– Et comme armement, Hauptsturmführer?

– Quatre mitrailleuses. Formez tout de suite trois groupes de combat, avec des sous-officiers à leur tête, et installez-les en défensive au sud de Tribehou, face à l'est. Après, vous pourrez essayer de trouver des vêtements secs et même de dormir un peu.

Voici l'Untersturmführer Hoffmann à la tête d'un nouveau Kampfgruppe sur la rive droite de la Taute, tandis que son camarade Lorenz, avec les rescapés des deux derniers bataillons du régiment 38, se trouve encore sur la rive droite. Pour peu de temps.

***

De toutes les unités de la division *Götz von Berlichingen*, une des plus éprouvées est sans doute le groupe de reconnaissance. Son commandeur a disparu au combat et toutes les compagnies ont subi des pertes effroyables. Le Standartenführer Baum décide de reconstituer l'unité tant bien que mal et de la placer pour l'instant en réserve. Elle va prendre ses cantonnements à Feugères, juste au sud de la route de Périers à Saint-Lô, non loin de Lozon, où se trouve le poste de commandement de la division. C'est un simple lieutenant SS, l'Obersturmführer Mumm, qui prend le commandement de l'unité et rassemble tous les éclaireurs dispersés lors des combats.

Ils ne sont pas peu stupéfaits de voir resurgir parmi eux un véritable revenant, l'Untersturmführer Helmut Günther, que l'on croyait définitivement hors de combat après sa blessure du 8 juillet. Moins d'une semaine plus tard, le voici de retour parmi les siens...

Ce sous-lieutenant SS n'était pas homme à rester bien longtemps dans un hôpital militaire. Les tympans crevés, le dos criblé de minuscules éclats d'acier, dont certains n'ont pas pu être enlevés, il n'en a pas moins déserté l'arrière pour rejoindre le front. Après bien des péripéties, il finit par retrouver son unité.

La première voiture amphibie qu'il aperçoit est précisément... la sienne. Au volant, son chauffeur, le Sturmmann Krickhahn. Dès qu'il reconnaît l'officier, le caporal freine et lui lance :

– En voilà une surprise ! D'où venez-vous, Untersturmführer ?

Rien ne peut étonner cet ancien camionneur de la Ruhr qui ne respecte rien ni personne. Le sous-lieutenant remarque alors le couvre-chef que porte son chauffeur et lui dit :

– Je ne suis pas encore mort. De toute façon, je n'ai pas fait un testament en ta faveur. Alors, je récupère ma casquette.

Et il ajoute aussitôt :

– Où est mon sac ?

Le sac est bien dans les bagages de la compagnie, mais on n'y trouve plus que du linge sale. Krikhahn s'est froidement emparé de tout ce qui pouvait lui servir, des chaussettes à la chemise de son chef de section qu'il croyait pour bien longtemps à l'hôpital, si ce n'est au cimetière.

– Si je comprends bien, dit Günther, tout ce qui est à moi est à toi. Allez, rends-moi vite de quoi me mettre en tenue. Je vais me présenter au commandeur.

– C'est vrai que vous ne savez pas, lui dit alors le chauffeur. Le Sturmbannführer Holzapfel est porté disparu. Peut-être prisonnier. Plus probablement tué. Nous avons salement « trinqué » au groupe de reconnaissance. Des dix-sept officiers du bataillon, il n'en reste plus que deux sur les rangs. L'officier adjoint, l'Obersturmführer Obert, a été tué et l'officier d'ordonnance, l'Untersturmführer Papas, blessé.

– Notre commandant de compagnie ?

– L'Obersturmführer Schröder a été tué et son remplaçant, l'Untersturmführer Seitz, blessé aussitôt après. L'Obersturmführer Buck, le commandant de la 3e compagnie a aussi été tué. Ça non, vous ne trouverez plus grand monde ici.

– Qui a pris la tête du groupe de reconnaissance ?

– Pour le moment, l'Obersturmführer Mumm, le commandant de la 4e compagnie. Il sera rudement content de vous revoir.

Mumm fait, en effet, bon accueil à Günther, qui a réussi à trouver à droite et à gauche de quoi se mettre à peu près en tenue réglementaire.

– Vous arrivez au bon moment pour recevoir un commandement, lui dit-il. Ne souriez pas. Ce n'est pas un cadeau. Je dois quitter l'unité pour rejoindre l'état-major de la division. La 1re compagnie avec les blindés de reconnaissance est au combat je ne sais où, tout comme la 5e compagnie lourde. Avec les restes des trois autres compagnies de reconnaissance légères, on va en former deux. La 3e, que commandera Kuske, et la 4e, que vous prendrez. Maintenant, pas d'illusions, ces compagnies ne comprennent chacune que deux sections seulement. Et encore, pas à effectif complet. En tout, soixante-cinq hommes chacune. Au plus.

Le grand souhait de l'Untersturmführer Günther, c'est de récupérer quelques-uns de ses anciens de la 2e compagnie, désormais dissoute. Il a déjà jeté son dévolu sur le gigantesque Unterscharführer Gross et sur son camarade Weyel, revenu au front mais qui porte toujours un bandage à une main. L'unité prend ses cantonnements à Feugères et se réorganise rapidement, dans une atmosphère un peu étrange de repos entre deux combats. Pour quelques jours, le temps semble s'arrêter.

CHAPITRE XVIII

Le repli sur « la ligne des eaux » est prévu pour la nuit du 13 au 14 juillet 1944. Les survivants des régiments d'infanterie SS d'infanterie 37 et 38, qui combattaient sur la rive gauche de la Taute, se replient vers la petite route qui longe la vallée.

Non loin du château d'Auxais, des grenadiers du régiment 37 ont reçu l'ordre de rompre le contact pour gagner de nouvelles positions près du hameau du Canal.

Le Hauptsturmführer Hennings, ancien commandant de la 8e compagnie lourde, guide une de ces petites colonnes de rescapés hagards.

Le long du chemin de repli, fermes et granges brûlent avec de hautes flammes rouges qui illuminent la nuit. Les grenadiers, vite repérés, sont pris sous un violent bombardement. Les obus de canon et de mortier tombent sans arrêt.

Avec l'aube, ce sont les fantassins américains qui attaquent, à travers les terrains marécageux que coupent les haies. De lourdes nappes de brouillard se mêlent aux nuages de fumée artificielle. Une odeur âcre prend à la gorge. Tout le pays regorge d'humidité et de puanteur. Les Allemands essayent de faire face aux vagues qui viennent déferler sur le barrage qu'ils essayent de tendre. Mitrailleuses et canons des chars font un bruit infernal. La confusion arrive à son comble. L'attaque ennemie semble flotter. Un étrange moment d'accalmie immobilise tout le paysage. On entend alors, dans le silence revenu, les appels au secours des blessés des deux camps.

– *Help !*

– *Hilfe !*

Et des supplications :

– *Bitte!*

– *Please!*

Une étrange trêve s'instaure pour un bref instant. Quelques soldats américains, gisant devant les lignes allemandes, n'ont pas été touchés et essayent de « faire le mort », pour échapper au feu des grenadiers. Leur ruse est éventée et ils sont capturés. Un peu en arrière, un de leurs camarades, grièvement blessé à la cuisse, gît au milieu d'un pré.

– Allez le chercher, ordonne le Hauptsturmführer Hennings à quelques-uns des prisonniers.

Comme ils n'ont pas l'air de se dépêcher, l'officier SS commence à leur distribuer quelques paires de claques. Les Américains se décident. D'ailleurs, le feu a complètement cessé maintenant. Les Allemands aperçoivent des infirmiers ennemis qui viennent rechercher les victimes. Ils leur font signe qu'ils ne tireront pas et leur demandent même de venir chercher les Américains blessés tombés entre leurs mains.

L'opération se fait rapidement. Ceux qui sont indemnes, par contre, resteront captifs. En attendant d'être emmenés vers l'arrière, ils acceptent, de plus ou moins bonne grâce, d'aider les Allemands à aménager leurs positions.

Un nouveau bombardement ne va pas tarder. Ni une nouvelle attaque. Ainsi s'enchaînent depuis plusieurs jours, dans la monotonie de l'horreur, les mêmes événements tragiques.

La trêve ne durera pas. Les premiers obus commencent à tomber. Déracinant parfois un pommier, brusquement projeté vers le ciel dans une gerbe de boue et de feu. Le soleil brille sur les mille éclats d'acier qui voltigent, sifflent et scintillent.

– Mais qu'attendent donc nos artilleurs pour répondre?

Les canons allemands se sont tus.

De toute la compagnie Hennings, il reste trois hommes dont le commandant de compagnie dans un trou autour d'une dernière mitrailleuse. Mais ils n'ont plus de munitions pour l'arme automatique. Il leur reste encore quelques cartouches de fusil. Pas un soldat allemand ne se montre dans les parages. Et ce sont les Américains qui maintenant s'approchent.

Le Hauptsturmführer Hennings vacille brusquement, atteint d'une balle dans l'épaule droite, et dit seulement :

– Il y a un tireur d'élite dans un arbre.

Un petit Berlinois, qui se trouve à côté du mitrailleur, lance alors en montrant un fusil de l'U.S. Army qu'il a récupéré sur le terrain :

– Je m'en charge.

Et ce sera d'une balle américaine que sera descendu le sniper ennemi. Les deux grenadiers s'occupent alors de soigner leur chef. Une manche de chemise servira de pansement.

– Maintenant, je crois qu'il faut décrocher, dit seulement le commandant de cette ancienne 8e compagnie dont il ne reste plus que lui et deux survivants.

Les trois Allemands parviennent à franchir les lignes et arriveront à rejoindre leurs camarades.

Le capitaine SS Hennings est conduit au poste de secours installé au hameau du Canal, sur les bords de la Taute, au sud-ouest de l'église d'Auxais.

***

Les rescapés du régiment 38 décrochent eux aussi. Déjà la veille, le Kampfgruppe Hoffmann, le plus aventuré dans la presqu'île de Saint-André-de-Bohon s'est trouvé encerclé et l'officier, accompagné seulement de deux survivants, a réussi de justesse à rejoindre le hameau de la Varde en passant par les prairies marécageuses où serpente la Taute.

Plus au sud-est, c'est le « gros » du régiment qui combat encore. Au milieu des rescapés du IIe et du IIIe bataillons, réduits à quelques dizaines d'hommes, se tient le commandeur, le Sturmbannführer Nieschlag. Mais il n'en peut plus. Sa blessure au genou le fait atrocement souffrir. On doit le porter sur une chaise. Après avoir tenu bon pendant une demi-douzaine de jours, il accepte de se faire évacuer seulement en ce matin du 14 juillet. L'officier adjoint du régiment 38, le Hauptsturmführer Wahl, le remplacera. La passation de commandement s'effectue rapidement, tandis que les blindés américains lancent une nouvelle attaque, pour essayer de prendre le dernier pont encore tenu par les Allemands sur la Taute, au sortir du hameau du Moulin.

Les survivants tentent de détruire les chars ennemis avec la seule arme qui leur reste, le panzerfaust. Ainsi un Viennois de dix-huit ans, de la 9e compagnie, parvient à détruire un, puis deux, puis trois chars. Le jeune SS autrichien ne survivra pas à sa victoire, car l'obus d'un quatrième char américain, bien dissimulé dans la nature, le pulvérisera.

Le Hauptsturmführer Wahl, dont le Kampfgruppe rassemble les derniers grenadiers du régiment 38, reçoit alors l'ordre de se replier vers la haute vallée de la Taute. Mais il est pratiquement encerclé et doit percer les lignes ennemies au sud de Saint-André-de-Bohon. La confusion est totale et le capitaine SS se trouve isolé, en compagnie de seulement quatre grenadiers.

– En avant ! hurle-t-il.

L'officier n'aperçoit pas d'autre issue que de foncer droit devant lui, à travers les fantassins américains, s'ouvrant un chemin à la grenade et au pistolet mitrailleur. Il finit par rejoindre les derniers rescapés des deux bataillons du régiment 38 et forme avec eux une nouvelle ligne de résistance, au nord-est d'Auxais, au hameau du Moulin, au-dessus de la vallée marécageuse où serpente la rivière.

Désormais, la défense allemande sur la rive gauche s'ancre sur le village d'Auxais. Au sud-ouest, ce qui reste du régiment 37, et, au nord-est, ce qui reste du régiment 38. En face d'eux, la basse vallée de la Taute est maintenant occupée par les Américains, qui ne cessent d'amener des renforts dans ce secteur et ne laissent plus respirer leurs adversaires, totalement débordés et dont la résistance ne cesse de faiblir d'heure en heure.

Au soir du 14 juillet, on ne peut plus parler de régiment, de bataillon ou de compagnie. Tous les grenadiers sont rassemblés dans deux unités improvisées en pleine bagarre, chacune sous les ordres d'un simple capitaine SS. Le Kampfgruppe Ullrich rassemble en général les anciens du régiment 37 et le Kampfgruppe Wahl ceux du régiment 38. L'Obersturmbannführer Fick assure, tant bien que mal, la coordination de l'ensemble. C'est le seul officier supérieur d'infanterie rescapé parmi tous les commandeurs de régiment ou de bataillon partis des cantonnements de la division *Götz von Berlichingen* depuis le 6 juin dernier.

Aucun des survivants n'oubliera les six semaines qui viennent de s'écouler, ni surtout les dix derniers jours, où chacun, dans les sanglants combats retardateurs, a peu à peu perdu la notion même du temps qui fuit, ne gardant que le souvenir des camarades frappés à ses côtés.

***

A six kilomètres du sud-est d'Auxais, les Américains qui attaquent en direction du village des Champs-de-Losque, juste à l'est du cours du Lozon, se trouvent face aux parachutistes du major-comte von der Schulenburg et aux sapeurs SS du Sturmbannführer Fleischer. Celui-ci engage ses trois compagnies de combat du génie en défensive et accroche sa défense autour de Rémilly-sur-Lozon. Il rédige au matin du 14 juillet ses ordres pour la journée et insiste sur la nécessité de garder toujours en réserve de petits éléments spécialistes du combat contre les chars. Chacune des compagnies doit aussi fournir deux groupes pour monter des contre-attaques éventuelles.

– La ligne de combat principale sera tenue avec souplesse et occupée en profondeur, annonce-t-il à ses trois commandants de compagnie. Tous les ponts et passerelles sur le Lozon devront être minés. Nous les détruirons éventuellement demain 15 juillet. Attention, ce sera seulement sur mon ordre.

Et le commandeur du bataillon du génie ajoute :

– Messieurs, l'organisation est l'alpha et l'omega de la défensive. Le ravitaillement en vivres et en munitions est primordial. J'entends que nos sapeurs mangent chaud et ne boivent pas froid leur café matinal. A vous de vous débrouiller. Vous avez des adjudants de compagnie pour vous seconder. Pas de questions ?

– Une seule, Sturmbannführer. Les liaisons ?

– Pour le moment, par téléphone. Les lignes sont à doubler

par deux cyclistes. Là encore, débrouillez-vous pour trouver des vélos.

Les sapeurs s'organisent. Après deux jours de durs combats, ils ont l'impression de vivre une étrange accalmie. L'Obersturmführer Schleichert assure la liaison avec les paras du 13e régiment.

– Vous attaquerez avec eux à six heures du soir, lui ordonne le commandeur.

La résistance américaine bloquera rapidement la faible avance allemande des sapeurs et des paras. Et le lieutenant SS Schleichert sera assez sérieusement blessé.

Sur l'aile droite du front tenu par la division *Götz von Berlichingen*, la situation est aussi dramatique que sur l'aile gauche. Pourtant, depuis le début de leur grande attaque, les Américains n'ont guère avancé de plus de sept à huit kilomètres, perdant des milliers d'hommes dans des attaques sanglantes contre des adversaires résolus et même fanatiques. A ce rythme, la bataille de Normandie risque de s'éterniser. Cette offensive dans les marais ressemble fort à un enlisement.

Aussi, le général von Choltitz, commandant du LXXXIVe corps d'armée, va-t-il publier un ordre du jour qui ressemble, en un certain sens, à un bulletin de victoire :

« Le retrait organisé pendant la nuit du 13 au 14 juillet derrière la ligne des eaux (qui va du havre de Lessay, sur la côte ouest, à Remilly-sur-Lozon) signifie que nous allons désormais nous battre sur une nouvelle ligne de défense. Pendant douze jours de bataille contre un adversaire supérieur en hommes et en matériel, le corps d'armée a finalement réussi à juguler toutes les tentatives de percée. J'adresse aux cadres et aux hommes mes remerciements et ma reconnaissance pour leur admirable tenue durant des jours de crise dangereuse. Cette période difficile ne fut surmontée que par un courage indomptable, une farouche volonté de tenir et un total esprit de camaraderie. Nous avons provoqué chez l'ennemi de lourdes pertes qui l'ont obligé à amener au combat de nouvelles forces pour boucher les trous dans des lignes sans cesse clairsemées... »

Evoquant les pertes chez l'adversaire, le général von Choltitz essaye de justifier les lourds sacrifices consentis par les propres unités de son corps d'armée. En ce jour du 14 juillet, le commandant du LXXXIVe corps d'armée avoue au général Max Pemsel, chef d'état-major de la 7e armée allemande :

– Toute cette bataille est un immense bain de sang comme je n'en ai jamais vu après onze ans de guerre. Il n'y a même plus mille grenadiers sur les six ou sept mille de la division *Götz von Berlichingen* lancés dans la bataille.

Alors, le haut-commandement de la Waffen SS promet d'envoyer des renforts. Il s'agira de quatre cents hommes. Même pas le dixième des pertes subies. Ce sera l'Untersturmführer Helmut Günther, encore mal remis de sa blessure, qui est chargé de les récupérer dans la région parisienne et de les ramener vers le front du Cotentin.

***

Le sous-lieutenant SS et son chauffeur Krickhahn partent vers l'ouest, dans leur petite voiture amphibie couverte de feuillage pour la camoufler tant bien que mal aux vues des chasseurs-bombardiers et en faire « un buisson qui roule ». Il fait, en cette seconde partie du mois de juillet, un temps splendide. Trop chaud, même. Cette mission, pense l'officier, ressemble à un véritable départ en vacances loin du front et de ses misères.

Le premier obstacle qu'il va rencontrer est un large cours d'eau que franchissait un pont aujourd'hui détruit. Des sapeurs du génie s'affairent à rétablir un passage.

– Quand pourrons-nous passer, Herr Leutnant ? demande Günther à l'officier qui les dirige.

– Certes pas aujourd'hui.

Alors l'Untersturmführer de la division *Götz von Berlichingen* ordonne à son chauffeur :

– A l'eau ! On va bien voir si cette caisse flotte encore !

La voiture s'engage dans la rivière, l'hélice est branchée sur le moteur et l'engin avance tranquillement au milieu du courant.

– Ça marche ! s'exclame l'officier.

– De toute façon, vous et moi savons nager, remarque son chauffeur.

Quelques civils français, silencieux, regardent le spectacle insolite de cette voiture qui nage...

Le voyage vers Paris se poursuit. Seulement, le ciel ne peut rester éternellement vide :

– *Jabos !*

Deux chasseurs-bombardiers surgissent à toute vitesse et piquent sur la petite voiture en faisant hurler leurs moteurs.

– A terre ! Dans le fossé !

Les deux Allemands, le nez dans l'herbe, laissent passer l'orage. Quand les avions s'éloignent, ils rejoignent leur véhicule.

– Merde ! s'exclame Krickhahn, ces fumiers nous ont crevé une roue avec leur ferraille.

– Monte la roue de secours.

– Impossible, Untersturmführer. Elle est aussi crevée.

Le sous-lieutenant SS regarde la carte et réfléchit quelques instants. Puis il dit :

– On est seulement à quatre kilomètres d'un village. Tu devrais aller y chercher de quoi réparer cette roue. Moi, je garde la voiture.

Le chauffeur s'en va aussitôt. Près de deux heures se passent. Quand il revient, il porte une roue de Volkswagen sur le dos. Elle paraît en fort bon état.

– D'où vient-elle ? lui demande Günther.

– Je l'ai trouvée... comme ça, répond Krickhahn sans donner d'autres explications.

La roue est vite remontée et la voiture amphibie peut reprendre sa route. En arrivant devant le village, le chauffeur prend brusquement un chemin de traverse.

– Pourquoi ne restes-tu pas sur la route ? lui demande l'officier.

– Il y a des trous de bombe, Untersturmführer.

Après un long détour à travers la campagne, les deux SS reprennent la grande route, bien au-delà de la localité.

– Alors, tu vas me dire maintenant pourquoi tu voulais tant éviter de la traverser.

– Une unité de ravitaillement de la Wehrmacht s'y trouve stationnée.

– Et alors ?

– J'ai « organisé » cette roue de secours sur une de leurs Volkswagen. Ces salauds de l'arrière doivent bien cela à ceux qui reviennent de l'enfer du front.

Le soir même, Günther arrive dans le grand parc d'un château réquisitionné, aux environs de Paris. Il y est accueilli par un général fort aimable :

– Avez-vous fait bon voyage ? demande-t-il.

– A peu près, malgré une rencontre avec des « Jabos », Herr General.

– Ne vous plaignez pas. Un aller et retour entre Paris et le front exige d'habitude quarante-huit heures, si ce n'est soixante heures. Vous vous en tirez bien... Du moins pour l'aller.

– Et notre renfort, Herr General ? demande Günther.

– Il n'arrivera que demain. En attendant, savez-vous jouer au skat ?

– Je crois.

– Alors, je suis votre homme.

– Avec plaisir, Herr General.

Tandis que son chauffeur va se coucher et dormir, le sous-lieutenant SS disputera une partie de cartes acharnée, jusqu'à trois heures du matin, avec le général et un capitaine de son état-major.

Quand Günther se lève, à l'aube, les hommes de renfort sont arrivés pendant la nuit. Les quatre cents futurs combattants de la division *Götz von Berlichingen* grimpent aussitôt dans des camions à gazogène qui doivent les emmener vers le secteur de Lozon. L'Untersturmführer Günther fait connaissance avec les six Oberjunkers qui les encadrent.

Plusieurs de ces aspirants SS ne deviendront jamais officiers et seront tués, parfois quelques heures seulement après leur arrivée au front.

Quatre cents hommes de renfort alors que la division a perdu, en tués et blessés, les trois quarts des effectifs de ces compagnies de combat, cela paraît dérisoire.

En prenant la tête du convoi qui roule maintenant de la

région parisienne vers le Cotentin, l'Untersturmführer Günther ne peut s'empêcher de murmurer :

– Ce renfort, c'est comme une goutte d'eau sur une plaque d'acier chauffée au rouge...

CHAPITRE XIX

A partir du 15 juillet 1944, la situation commence à changer pour la division *Götz von Berlichingen*. Sa résistance opiniâtre semble avoir dégoûté les Américains de forcer l'étroit passage entre les marais de Gorges et la vallée de la Taute. Sainteny est pris mais Raids, confié à la division *Das Reich*, tient toujours. Le front paraît s'immobiliser sur la ligne des eaux et les combats se réduisent maintenant à des activités de patrouilles.

– L'isthme entre les deux zones inondées est trop étroit pour y lancer une attaque d'envergure, constate le Standartenführer Baum, lors d'une réunion d'état-major à Lozon. Il aura fallu longtemps et bien des morts pour que les assaillants se rendent compte que dans ce terrain, l'attaque est coûteuse et la défense favorisée.

Ce n'est plus vers Périers que les Américains espèrent désormais réussir une percée mais directement sur Saint-Lô, en progressant sur les deux rives de la Vire. Une fois encore, c'est tout le flanc droit de la division *Götz von Berlichingen* qui se trouve menacé. Les unités au combat dans ce secteur doivent lutter face à l'est, le dos à la rivière du Lozon et les yeux fixés sur les marais du Hommet et la route qui les traverse, venant du Dézert, plaque tournante de l'offensive américaine à l'ouest de la Vire.

C'est dans cette région des Champs-de-Losque que sont engagés les derniers arrivés au feu, les sapeurs du bataillon du génie de la division *Götz von Berlichingen*. Dès le matin du 15 juillet, ils doivent faire face à une attaque qui bouscule leur 1re compagnie de combat.

Les sapeurs subissent de lourdes pertes. Une brèche s'ouvre entre les SS et les paras.

– Tenir la ligne du Lozon est capital, estime le commandeur de la division *Götz von Berlichingen*, dont l'état-major se trouve toujours dans le village même de Lozon, à quatre ou cinq kilomètres tout au plus de la ligne de feu.

Les Américains, eux, sont décidés à franchir cette rivière. Ils sont appuyés par des escadrilles de chasseurs-bombardiers, de plus en plus agressives. L'effet de cette aviation d'assaut est terrifiant pour les sapeurs, qui ne sont en Normandie que depuis quatre jours, et surtout pour les paras du 13e régiment, dont beaucoup sont des « bleus » ayant à peine terminé leur instruction.

***

Dès le 15 juillet, après trois jours d'engagement, il ne reste pratiquement plus rien du 13e régiment de chasseurs parachutistes. Formés en immense majorité de jeunes recrues volontaires pour les paras, ses trois bataillons ont fondu dans la fournaise de fer et de feu comme cire au soleil. Presque tous les officiers sont tombés, sauf le commandeur, le comte von der Schulenburg, un long aristocrate au visage creusé de rides profondes qui a combattu sur tous les fronts depuis la Hollande et la Crète, toujours à la tête d'une troupe de paras. Il se rend en première ligne pour inspecter son « régiment », renforcé par un détachement de la division *Götz von Berlichingen*. L'ensemble des troupes ainsi réunies se monte à deux douzaines de parachutistes, quinze grenadiers SS, avec l'Untersturmführer Hoffmann, et deux canons d'assaut !

Il est dix heures du matin. Le bombardement n'a pas cessé depuis des jours et des jours. Von der Schulenburg ne peut que prendre acte de la gravité de la situation :

– Nous sommes tournés et allons être encerclés, constate-t-il.

Le lieutenant-colonel para ne voit qu'une seule issue : se replier pour échapper à la capture. Il ne tarde pas à repérer un chemin creux.

– Par ici ! dit-il.

Ce sera son dernier ordre. Les Américains ont aperçu la petite troupe. Des coups de feu claquent, tout proches. Von der Schulenburg tombe, mortellement atteint. Un lieutenant para, deux de ses hommes et trois grenadiers de la division *Götz von Berlichingen* seront faits prisonniers. Un adjudant SS sera abattu, presque aussitôt, peut-être parce qu'il avait voulu se servir de son arme...

Le reste des paras et des SS parviendra à rejoindre les lignes allemandes, emportant le corps du lieutenant-colonel-comte von der Schulenburg, qui sera enterré le lendemain à Dinard.

Privés de leurs chefs, les paras seront désormais directement commandés par des officiers SS, comme le Hauptsturmführer Wahl ou le Sturmbannführer Braune.

***

Quand au matin du 16 juillet, les batteries américaines déversent un déluge d'obus sur les positions du Kampfgruppe Fleischer, les artilleurs allemands ne peuvent pratiquement effectuer aucun tir de contre-batterie. Leurs caissons à munitions sont presque vides !

A onze heures du matin, les fantassins ennemis donnent l'assaut et arrivent aux premières maisons de Remilly-sur-Lozon. Appuyés par des chars, ils parviennent à réussir leur percée et s'enfoncent en coin dans les positions allemandes. Aucune contre-attaque ne pourra les déloger avant la fin de la journée du 16 juillet. Chacune des unités de grenadiers, de sapeurs ou d'éclaireurs engagée dans la bataille a déjà bien trop de mal pour éviter de se faire encercler et capturer.

Dans la nuit, une conférence d'état-major se réunit au poste de commandement du régiment SS d'infanterie *Deutschland*, à Hubertant.

Le Standartenführer Baum, commandeur de la division *Götz von Berlichingen*, y assiste. Ce vieux baroudeur apprend avec quelque déplaisir que le commandement a décidé d'envoyer pour quelques jours vers l'arrière ce qui reste du Kampfgruppe Heinz et de l'Ecole du génie d'Angers qui ont subi le premier choc le 7 juillet et retardé l'ennemi au prix, depuis une dizaine de jours, de pertes effroyables.

Le lieutenant Winterstein est un des derniers officiers de

l'Ecole du génie dont il commande les survivants. Blessé trois fois en moins d'une semaine, il pense qu'il va être proposé pour la cravate de chevalier de la croix de Fer et garde son franc-parler. Il n'hésite pas à dire que ses sapeurs ont bien besoin de repos. Alors Otto Baum éclate :

– Vous êtes en plein dans la merde ! Nous y serons aussi ! Et les Américains finiront pas passer par-dessus nos cadavres ! Il faut regarder la mort en face !

Le commandeur de la division *Götz von Berlichingen* affecte ainsi un humour macabre, souvent de mise dans l'unité où il avait mené presque toute sa carrière militaire, la redoutable division *Totenkopf*...

Pour lui, il n'est pas question de voir partir au repos ses sapeurs SS du bataillon du génie Fleischer. Il donne même à leur commandeur l'ordre de dégager la tête de pont établie par les Américains au-delà du Lozon.

– Combien vous reste-t-il d'hommes, Fleischer ?

– Deux cent quatre-vingts tout au plus, Standartenführer.

– Je vous donne encore une compagnie de reconnaissance, la 4e renforcée des restes de la 2e. Et vous me liquidez tout cela !

Le commandeur de la division *Götz von Berlichingen* montre une activité inlassable et lance dans la bataille tous les hommes qu'il peut récupérer.

Le bataillon Flak (anti-aérien) commandé par le Sturmbannführer Braune est parti très tard des environs de la Loire. La 1re batterie est même restée à Saumur, faute de véhicules et de tracteurs pour transporter vers le front matériel et personnel. Trois batteries seulement vont être engagées en Normandie à partir du 15 juillet. La 2e et la 3e, qui sont des unités lourdes avec des canons de 88, sont dirigées l'une vers l'aile gauche et l'autre vers l'aile droite, pour briser les attaques des chars américains et serviront en fait de Pak. La 4e batterie, légère, avec ses neuf pièces de 37 Flak, sera mise en protection des emplacements de tir du régiment d'artillerie de la division *Götz von Berlichingen*.

Ce régiment d'artillerie, sous les ordres du Standartenführer Binge, a joué un rôle capital dans la défensive et n'a souvent été surclassé que par manque de munitions. Le colonel SS qui le commande a réussi à mettre en ligne, depuis le début de la bataille du Cotentin, neuf batteries dont six batteries légères de 105 et trois batteries lourdes de 150.

La pause relative, qui marque le début de la seconde quinzaine de juillet, permet de faire un premier bilan des résultats obtenus par la division *Götz von Berlichingen* dans son action retardatrice au sud de Carentan.

Une centaine de chars ennemis ont été détruits, dont la moitié par les canons d'assaut du bataillon blindé, et une cinquantaine d'avions abattus par le bataillon Flak et les compagnies Flak des deux régiments SS d'infanterie 37 et 38. Quant aux pertes humaines américaines, elles atteignent plusieurs milliers d'hommes tués et des centaines de prisonniers.

Ce résultat a été cher payé.

Les effectifs que les Allemands sont encore capables de lancer à la contre-attaque sont dérisoires. Le Kampfgruppe Hoffmann, issu du bataillon Pak, qui a joué les pompiers chaque fois qu'un secteur de l'aile droite du front s'embrasait, compte exactement quinze hommes ! Chez les sapeurs du bataillon du génie, deux sur trois des commandants de compagnie d'assaut sont hors de combat quelques jours après leur arrivée au front et ont dû être remplacés par des sous-lieutenants. Pourtant, les sapeurs parviennent à bloquer les Américains sur la tête de pont des Thiébots, entre Marchésieux et Remilly-sur-Lozon.

***

Le secteur que tient encore la division *Götz von Berlichingen* semble se rétrécir comme une peau de chagrin. Marchésieux, où l'Obersturmbannführer Fick a désormais installé son poste de commandement, se trouve le véritable pivot de la bataille. A sa droite, face à l'est combattent les sapeurs et les éclaireurs du Kampfgruppe Fischer. A sa gauche, face au nord, sur la presqu'île de la Varde et les rives droite et gauche de la haute vallée de la Taute, luttent les grenadiers des anciens régiments 37 et 38, avec des chefs comme les capitaines SS Ullrich ou Ertl, assistés par des sous-lieutenants accrocheurs tels Hoffmann ou Lorenz.

Dans le clocher en ruines de l'église d'Auxais, qui domine toute la vallée, un observateur allemand réussit encore à signaler les rares attaques américaines qui vont se briser contre les positions défensives verrouillant désormais cette zone dont la presqu'île de La Varde, tenue par l'Untersturmführer Hoffmann, reste la pointe septentrionale largement avancée vers le confluent de la Taute et du Lozon.

Le 17 juillet, le Kampfgruppe Ullrich, avec deux cents grenadiers appuyés par deux canons d'assaut, lance une contre-attaque pour dégager l'unité de Lorenz fortement attaquée et dont le chef vient d'être blessé. Un des deux blindés allemands est détruit mais l'autre poursuit sa route. La brutalité de cette intervention permet de capturer une centaine de prisonniers et de ramener un impressionnant matériel ennemi. Un sous-officier vient en faire l'inventaire devant le Hauptsturmführer Ullrich :

– Quatre mortiers, dix mitrailleuses, deux canons antichars, trois jeeps...

– Et encore ?

– Des couvertures, des journaux, des conserves, des cigarettes, enfin tout le matériel d'une armée bien équipée, Hauptsturmführer.

– Je crois bien que La Varde sera notre dernière victoire dans ce secteur. Méfions-nous de la contre-attaque.

Les Américains ne s'y risqueront pas. Plutôt que de se casser les dents sur la haute vallée de la Taute, ils préfèrent continuer à agrandir leur tête de pont, à quelques centaines de mètres vers l'est, entre la Venloue et le Lozon, là où se battent les sapeurs et les éclaireurs du Kampfgruppe Fleischer.

***

Le 17 juillet, le maréchal Rommel, chef du groupe d'armées B et grand responsable du front de Normandie, est grièvement blessé à la suite d'une attaque aérienne contre son automobile roulant dans la région de Livarot. Quelques jours auparavant, il avait visité la 7e armée dont les deux corps, le LXXXIVe de von Choltitz et le IIe para de Meindl, combattent de part et d'autre de la Vire. Un de ses derniers actes a été alors d'écrire une lettre de trois pages au grand quartier général du Führer, dans laquelle il se montrait tragiquement prophète :

« On peut prévoir que d'ici quinze jours à trois semaines, l'ennemi réussira à percer notre front si mince, surtout sur la 7e armée, et à pénétrer dans les profondeurs du territoire français. Les conséquences seront incalculables. Partout la troupe combat héroïquement, mais cette lutte inégale approche de sa fin. »

***

Dans la nuit du 17 au 18 juillet, le Sturmbannführer Fleischer rédige un nouvel ordre demandant à ses sapeurs de tenir à tout prix sur l'actuelle ligne de défense.

On va se battre toute la journée dans les hameaux de cette région du Lozon, à La Chaussée et à l'Abbaye, aux Thiébots, au lieu-dit depuis longtemps l'Allemand et à La Cotentinerie, qui évoque si directement ce terroir normand transformé en champ de bataille, sous l'ardent soleil d'un terrible mois de juillet.

Le calme relatif du secteur de la haute vallée de la Taute, où les grenadiers de l'Obersturmbannführer Fick défendent encore sur la rive gauche le lieu-dit La Vierge des Saints, n'empêche pas patrouilles et accrochages.

Le 18 juillet, le Hauptsturmführer Zorn, l'ancien commandeur du IIIe bataillon du régiment 37 lors de la montée en ligne, est blessé à son tour, en tentant de juguler une percée locale des Américains. Le capitaine SS croyait n'avoir affaire qu'à des fantassins et il est tombé sur des blindés. On l'évacue à grand'peine, avec deux balles dans la cuisse. Encore un officier hors de combat.

Les pertes sont telles qu'il faut lancer dans la bataille tous ceux que le commandement peut récupérer. Aux quatre cents hommes de renfort, amenés de Paris par l'Untersturmführer Günther, s'ajoutent aussi quatre groupes d'infanterie formés avec des artilleurs du bataillon Flak. Ils seront intégrés dans le Kampfgruppe Ullrich.

Maintenant, des unités de combat de la division *Götz von Berlichingen* ne subsistent plus que ces Kampfgruppen, qui portent le nom de leur chef, comme Ullrich à l'ancien régiment 37 ou Ertl à l'ancien régiment 38.

La bataille parfois ne suit même plus une ligne continue, mais se fragmente en petits combats individuels où vont lutter et mourir des groupes de quelques hommes que l'on peut compter sur les doigts de la main.

Sur le flanc droit, la situation s'aggrave brusquement pour les Allemands. Après des combats de rues acharnés, les Américains s'emparent, le 18 juillet, des ruines de Saint-Lô. Et ils vont continuer leur poussée vers le sud et aussi vers l'ouest, que s'efforcent de verrouiller les parachutistes du 13e régiment et les éclaireurs, grenadiers et sapeurs SS de la division *Götz von Berlichingen* accrochés au bocage autour de Remilly-sur-Lozon.

Désormais, entre la côte ouest du Cotentin et la vallée de la Vire, ce sont quatorze divisions américaines qui attaquent six divisions allemandes, dont les deux unités blindées, la *Panzer-Lehr* de la Wehrmacht et la *Das Reich* de la Waffen SS, sont bien loin de posséder encore leur force de frappe initiale.

***

Certains officiers ne perdent pas le moral pour autant. Ainsi l'Untersturmführer Helmut Günther, dont la 4e compagnie du groupe de reconnaissance, réduite à une soixantaine d'éclaireurs, se trouve le 19 juillet près des marais de Saint-Clair, à environ trois kilomètres à l'ouest du Lozon. Cette unité est désormais rattachée au Kampfgruppe Fleischer et attend d'être engagée contre une éventuelle percée des blindés ennemis. Cette situation n'empêche pas le jeune sous-lieutenant SS, installé dans la salle de séjour d'une maison abandonnée, de disputer une partie de skat avec le chef de sa section de commandement, l'Unterscharführer Domhöfer, et son agent de liaison, le calme Frison Artur Stemmermann.

Au moment où la partie devient la plus acharnée, on entend un coup de tonnerre, comme si la foudre tombait au milieu de la pièce et les trois joueurs basculent avec leur chaise. Une poussière blanche et crayeuse emplit toute la maison. Les premiers mots qu'on entend viennent du sous-officier.

– C'est bien le moment ! Je n'avais jamais eu un si joli jeu dans la main.

A quatre pattes, Domhöfer essaye de ramasser les cartes qui jonchent le sol. Stemmermann, lui, s'est rendu dans la cuisine et revient en annonçant placidement :

– Un obus a traversé la pièce. Il y a deux énormes trous dans les murs.

– Camoufle-les avec des couvertures, ordonne l'officier, et viens reprendre la partie.

Domhöfer a récupéré les cartes, pendant que Günther remet la table sur ses pieds. Quelques minutes plus tard, les joueurs sont à nouveau à leur partie, avec encore plus d'acharnement qu'avant l'arrivée de l'obus.

De temps à autre, l'Untersturmführer regarde sa montre. Il ne peut guère cacher son inquiétude. La patrouille envoyée, il y a trois heures maintenant, avec l'Unterscharführer Weyel, tarde vraiment à revenir au cantonnement de la 4e compagnie.

– Il n'y en a quand même pas pour si longtemps pour savoir si les quelques maisons à l'orée des bois, en face de nos positions, sont vides ou non.

L'agent de liaison, tout comme le chef de la section de commandement, feignent de s'absorber dans leur jeu et ne répondent pas. Mais ils sont inquiets, eux aussi, de l'inhabituel retard de Weyel.

Finalement, l'officier n'y tient plus et il ordonne à l'estafette :

– Prends ton pistolet mitrailleur. On y va.

– Et moi ? demande Domhöfer.

– Restez ici pour veiller au grain. En cas de pépin, vous nous servirez de recueil.

Rapidement, le sous-lieutenant SS, suivi de son agent de

liaison, arrive aux dernières positions que tiennent les Allemands.

– Attention, Untersturmführer, lui dit un des éclaireurs. Après nous, il n'y a plus personne... si ce n'est des Ricains.

– Attention, vous aussi. Nous allons à la recherche de la patrouille Weyel. Ne nous tirez pas dessus quand nous reviendrons.

Günther et Sturmmann s'avancent rapidement vers la forêt et les quelques maisons. Rien ne bouge. On ne voit vraiment pas grand'chose dans la nuit. En prêtant l'oreille ils finissent par entendre un bruit de pas. Juste devant. Günther se jette silencieusement à terre en entraînant Stemmermann. Ils ne tardent pas à distinguer des ombres qui avancent vers eux. Amis ou ennemis? Impossible de s'y reconnaître. L'officier veut trouver une meilleure position pour observer les inconnus. Il se lève et fait signe à son agent de liaison de le suivre. Mais celui-ci bute contre une pierre et s'étale de tout son long avec un bruit sourd. En face, la réaction est immédiate. Plusieurs grenades sont aussitôt lancées en direction des deux Allemands.

– Pas de doute, ce sont des ennemis, constate Günther. On rentre vite!

A son poste de commandement, le chef de la 4e compagnie découvre l'Unterscharführer Weyel qui lui dit seulement:

– Vous êtes tombés sur les Ricains. J'ai appris que vous me cherchiez. Nous aussi, on les a rencontrés. Alors, il a fallu faire un grand détour pour les éviter.

– Très bien, conclut l'Untersturmführer Günther, on saura maintenant que ces masures sont occupées. L'essentiel est de n'avoir perdu personne dans cette aventure.

***

Le lendemain, 20 juillet, le commandant de la 4e compagnie de reconnaissance va faire son rapport au Sturmbannführer Fleischer, le chef de son Kampfgruppe où combattent désormais les sapeurs du génie et les éclaireurs, avec des isolés, de jeunes recrues et même quelques paras ramassés au hasard des combats. Même si elle n'est forte que d'une demi-centaine d'hommes, la compagnie Günther forme troupe de choc et il écoute attentivement son récit.

On entend aussi des bruits de véhicules, Sturmbannführer, ajoute le sous-lieutenant SS en conclusion de son bref exposé.

– Des chars ?

– Aussi, sans aucun doute.

– Méfiez-vous. Les Américains nous préparent quelque chose.

Le chef du « Kampfgruppe Fleischer » dit alors à Günther.

– Cela ne va bien pour personne. Je viens d'apprendre une nouvelle extraordinaire. Aujourd'hui a eu lieu un attentat contre le Führer. Il y a des morts et des blessés au grand quartier général. Mais lui-même est indemne. Il doit d'ailleurs parler à la radio.

Cette nouvelle, qui eut fait l'effet d'une bombe en temps normal, ne trouble pas trop les combattants qui connaissent, jour et nuit, de telles épreuves. Ils ont pris l'habitude de tout accueillir avec le fatalisme des vieilles troupes.

Ce qui les intéresse, pour l'instant, c'est ce qui se prépare à l'abri des couverts en face de leurs positions.

***

L'Oberscharführer Schöpflin, désormais le plus élevé en grade de tous les cadres de l'ancien IIIe bataillon du régiment 38, est assez vieux soldat pour avoir subi bien des bombardements d'artillerie. Mais celui que cet adjudant SS va recevoir au matin de ce 20 juillet est le plus terrible qu'il ait jamais connu. C'est vraiment le ciel qui tombe sur la tête des grenadiers allemands terrés dans leurs trous. Chacun croit maintenant sa dernière heure venue. Et elle le sera pour beaucoup. La solitude devient totale. Tous les camarades ont disparu dans cet ouragan. Existe-t-il encore des positions allemandes, une ligne de front, quelque chose qui puisse ressembler à une défense organisée ? Non. Il n'y a plus dans ce secteur qu'un désert jonché de cadavres où règne une tenace odeur d'explosif. A la première accalmie, l'adjudant SS a l'impression qu'il est le seul survivant de toute son unité. Il se hisse hors de son trou et erre dans le paysage désolé, à la recherche de quelque camarade. Il découvre des cadavres et encore des cadavres. Quelques blessés aussi gisent sur le sol. Et d'autres même qui n'ont rien d'autre qu'une peur incoercible qui les colle littéralement à la terre, à l'abri illusoire d'une haie déchiquetée ou d'un tronc de pommier mutilé.

– Allez, debout ! dit Schöpflin.

Le sous-officier doit les arracher de force à la terre. Mais pour les mener vers quel autre enfer ? Où sont encore les camarades dans cette campagne normande totalement ravagée par le bombardement ? Pendant toute une journée, l'Oberscharführer et la poignée de survivants hébétés qu'il a récupérés vont errer sans rencontrer âme qui vive. Parfois, un coup de feu ou une rafale les oblige à se planquer. Les Américains ne sont pas loin, désormais totalement maîtres du jeu. Alors il faut se jeter au sol, ramper, gagner l'abri d'un chemin creux, échapper à ce piège qui sans cesse s'ouvre et se referme.

Parfois les errants se trouvent, comme par miracle. Ainsi Schöpflin tombe, par le plus grand des hasards, sur le Kampfgruppe de l'Untersturmführer Hoffmann, l'ancien officier d'ordonnance de son régiment 38. Le sous-lieutenant SS a encore avec lui quelques grenadiers qui vivent dans un cratère de bombe à demi plein d'eau. Ce paysage dantesque évoque les pires images de l'autre guerre. Les survivants de la division *Götz von Berlichingen* pataugent dans les marécages de la vallée de la Taute et du Lozon.

– Est-ce qu'il y a d'autres rescapés du régiment 38, Untersturmführer ? demande Schöpflin dès que les deux petits groupes ont fait leur jonction.

– Peut-être. Mais pour les trouver, ce ne sera pas commode. Nous devrons nous diriger sur le bruit des coups de feu.

Ainsi vont-ils retrouver le Kampfgruppe du Hauptsturmführer Wahl, qui se trouvait à l'aile gauche de la division, et celui du Hauptsturmführer Ertl, qui se trouvait à l'aile droite. Les deux capitaines SS se concertent et font le point. Les quelques dizaines de grenadiers boueux qu'ils ont réussi à rameuter, c'est tout ce qui reste du régiment 38. Et ils n'ont aucune nouvelle du Kampfgruppe Ullrich, constitué avec les débris du régiment 37. Pourtant, il faut s'organiser, survivre, se battre. Les grenadiers n'ont plus rien à manger. Il ne leur reste qu'une poignée de cartouches et deux ou trois grenades chacun. Tout leur passé semble soudain aboli dans ce présent de misère et de mort. Ils n'ont plus qu'une seule idée en tête, c'est le dernier ordre qu'ils ont reçu quand leur division existait encore : tenir, tenir à tout prix.

Le moindre obstacle va devenir leur frontière. Les gradés ordonnent à leurs hommes de s'installer derrière une digue traversant les marais.

– Mais où sont les Ricains, Hauptsturmführer ? demande un Sturmmann.

L'officier balaye d'un large geste de la main l'horizon à 180º. A droite, devant, à gauche, tout le pays est hostile.

Un jour surgit, couvert de boue des pieds à la tête, la poitrine entourée d'un pansement sale et la croix de chevalier au col de sa tenue déchirée, l'Obersturmführer Hinz. Malgré sa blessure, il n'a toujours pas quitté les premières lignes. Le lieutenant SS traîne derrière lui quelques survivants de sa 2e compagnie. Il annonce à Schöpflin :

– Je viens prendre la tête du IIIe bataillon du régiment 38.

– Mais il n'y a plus de IIIe bataillon, Obersturmführer ! Nous sommes une demi-douzaine.

Voici l'Obersturmführer Hinz retiré de son milieu naturel, le front. Il pourrait rejoindre un hôpital et prendre quelque repos. De toute façon, dans l'immédiat, il n'est pas apte au service aux premières lignes.

Il va trouver l'état-major de la division et expose sa nouvelle idée :

– Nous avons subi des pertes en cadres effroyables.

– Vous ne nous apprenez rien, Hinz. Nous avions chaque jour les compte-rendus. Ils sont accablants.

– Nous n'avons pas les moyens de former des officiers, certes. Mais il doit être possible, à l'échelon de la division, de créer une ULK, une compagnie-école de sous-officiers. Cela permettrait de « fabriquer » des chefs de groupe et même des chefs de section. Si je vous propose ce projet, c'est que je tiens à en prendre le commandement.

– Entendu, Hinz. Mais vous seriez mieux dans un hôpital.

– Mais non. J'oubliais, une dernière chose, cette compagnie-école devrait former une réserve mobile pour la division. Alors, il nous faudrait des voitures amphibies.

L'officier d'état-major qui va prendre la responsabilité de donner suite à ce projet ne peut s'empêcher de sourire.

– Je vois, Hinz. Ce que vous voulez, c'est former une super-compagnie de combat, en même temps qu'une école de cadres. Bon. Nous avons besoin de l'une et l'autre. Alors, la réponse est oui.

Il ne reste plus à l'Obersturmführer Hinz qu'à choisir ses chefs de section. Il tient à ce qu'ils aient tous le grade d'adjudant. Ainsi seront désignés l'Oberscharführer Schöpflin et ses deux camarades Findeisen et Tiefensee.

Maintenant, le lieutenant SS peut repartir en guerre. Au bout de cette nouvelle campagne, les feuilles de chêne sur sa cravate de chevalier de la croix de Fer qui en feront l'officier le plus décoré de la division *Götz von Berlichingen*... [1].

***

Pour tenir en défensive, la division *Götz von Berlichingen* a désormais la chance de ne pas avoir un front trop étendu à occuper. Mais il ne lui reste plus que des effectifs squelettiques à utiliser en première ligne. Celle-ci, tôt ou tard, ne peut que craquer.

Il faudrait une autre ligne de défense, qui puisse servir de recueil, lors d'un repli inéluctable. Mais on manque d'hommes pour y aménager des positions de combat et pour les occuper.

1. L'Obersturmführer Bruno Hinz participera à la retraite vers l'est à la tête de sa compagnie-école de sous-officiers, dont il fera une troupe de choc très mobile et agressive. Décoré de la croix de chevalier de la Croix de fer avec feuilles de Chêne, il sera blessé une nouvelle fois – ce sera la neuvième – promu Hauptsturmführer et envoyé comme instructeur à l'école d'officiers SS de Bad Tölz en Bavière. Au début de l'année 1944, il demande à rejoindre le front et se trouve affecté de nouveau à la division *Götz von Berlichingen* dont il va commander un bataillon. Bruno Hinz est mort le 28 février 1968 à Munich, des suites de sa grave blessure au poumon reçue, sur le front de l'Est, dans les rangs de la division de volontaires germaniques *Wiking*.

Les soldats allemands qui se battent en Normandie vivent tous dans l'espoir, sans cesse démenti, de l'arrivée des divisions qui attendent toujours, l'arme au pied, le « vrai » débarquement dans le Pas-de-Calais ! Le LXXXIVe corps d'armée ne peut plus mettre en ligne que des unités dérisoires ; grenadiers SS et parachutistes sont réduits à quelques centaines de combattants.

– Où en sommes-nous exactement au point de vue de nos effectifs ? demande le commandeur Otto Baum, lors de la réunion d'état-major de la division *Götz von Berlichingen*, à Lozon, le 20 juillet.

– A peine quinze cents combattants sont encore en ligne, Standartenführer. A leur tête, dix-huit officiers très exactement. Pas un de plus.

– Ces quinze cents combattants appartiennent à quelles unités ?

– Toutes sont mélangées. En gros, nous avons encore deux cents éclaireurs, trois cents sapeurs et un millier de grenadiers au contact direct de l'ennemi.

En face, la situation est aussi préoccupante pour les Alliés. En lançant assaut sur assaut, les Américains ont perdu beaucoup d'hommes et il leur est maintenant nécessaire de reprendre haleine. Mais ils se renforcent sans cesse et le port de Cherbourg connaît des jours et des nuits d'activité fiévreuse. Aviation et artillerie sont recomplétées, renforcées, multipliées...

La grande bataille va reprendre d'un jour à l'autre. La disproportion des forces sera encore plus écrasante pour les troupes du Reich.

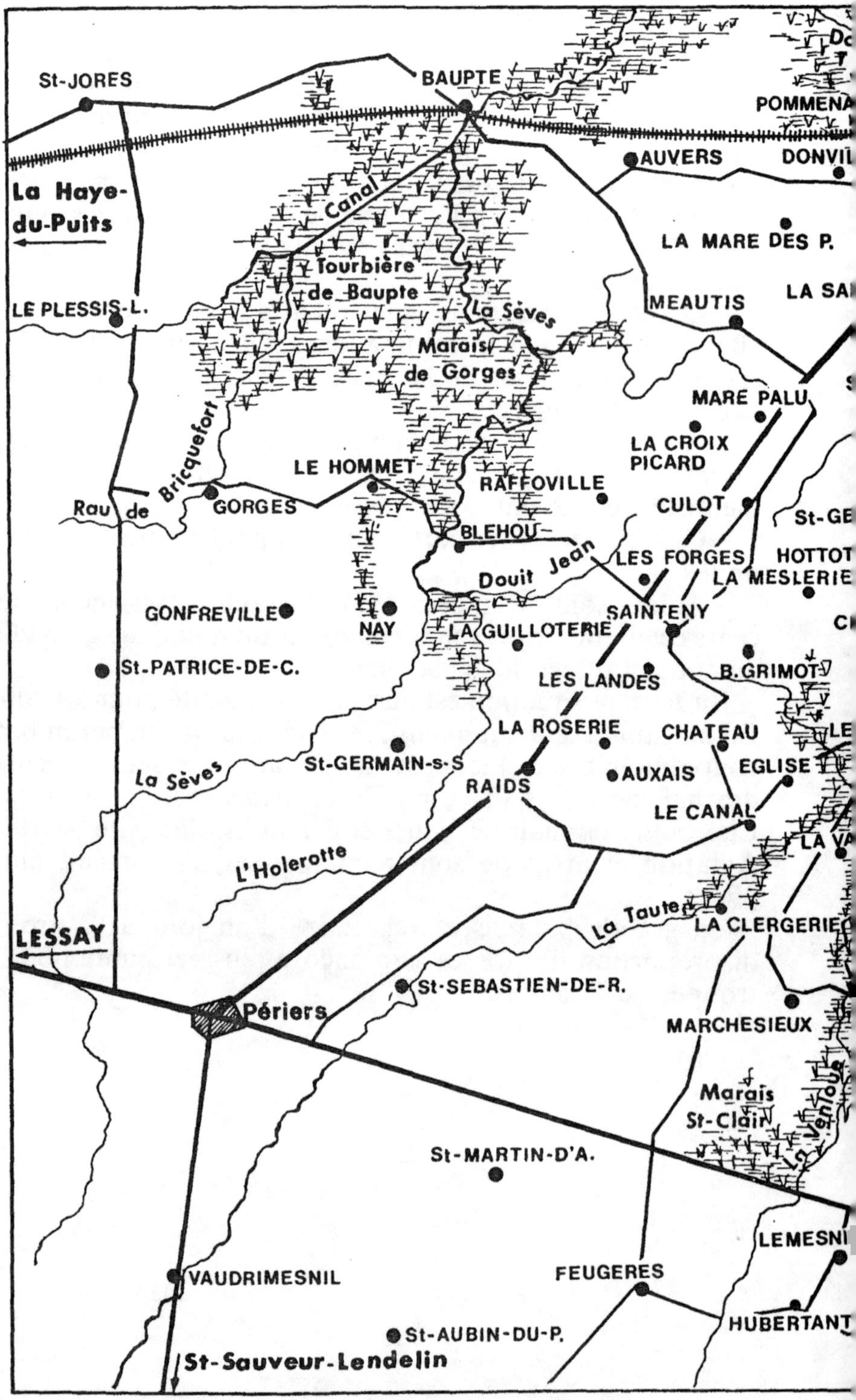
St-JORES
BAUPTE
POMMENA
AUVERS
DONVIL
La Haye-du-Puits
Canal
Tourbière de Baupte
LA MARE DES P.
LE PLESSIS-L.
La Sèves
MEAUTIS
LA SA
Marais de Gorges
MARE PALU
Bricquefort
LA CROIX PICARD
LE HOMMET
RAFFOVILLE
CULOT
Rau de
GORGES
St-GE
BLEHOU
Douit Jean
LES FORGES
HOTTOT
LA MESLERIE
GONFREVILLE
NAY
SAINTENY
LA GUILLOTERIE
St-PATRICE-DE-C.
LES LANDES
B.GRIMOT
LA ROSERIE
CHATEAU
La Sèves
St-GERMAIN-s-S
RAIDS
AUXAIS
EGLISE
LE CANAL
L'Holerotte
La Taute
LA CLERGERIE
LESSAY
St-SEBASTIEN-DE-R.
Périers
MARCHESIEUX
Marais St-Clair
La Venloue
St-MARTIN-D'A.
LEMESNI
VAUDRIMESNIL
FEUGERES
HUBERTANT
St-AUBIN-DU-P.
St-Sauveur-Lendelin

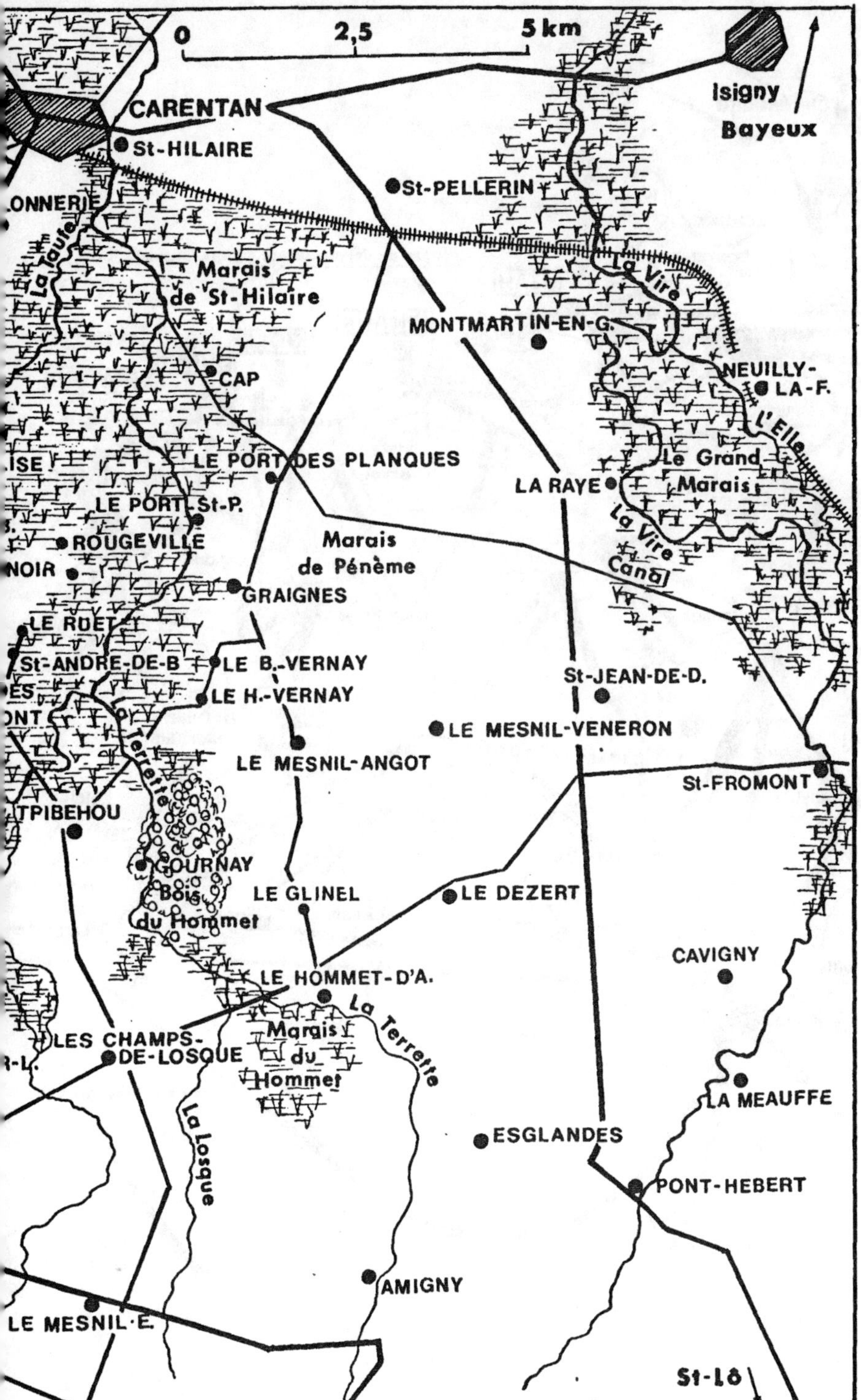

0
2,5
5 km
CARENTAN
Isigny
Bayeux
St-HILAIRE
St-PELLERIN
ONNERIE
La Taute
Marais
de St-Hilaire
La Vire
MONTMARTIN-EN-G.
NEUILLY-
LA-F.
CAP
L'Elle
LISE
LE PORT DES PLANQUES
Le Grand
Marais
LA RAYE
LE PORT St-P.
La Vire
Canal
ROUGEVILLE
Marais
de Pénème
NOIR
GRAIGNES
LE RUET
St-ANDRE-DE-B
LE B.-VERNAY
LE H.-VERNAY
St-JEAN-DE-D.
LE MESNIL-VENERON
Terrette
LE MESNIL-ANGOT
St-FROMONT
TPIBEHOU
GOURNAY
Bois
du Hommet
LE GLINEL
LE DEZERT
CAVIGNY
LE HOMMET-D'A.
La Terrette
LES CHAMPS-
DE-LOSQUE
Marais
du
Hommet
LA MEAUFFE
La Losque
ESGLANDES
PONT-HEBERT
AMIGNY
LE MESNIL-E.
St-Lô

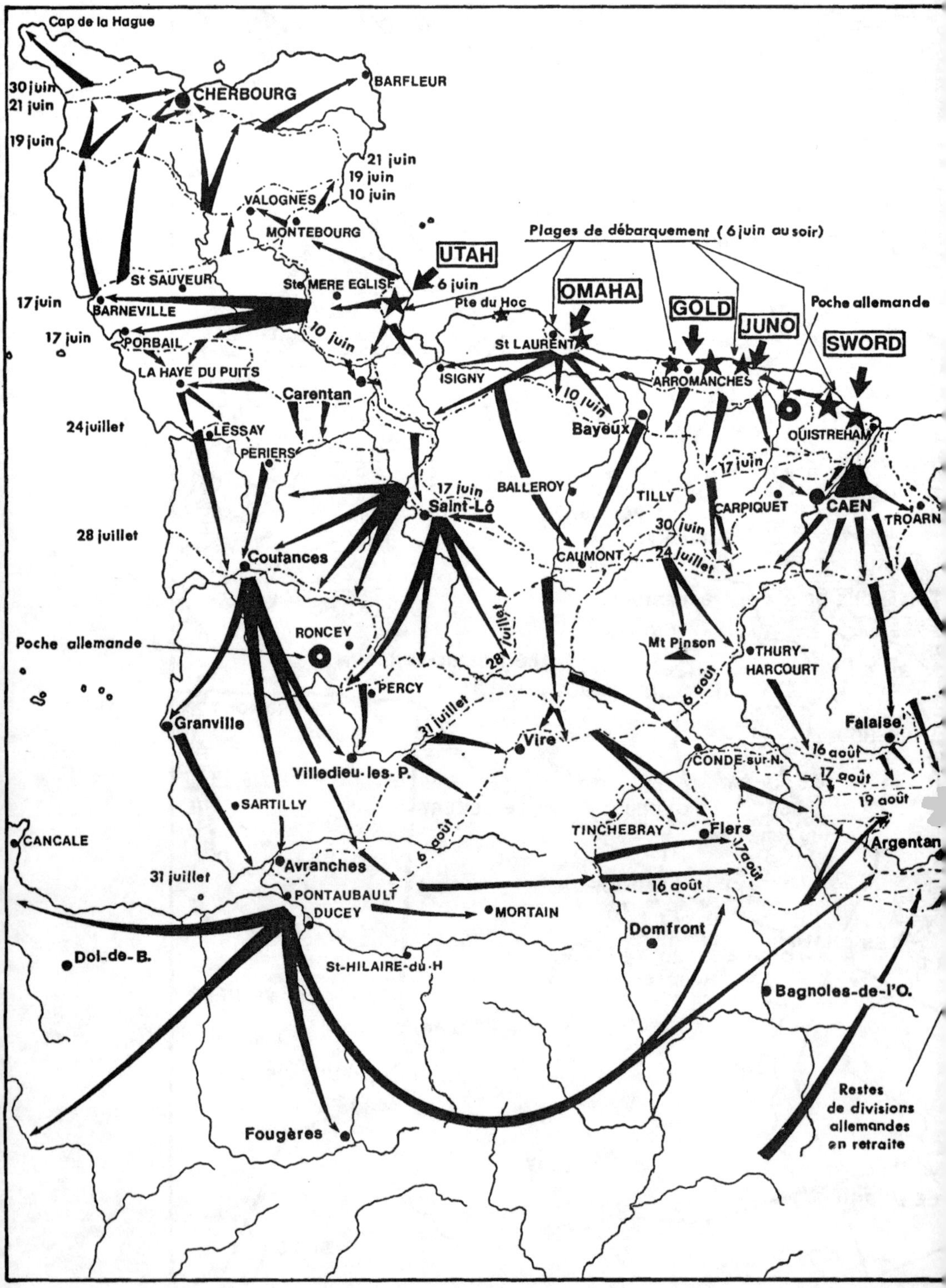

Cap de la Hague
CHERBOURG
BARFLEUR
30 juin
21 juin
19 juin
21 juin
19 juin
10 juin
VALOGNES
MONTEBOURG
Plages de débarquement (6 juin au soir)
UTAH
6 juin
St SAUVEUR
Ste MERE EGLISE
OMAHA
GOLD
JUNO
SWORD
Poche allemande
Pte du Hoc
17 juin
BARNEVILLE
17 juin
PORBAIL
10 juin
St LAURENT
LA HAYE DU PUITS
ISIGNY
ARROMANCHES
Carentan
10 juin
24 juillet
LESSAY
Bayeux
OUISTREHAM
PERIERS
17 juin
17 juin
BALLEROY
TILLY
Saint-Lô
CARPIQUET
CAEN
TROARN
28 juillet
30 juin
24 juillet
Coutances
CAUMONT
Poche allemande
RONCEY
Mt Pinson
28 juillet
THURY-HARCOURT
PERCY
6 août
31 juillet
Granville
Falaise
Vire
16 août
CONDE-sur-N.
17 août
Villedieu-les-P.
19 août
SARTILLY
TINCHEBRAY
Flers
CANCALE
6 août
Argentan
Avranches
17 août
31 juillet
16 août
PONTAUBAULT
DUCEY
MORTAIN
Domfront
Dol-de-B.
St-HILAIRE-du-H
Bagnoles-de-l'O.
Restes
de divisions
allemandes
en retraite
Fougères

BIBLIOGRAPHIE

L'ouvrage de base sur la division *Götz von Berlichingen* est celui de Hans Stöber : *Die Sturmflut und das Ende, Geschichte der 17 SS Panzergrenadierdivision « Götz von Berlichingen »*, paru en 1976 aux Editions Munin Verlag, à Osnabrück, et qui a été très largement utilisé pour retracer l'aventure de cette unité en Normandie.

Hans Stöber avait déjà publié un premier historique de la division sous le titre : *Die Eiserne Faust*, Vowinckel-Verlag, Neckargmünd, 1963.

Helmut Günther, ancien chef de la 2e puis de la 4e compagnie de reconnaissance de l'Aufklärung-Abteilung 17 a également écrit ses souvenirs, sous le titre : *Die Auge der Division*, Vowinckel-Verlag, Heidelberg, 1954. Son témoignage sur la bataille de Normandie a été particulièrement précieux.

Des témoignages, des récits et des biographies sur la division *Götz von Berlichingen*, comme sur d'autres divisions de la Waffen SS, sont publiés épisodiquement dans la revue mensuelle *Der Freiwillige*, éditée par Munin Verlag.

Il en est de même pour les troupes parachutistes et notamment les 6e et 13e Régiments de chasseurs parachutistes et le 5e Bataillon de sapeurs parachutistes, dont le souvenir est conservé dans le bi-mensuel *Der Fallschirmjäger*.

L'histoire de la division *Das Reich*, qui s'est battue en Normandie aux côtés de la division *Götz von Berlichingen*, est évoquée dans le tome V de l'ouvrage d'Otto Weidinger : *Division « Das Reich »*, Munin-Verlag, 1982. Le même auteur a consacré un livre spécial au régiment *Der Führer* de cette division : *Kameraden bis zum Ende*, Plesse Verlag, Gottingen, 1962.

Il en est de même pour la division blindée d'instruction de la Wehrmacht, dont l'histoire est rapportée par Kurowsky : *Die Panzer-Lehr-Division*, Podzum-Verlag, Bad Nauheim, 1964.

SUR LA WAFFEN SS

Waffen SS im Bild, Plesse Verlag, Göttingen, 1957.

Wenn alle Brüder schweigen, Munin Verlag, Osnabrück, 1973.

Vorwärtz-voran, voran! Druffel Verlag, Leoni am Starnberger See, s.d.

CERFF Carl : *Die Waffen SS im Wehrmachtbericht*, Munin Verlag, Osnabruck.

FEIST UWE et HARMS Norman : *Waffen SS in action*, Squadron/signal Publications, Warren, Michigan, 1973.

HAUSSER Paul : *Waffen SS im Einsatz*, Plesse Verlag K. W. Schütz, Göttingen, 1953.

KLIETMANN : *Die Waffen SS* (Eine Dokumentation), Verlag « Der Freiwillige », Osnabrück, 1965.

KRAETSCHMER Ernst-Günther : *Der Ritterkreuzträger der Waffen SS*, Plesse Verlag, Gottingen, 1955.

Réédition revue et très largement augmentée, Verlag K. W. Schütz KG, Preussisch Oldendorf, 1982.

SCHNEIDER Jost W. : *Verleihung Genehmigt! (Their Honor was Loyalty)* R. James Bender Publishing, San Jose, Californie, 1977.

VINCX Jan : *Een Lied... Drie... Vier!* Recueil de chants SS en flamand, français et allemand, Uitgeverij Etnika V.Z.W., Antwerpen, 1976.

BENDER R. J. et TAYLOR H. P.: *Uniforms, Organization and History of the Waffen SS*, volumes 1, 2, 3, 4 et 5, R. J. Bender Publishing, San Jose, Californie, U.S.A. 1969, 1971, 1972, 1975 et 1982. Le chapitre concernant la 17e SS Panzer-Grenadier Division « Götz von Berlichingen » se trouve dans le volume 4.

KEEHAN John: *Waffen SS, the asphalt soldiers*, The Pan Ballantine Illustrated History of World War II, 1970.

WALTHER Herbert: *Die Waffen SS*, Eine Bilddokumentation, L. B. Ahnert-Verlag, Echzell-Bisses, s.d.

STEIN George H.: *La Waffen SS*, Stock, 1966, et Livre de Poche.

LANDEMER Henri: *Les Waffen SS*, André Balland, 1972, France-Loisirs et Livre de Poche, nº 3981.

SUR LA BATAILLE DE NORMANDIE

BERNAGE Georges: *La bataille de Normandie*, Heimdal, Bayeux, 1981.

BERNAGE Georges: *Normandie, Album-Mémorial, 6 juin-22 août 1944*, Heimdal, Bayeux, 1983.

BLOND Georges: *Le débarquement, Arthème Fayard, 1951.*

BLOUET Chanoine: *Mortain en flammes*, Le Chaplais.

BLUMENSON Martin: *Duel pour la France.*

BLUMENSON Martin: *Breakdown and Pursuit*, OCMH, Washington, 1961-1970.

BRADLEY Omar: *Histoire d'un soldat*, Gallimard, 1952.

BUISSON Gilles: *Mortain dans la bataille de Normandie*, Presses de la Cité, 1971.

CARELL Paul: *Ils arrivent*, Robert Laffont, 1961.

CHOLTITZ von: *Un soldat parmi les soldats*, Aubanel, 1963.

EISENHOWER Dwight: *Croisade en Europe.*

FLORENTIN Eddy: *Stalingrad en Normandie*, Presses de la Cité, 1965.

HART Liddel: *Les généraux allemands parlent*, Stock.

LEFEVRE Eric: *Les Panzers en Normandie*, Heimdal, Bayeux, 1978.

MABIRE Jean: *Les jeunes fauves du Führer*, Fayard, 1976.

MABIRE Jean: *Panzers SS en Normandie*, Fayard, 1986.

MABIRE Jean: *Les généraux du Diable*, Jacques Grancher, 1987.

PIPET Albert: *La trouée de Normandie*, Presses de la Cité, 1966.

RUGE Fr.: *Rommel face au débarquement*, Presses de la Cité, 1960.

RYAN Cornelius: *Le jour le plus long*, Robert Laffont, 1960.

SHULMAN Major: *La défaite allemande à l'Ouest*, Payot.

SPEIDEL Hans: *Invasion 1944*, Berger-Levrault, 1950.

TOUSSAINT J.: *La percée allemande à l'ouest de Saint-Lô*, Coutances, 1949.

WILMOT Clement: *La lutte pour l'Europe*, Fayard.

YOUNG Desmond: *Rommel*, Fayard.

Achevé d'imprimer en juin 1996
sur presse CAMERON,
par Bussière Camedan Imprimeries
à Saint-Amand-Montrond (Cher)

Dépôt légal : juin 1996.
N° d'impression : 1/1373

Imprimé en France